基层图书馆实务丛书
中国图书馆学会策划
执行策划：卓连营

基层图书馆参考服务概论

卓连营　编著

國家圖書館出版社

图书在版编目(CIP)数据

基层图书馆参考服务概论/卓连营编著.—北京:国家图书馆出版社,2012.7

(基层图书馆实务丛书)

ISBN 978-7-5013-4818-3

Ⅰ.①基… Ⅱ.①卓 Ⅲ.①基层图书馆—图书馆服务—研究 Ⅳ.G258.23

中国版本图书馆CIP数据核字(2012)第157048号

责任编辑:金丽萍

书名 基层图书馆参考服务概论

著者 卓连营 编著

出版 国家图书馆出版社(原北京图书馆出版社)

(100034 北京市西城区文津街7号)

发行 010-66139745 66151313 66175620 66126153

66174391(传真) 66126156(门市部)

E-mail cbs@nlc.gov.cn(投稿) btsfxb@nlc.gov.cn(邮购)

Website www.nlcpress.com→投稿中心

经销 新华书店

印刷 北京亚通印刷有限责任公司

开本 880×1230(毫米) 1/32

印张 7.5

版次 2012年7月第1版 2012年7月第1次印刷

字数 200千字

书号 ISBN 978-7-5013-4818-3

定价 36.00元

本书出版，

得到中国图书馆学会的经费支持

目　录

第一章　基层图书馆参考服务概说

第一节　何谓“基层图书馆”

一、基层图书馆的三重义项

“基层图书馆”是当前的一个热点话题，频繁见诸各种媒体。通过Google检索，与“基层图书馆”相关的事项有300多万条，与“高校图书馆”的频度相仿。近年来图书馆界许多活动也都与“基层图书馆”密切相关，比如“志愿者行动”、“全民阅读活动”等，尤其是《国家“十一五”时期文化发展规划纲要》颁布以后，配合构建公共文化服务体系建设的世纪工程，基层图书馆的建设成为当今乃至今后相当长时间内我国图书馆事业发展建设的重中之重。但基层图书馆的具体所指为何，学术界并没有给出一个相对明确的界定，因而论说者对于“基层图书馆”认识偏差颇大，莫衷一是。

综括说来，“基层图书馆”经常出现在规模建制、公共图书馆层级位置、公共文化服务体系这样不同的语境之中，而在不同语境中，“基层图书馆”的义项不同，其核心价值、主要职责、服务范围、服务方式均各有差异，不能一概而论。

（一）图书馆规模建制中的基层图书馆——中小型图书馆

就规模建制而言，所谓基层图书馆，通常是指中小型图书馆。

20世纪90年代，我国的图书馆界主要是以藏书数量作为划分图书馆规模的标准，藏书50万册以下的属于中小型图书馆。

按藏书数量划分图书馆规模表①

藏书数量　册(件)	图书馆规模
5万以下	图书室
5万—20万	小型图书馆
20万—50万	中型图书馆
50万—100万	大型图书馆
100万—500万	超大型图书馆
500万以上	特大型图书馆

这种划分,不仅见于公共图书馆,同时也通用于高校、专业等不同类型、系列的图书馆之中。如据湖北省高校图工委统计,截至1986年,全省34所普通高等学校图书馆中,藏书在50万册以下的中小型图书馆占62%,而同期全国高校图书馆也有60%左右为中小型馆。② 而许多中小型图书馆,如医院图书馆、卫生防疫站图书馆(室)、专门性院校、专科院校图书馆等,也都习惯于将自己归入基层图书馆的行列,而就其服务对象和层级位置而言,其实与其是否属于"基层"并无直接关碍。

2008年颁布执行的《公共图书馆建设标准》则吸纳了国外的成例,将图书馆规模标准扩大到四项,即服务人口、总藏书量、总阅览坐席数和总建筑面积,规定服务人口150万以下、总藏书量135万册以下、总阅览坐席数1200以下、总建筑面积20 000平方米以下的公共图书馆为中小型图书馆。其中中小型图书馆藏书量的上限已经提高到150万册,而"服务人口"则成为首要的基础指标。

---

① 左正洪. 图书馆规模划分标准浅析. 黑龙江图书馆,1989(1):45

② 罗春华. 试论高校中小型图书馆藏书建设的联合发展. 湖北师范学院学报,1988(3):127

规模	服务人口（万）	建筑面积		藏书量		阅览坐席	
		千人面积指标（m^2/千人）	建筑面积控制指标（m^2）	人均藏书（册、件/人）	总藏量（万册、件）	千人阅览坐席（座/千人）	总阅览坐席（座）
大型	400 以上～1000	9.5～6	38000～60000	0.8～0.6	320～600	0.6～0.3	2400～3000
	150 以上～400	13.3～9.5	20000～38000	0.9～0.8	135～320	0.8～0.6	1200～2400
中型	100 以上～150	13.5～13.3	13500～20000	0.9	90～135	0.9～0.8	900～1200
	50 以上～100	15～13.5	7500～13500	0.9	45～90	0.9	450～900
	20 以上～50	22.5～15	4500～7500	1.2～0.9	24～45	1.2～0.9	240～450
小型	5 以上～20	24～22.5	1200～4500	1.3～1.2	6.5～24	1.7～1.2	85～240
	1～5	50～24	500～1200	2～1.3	2～6.5	3.5～1.7	35～85

来源:《公共图书馆建设标准》表2“公共图书馆总建筑面积以及相应的总藏书量、总阅览坐席数量控制指标”①

而就当前我国图书馆发展状况而言,无论是藏书量、服务人口,抑或是馆舍面积,都只是相对区分图书馆规模的标准,而非区分是否为基层图书馆的标准。

(二)公共图书馆体系中的基层图书馆——区县级公共图书馆

① 中华人民共和国住房和城乡建设部、中华人民共和国国家发展和改革委员会. 公共图书馆建设标准. 中国计划出版社,2008:5

在我国现行公共图书馆省、地市、区县三级体系中，区县级公共图书馆被视为基层图书馆，是较为直观和容易被理解的。国家关于公共图书馆的各项基本统计数据中，区县级公共图书馆是独立建制图书馆体系的末端。《国家"十一五"时期文化发展规划纲要》也已进一步明确县级图书馆要"逐步实行分馆制，丰富藏书量，形成统一采购、统一编目的图书配送体系，充分发挥县图书馆对乡镇、村图书室的辐射作用"，而街道、乡镇一级的独立建制单位是综合文化站，图书馆（室）只是其中的部门和单元。

尽管一些地方法规文件和行业标准中（如上海、广州）还有将本地区公共图书馆划分为市级公共图书馆、县（区）级公共图书馆、乡镇（街道）公共图书馆（室）和村（社区）公共图书馆（室）这样的4个层级，但无论是已经出台的《公共图书馆建设标准》，还是新近颁布的《公共图书馆服务规范》，都已将适用范围划定在"省（自治区、直辖市）、副省级市、地（市、地区、盟、州）级、县（市）级公共图书馆"这样的3个层级范围，而"街道、乡镇级公共图书馆以及社区、乡村和社会办各类公共图书馆基层服务点"均为"参照执行"，而不在规定的公共图书馆层级范围内。这是一个基本的发展趋势。

（三）公共文化服务体系中的基层图书馆——县（区）以下乡镇（街道）、村（社区）图书馆（室）

公共文化服务体系是"由政府主导、非营利的、社会参与形成的普及文化知识、传播先进文化、提供精神食粮、满足人民群众文化需求、保障人民群众文化权益的各种公益性文化机构和服务的总和"。[①] 而构建完善的公共文化服务体系是一个长期的历史任务，在现阶段，这一体系的职能主要是由传统的文化事业单位如图书馆、博物馆、文化馆（群艺馆），以及"文化信息资源共享工程"、"广播电视村村通工程"、"电影'2131'工程"、"送书下乡工程"等重大文化工程予以承担和实施。用官方的话说，"我国目前已初步形成了以大型公共文化设

① 坚持繁荣与发展并重 大力构建公共文化服务体系. http://www.ccmedu.com/bbs/dispbbs_47_24701_1.html

施为骨干、以社区和乡镇基层文化设施为基础、覆盖全国城乡的公共文化服务体系”，其具体的量化指标是公共图书馆 2799 个、文化馆和群众艺术馆 3217 个、博物馆 1722 个、文化站37 384个、社区和村文化室137 665个。①

姑且不论区县级图书馆是否在“大型公共文化设施”之列，在这样的框架体系下，就图书馆行业而言，处于“基层”位置的显然是指乡镇、社区图书馆（室）。值得关注的是，在未来“乡乡都有一个综合的文化站，行政村有一个文化室”的文化建设发展规划中，县以下图书馆（室）的建设是被囊括或包容在综合文化站（室）建设的整体范围内而没有单独列出，而这一规划随着 2009 年 9 月 8 日《乡镇综合文化站管理办法》颁布业已进入到了实施阶段。

二、基层图书馆概念的界定

“存在即为合理”，之所以当下许多活动的开展、许多问题的讨论均以“基层图书馆”为鹄的，而不能简单地替换成公共图书馆、中小型图书馆、县级或县级以下图书馆，是因为在现阶段，“基层图书馆”这一视角具有重要的现实意义和研究价值。那么，如何理解“基层图书馆”的内涵与外延呢？

首先，需要明确的是，“基层图书馆”概念的出现和被使用，严格地说，并非源自图书馆学的固有框架体系，而是基于中国的现实情境，是作为中国行政术语的“基层”概念在图书馆领域的语义移植和反馈，具有鲜明的中国特色。与之相关联，在不同的历史时期，基层图书馆具有不同的含义。

20 世纪 80 年代以前，所谓“基层图书馆”通常是指“扎根于基层、直接为广大工农兵服务”的工矿企业、农村、街道图书馆，在为阶级斗争、生产斗争和科学实验三大革命运动服务中发挥了重要的作用。

改革开放后，随着以人为本思想日益深入人心，构建和谐社会成

---

① 公共文化服务体系覆盖全国城乡. 光明日报，2008－10－15

为中国社会发展的主流，“基层”观念被不断强化，“基层”情结愈益浓厚，“为基层服务”、“深入基层”、“基层调研”成为社会常态和关注热点。也正是在这样的情景下，“基层图书馆”成为图书馆界有识之士重点关注的对象。而此时我国图书馆事业尚处于新旧转换时期，旧有工矿企业、农村、街道图书馆已消弭殆尽，县级公共图书馆成为体系末梢，于是，在这个阶段，“基层图书馆”基本等于县级公共图书馆，县图书馆建设尴尬困窘成为被集中关注的对象，而县以下图书馆建设还基本没有被提到议事日程。许多关于基层图书馆的活动及讨论，基本都是围绕县级图书馆而展开的。

公共文化服务体系建设正式成为国家的大政方针，县以下街道、乡镇乃至乡村、社区图书馆(室)成为普遍均等全覆盖的基本承载体，基层图书馆又被重新赋予新的使命和内涵。

“基层图书馆”的另一重要语义成分是“图书馆”。何谓图书馆？最生动的解释是“一个不断生长的有机体”。既为有机体，最小成分是细胞而非分子，换句话说，最基本条件应该是“独立建制”。

基层图书馆概念定义对于基层图书馆建设至关重要，它关系着基层图书馆建设的着重点、立脚点。基层图书馆范围定义过窄，基层图书馆建设难以达到预期成效；定义过宽，又难以操作和实施。

综上而言，可以对“基层图书馆”的基本语义范畴有一个基本的界定，本质的要素应该有两项：其一，它是面向大众的而非小众的；其二，它是一个相对独立和完整的存在，即所谓“独立建制”，而非分支、单元。前者可以将学校图书馆、专业图书馆排除在外，不管规模大小，位置高低，都不属基层图书馆范围；而后者则可以将分馆、服务网点排除在外，这些分馆、服务网点只是基层图书馆的分支和局部，而不是本体。所以基层图书馆应该既是基础、基本的，是整个图书馆事业的基石，是公共文化服务体系的核心组成，同时它又是相对完整的，借用阮冈纳赞的话，“是一个生长着的有机体”。分馆、基层服务点是枝叶，而基层图书馆才是根本。基层图书馆是通过分馆和服务网点的设置与扩张来张大它的辐射力和影响力，落实其基本职责。只有固本强根，才能枝繁叶茂。从更深层次来探讨基层图书馆义项的设立，从某种意义上说，是近现代图书馆诞生本源意义的回归——图书馆的出现原本就是为了方便大众的。

简言之，基层图书馆的定义可以用4个字加以概括：普众、独立。只要符合这两条标准，就都在基层图书馆的范畴，如果按照我国现行的图书馆行政系列而言，基层图书馆主要应该包括大部分的地市级公共图书馆、全部的区县级公共图书馆以及部分独立建制的乡镇、街道图书馆，截止到2010年年底，我国现有地市级公共图书馆334家、区县级公共图书馆2512家，而独立建制的乡镇、街道图书馆数量有限。

这也就是本书关注和讨论的主要对象和范围。

第二节　何谓"参考服务"

一、参考服务：狭义与广义的讨论

没有一个相对明确的概念，也就无法进行相对深入的讨论。而无法回避的是，只要论及图书馆参考服务，首先遇到的就是廓清概念的纠结——国内外林林总总逾百种的不同解释。

关于图书馆参考服务的起源，学界通常的说法是，它的产生远迟于图书馆的出现，而1876年美国麻省伍斯特公共图书馆馆长塞缪尔·斯威特·格林在美国图书馆协会第一届大会上提交的《值得建立的公共图书馆与读者之间的交流和人际关系》一文，强调对寻求信息的读者提供个别帮助的重要性，因而被视为现代图书馆参考服务诞生的标志，格林本人也被誉为美国参考工作之父。

但是，就传统参考服务的本质特性——解答各种问题而言，它的产生与发展应该是与图书馆的产生与发展相伴始终的。现代意义的图书馆与传统藏书楼的根本不同之处，就在与它的服务功能的充分体现："书是为了用的"。而在借阅流通的过程中，为了达成"每个读者有其书"、"每本书有其读者"的现实目标，读者与图书馆之间，与图书馆馆员之间，除文献的交接传递外，不可避免地会程度不同地发生"咨询”与“被咨询”的行为:“不论规模大小,所有图书馆都会遇到读者提出这样那样的问题,而这些问题都必须尽图书馆的资源所达到的程度予以解答,图书馆在社会上的声誉,将在很大程度上取决于它能否成功地处理参考咨询问题。”①

论其根本,这与后来的专门独立提出的参考咨询服务在本质上是没有什么区别的。

作为“图书馆工作的心脏”,参考服务(reference service 或 reference Work)自其产生迄今的一百多年间,随着图书馆机能以及现代技术、社会需求的不断递进、演变,人们对于它的认识与理解也在日渐深入和丰富,因而也就被赋予了不同的解释和定义。

然而,参考服务概念的纠结不清通常是基于一个简单的事实——所描述的对象不在同一范畴。就参考服务而言,存在着狭义与广义两种不同的描述对象,因而百余年来的诸多种不同界定,如果从这个角度去考察,还是可以理出一个相对清晰的头绪的。

(一)狭义的描述

狭义的参考服务在多数情况下是用“参考咨询”或“咨询服务”来称谓的,下面是国内外图书馆界在不同时期对于这种狭义称谓的几种有代表性的表述:

“参考咨询最基本的含义是解答各种问题”。

——W.A.卡茨 1969《参考工作导论》

“最常见的图书馆参考咨询服务的定义,是指给予查找资料的读者以直接的、个别的帮助”。

——美国《图书馆学和情报学百科全书》

“参考咨询员对各个读者在寻求情报时提供个别的帮助”。

——《英国大百科全书》

“图书馆员帮助读者得到所需要的情报资料,给读者以这方面的直接协助;或为了有效地开展这项活动而整理、编纂必要的资料;以及

① 转引自夏侯炳.参考咨询新论.江西人民出版社,2004:2

图书馆为此目的而开展的各项业务工作，就叫做参考咨询工作”。

——日本《图书馆用语辞典》

“参考咨询是图书馆员对读者在利用文献和寻求知识、情报提供帮助的活动。它以协助检索、解答咨询和专题文献报道等方式向读者提供事实、数据和文献线索。有些国家的图书馆参考咨询服务甚至还包括解答读者生活问题的咨询”。

——《中国大百科全书·图书馆学·情报学·档案学》

“参考咨询工作的实质，是以文献为根据，通过个别解答的方式，有针对性地向读者提供具体的文献、文献知识或文献途径的一项服务工作”。

——北京大学、武汉大学合编《图书馆学基础》

归纳各种不同的解释和定义，关于图书馆参考咨询服务，可以得到以下几项基本要素：

(1)它是图书馆读者服务工作的一个重要方面，实质是解答各种问题；

(2)提供服务的主体是参考咨询馆员，客体是寻求情报、知识的各个读者；

(3)提供服务的基础是文献；

(4)服务方式包括直接和间接两个方面；

(5)服务内容是搜集、检索、揭示和传递知识信息，提供知识产品。

狭义的参考服务——参考咨询最核心的特征是针对个别对象、个别问题的个性化服务。而这种个性化的智力服务模式发展到一定的阶段，自然而然会出现与社会上其他类型的咨询服务比较的可能，并因此显现出其赖以存在和发展的特性和表征。

特征是一事物区别于他事物的特有属性。

首先，图书馆参考咨询服务的特征是建诸图书馆基本属性之上的。作为开放的知识与信息中心，现代图书馆以公益服务为基本原则，以用户需求为一切工作的出发点，以实现和保障公民基本阅读权利为基本职责，通过对全社会成员实行平等服务，维护公民享受图书馆服务的权利,体现人文关怀。

就其实质而言,参考咨询属于读者服务工作范畴,是传统的流通借阅服务的深化与延伸。而参考咨询服务的特征则根源于作为社会服务性机构的图书馆的基本属性,是图书馆知识信息服务特征的集中体现。

其次,图书馆参考咨询服务的特征是与社会上其他类型咨询,如政策咨询、工程咨询、技术咨询、管理咨询、专业咨询比较而得来的。

政策咨询(Decisionmaking Consultation),又称决策咨询或综合咨询,是带有全局性、战略性、综合性的咨询,是一种跨学科、跨行业、多领域的咨询活动,主要为国家和政府部门重大问题的决策提供决策依据和可供选择的方案。

管理咨询(Management Consultation),是指由独立的合格的个人或几个人深入到企业现场,运用现代化的手段和科学方法,通过对企业的诊断、培训、方案规划、系统设计与辅导,从集团企业的管理到局部系统的建立,从战略层面的确立到行为方案的设计,对企业生产经营全过程实施动态分析,协助其建立现代管理系统,提出行动建议,并协助执行这些建议,以达到提高企业经济效益的一种业务活动。

工程咨询(Engineering Consultation),是现代咨询业的先驱,指对各种建设项目提供的咨询服务,包括投资机会研究、工程项目建议书、可行性研究、评估咨询、工程设计方案咨询、设备选型采购咨询、施工监理监督咨询等。

技术咨询(Technical Consultation),是指咨询机构运用各类专门知识如技术、经验和信息等,为委托方提供解决复杂技术问题的系统方案。技术咨询的业务范围主要是为科研开发、技术引进、设备更新等提供可行性研究或提供咨询;为技术公关和新技术、新产品、新材料、新工艺、新设备、新流程的研制开发和利用提供咨询;为有关地区和厂矿企业提供技术经济情报或进行技术经济预测等。

专业咨询(Professional Consultation),是指针对某一专业领域中具体问题所进行的咨询活动。主要是对咨询对象所提出的特定问题进行咨询，如情报咨询、税务咨询、会计咨询、审计咨询、商业咨询、贸易咨询、保险咨询、法律咨询、心理咨询、旅游咨询等。

而运用自身的专业知识、技能和经验，分析客户问题制定解决问题的方法，并协助实施，则是上述这些咨询活动的普遍特点。

与之比较，图书馆参考咨询服务的特征主要体现在5个方面：

(1)服务性，是其区别于社会其他营利性咨询行业的本质特性；

(2)智力性，是区别于图书馆其他服务活动的特征；

(3)客观性(间接性)，是区别于一般学术、科研活动的特征；

(4)社会性，是图书馆作为社会服务机构的一种集中表现；

(5)多样性，是建诸社会需求多样性、参考资源多样性之上的客观属性。

在具体的参考咨询服务工作过程中上述这五项特征是相互关联、相互依存的，而且，随着参考咨询服务内容的不断深化和拓展，服务方式的现代化、网络化、多样化的趋势变化，其特征也逐步得以强化和补充。

然而，一个不容忽视的事实是，对于公共图书馆而言，基于它的基本职责，过分强调其参考咨询服务的专门化和专业性是不切合实际的。

一个证明就是，在改革开放后的市场经济建设时期，我国公共图书馆参考服务工作曾经有过一段为期十年的“繁盛”，在省、地市以及区县三级公共图书馆架构中，参考咨询部门大多被赋予了“创收”的重任，咨询部门备受重视，也的确在社会上产生了相当的影响。究其原因，主要是因为改革开放后的一段时期内，文献信息获取渠道相对匮乏，社会咨询机构也很不健全，图书馆成为满足机构、团体、企业(党政军、教育机构、企事业单位等)及个人(科研人员、学者、学生等)获取文献信息的不二选择。但是，因为这种需求通常都以“有偿服务”作为交换条件，所以，当外围环境发生了下述根本变化——随着信息网络技术的飞速发展而带来的用户需求及信息获取渠道的变化，随着图书馆，尤其是公共图书馆日益走向公益化的回归之路，这种“繁盛”在很短的时间内就消弭殆尽了，表现为专职机构和专职人员萎缩，服务方式和对象日趋单一狭窄，所处地位下降和边缘化，而取而代之的是形式更加多样、对象更加宽泛、内容更加丰富的广义的参考服务。

（二）广义的描述——由个别向类别，由个性向共性的推演

广义的参考服务的讨论，首先基于下述基本的逻辑轨迹：参考服务在图书馆中居于十分重要乃至“主脑”和“心脏”的位置，这是为业界所公认的不争之实，而在公共图书馆特别是基层图书馆实际工作中，前述狭义的参考服务（咨询）并非占据一个十分重要的位置，迄今为止，在相当多的基层图书馆——地市级馆的半数以上，区县级馆的大部分，乡镇社区图书馆的绝大部分，没有设置专门的参考服务机构，乃至专职的参考服务人员，这一方面固然说明我们的基层图书馆服务工作确实还处在一个低水平运作的阶段，但不容争辩的是，参考服务的内容一定远非狭义的参考咨询所能局限，而是有其更加丰富的内涵和生动的内容，用以承荷公共文化服务体系的重责。因此，广义参考服务的讨论，对于公共图书馆——基层图书馆来说，更具现实意义和指导意义。

事实上，早在130多年前，格林在《值得建立的公共图书馆与读者之间的交流和人际关系》一文中，就已阐述了应由图书馆员承担的参考服务的4项功能：①指导用户如何利用图书馆；②回答用户问题；③帮助用户选择资源；④在社会上宣传图书馆。由此可见，参考服务自其诞生伊始，就被赋予了广泛的内容，而远非后来的参考咨询——解答个性化问题所能局限。经典之所以成为经典，就在于能够高屋建瓴，而不纠缠于细节。无论是格林还是阮冈纳赞，其论述图书馆功能都是一种相对宏观意义上的阐述，而不过分究考于细节，因而也就具有了经久不衰的指导意义，成为图书馆学史上的经典之作。

然而后来的发展情况是，参考服务被越来越多地在技术层面上讨论，反而忽略了它本来的基本职责，这就如同李开复在他的自传《世界因你不同》中写到的：“我们犯了一个工程师最容易犯的错误，为了自

己的技术而牺牲了用户真正的需要。”①

参考服务最能体现图书馆服务的本质特征，换句话说，图书馆服务从本质上说，就是一种文献信息方面的参考服务。只是因为服务对象和服务的目的不同，因而在不同类型的图书馆中参考服务的基本定位也有所区别：专业图书馆参考服务研究个性化服务问题，公共图书馆（基层图书馆）研究共性化服务问题——公共图书馆特有属性所决定的。就公共图书馆——基层图书馆而言，传统参考服务——为个别查找情报的读者提供个别服务，则常常由个别而延伸为某一类，提供的是某一类用户的共性需求，与此相匹配的是，参考服务的方式与内容也更多地倾向于阅读推荐、公共信息提供、参考辅导（面向用户的、面向基层服务点的），而个性化的参考咨询则处于相对次要的位置。

二、传统参考服务与虚拟参考服务

参考服务栖身图书馆百余年，数经浮起，绵延不绝，最为深刻的变革，是起自上个世纪 80 年代而方兴未艾于时下的虚拟参考服务（数字参考咨询、在线参考服务、电子参考服务）。在审视参考服务的历史演变过程时，人们已经习惯于把传统参考服务向虚拟参考服务的转变视为带有革命性的转折，而这种转折渗透了参考服务的全部过程，进而影响参考服务诸项要素内涵与外延的变迁。

（1）服务对象——从个别读者到广泛用户；
（2）服务方式——从在场服务到在线服务；
（3）参考资源——从纸质文献到多种载体；
（4）服务机制——从参考馆员到联合咨询。

从时代演进的历程看，上述这些变化是一个不可逆转的趋势。但对于基层图书馆而言，这种变化或许会呈现为一种跳跃式的变化，一种不通过传统参考服务的磨砺而直接进入到更新的一个发展阶段。这就如同各地方兴未艾的新馆建设，越是后建的，规模越大，设施越先

① http://hi.baidu.com/%C1%C9%CE%F7%D6%BE%D4%B8%D5%DF%BA%F3%D2%E1/blog/category/%C4%AC%C8%CF%B7%D6%C0%E0

进，跨越的幅度越大。唯其落后，始有更新。

第三节　基层图书馆参考服务现状

一、基层图书馆参考服务现状

按照传统参考咨询服务的范畴，要想以量化的形式清晰地反映基层图书馆参考服务的整体状况是一件十分困难的事情。

一年一度的文化部"全国公共图书馆事业统计"中没有设定相关指标，原有的"信息服务"统计项目（内容包括解答咨询、代检索课题、编制二、三次文献）自2004年起业已取消。因此在全国334家地市级公共图书馆和2512家县市级公共图书馆中（2010年数据），到底有多少家图书馆设置有专门的参考服务部门，配备多少参考咨询馆员，完成了多少咨询项目，无从考起。

在新近颁布实施的《公共图书馆服务规范》里，"公共图书馆的基本服务，包括为读者免费提供多语种、多载体的文献资源的借阅服务和咨询服务，组织馆内外各类读者活动"。咨询服务被列入了基本服务之一。但这种基本服务是有所区别的，一方面，"公共图书馆需提供多样化的文献咨询服务方式为读者解答文献使用上的问题，为读者解决工作和生活中遇到的问题提供直接信息或信息线索，有效提高文献咨询的响应时间。多样化的文献咨询服务方式包括现场、电话、信件、传真、电子邮件、网上实时、短信等"；而另一方面，"个性化信息服务"则是有条件的，"公共图书馆在条件允许下，应为个人、科研企业事业机构及政府部门提供各类度身定制的信息服务"。[①]

何谓"条件允许"呢？在不同地区，设定的标准也有所区别。

在《上海市公共图书馆行业服务标准》（2009－03－26）中规定："公共图书馆须提供文献借阅、查询和阅读指导等服务；市和区县图书馆还须提供参考咨询、教育培训、讲座、展览及网上信息导航等服务。"

---

① http://wenku.baidu.com/view/c327e76c25c52cc58bd6be5a.html

《江西省公共图书馆服务标准(试行)》(2009 - 02 - 06)中则规定:"公共图书馆须提供文献借阅、查询和阅读指导等服务。省、设区市和有条件的区县图书馆还须主动提供参考咨询、教育培训、讲座、展览及网上信息导航等延伸服务,不断创新服务项目和服务手段,满足读者多层次、多样化的信息需求。"

两者的区别在于,在公共图书馆事业较为发达的上海,无论市或区县,提供"参考咨询服务"是一种必然性的要求;而在江西省,对于区县级图书馆,提供参考咨询服务是一种或然性要求,"有条件的可以提供"。

同样的状况也体现在公共图书馆的评估标准中。

在2009年开展的公共图书馆第四次评估定级标准中,基层图书馆的参考服务(信息服务)工作同以往一样仍旧没有被当做一项重要的考核内容,在县市级公共图书馆中,参考服务(信息服务)的评估分数仅为30分,远低于在同一级别图书馆中"文化共享工程建设"的被重视程度(50分),只占"读者服务工作"(260分)的11.5%,占单位评估总分(1000分)的3%。这在一定程度上也是对以县级图书馆为主体的基层图书馆参考服务低水平现状及被关注程度的折射。

而上述这种状况,在笔者近年来的走访调研中也得到印证。

笔者曾通过走访、电询、网络检索等方式,对文献总藏量前50名的地市级馆,以及前100名的县市级馆的参考服务状况进行调研,结果显示:

(一)地市级馆大都能够提供一定程度的参考咨询服务,但水平参差不齐

截至2010年,我国共有地市级公共图书馆334家。从业人员14 010人,其中高级职称1695人,中级职称5391人;总藏量161 045千册,总流通人次107 609千人次,为读者举办各种活动17 613个次,其中组织各类讲座次数9885次,举办展览3256个,举办培训班4474次;计算机30 430台,其中电子阅览室终端数15 464;图书购置费250 404千元,新购图书8939千册;建筑面积2558千平方米,阅览室坐席数

145 019个。此外，地市级公共图书馆的网站数为244个（2008年数据）。[①]

地市级公共图书馆馆均从业人员41.9人，馆均图书藏量482.2千册，馆年图书购置费749.71千元，馆年新购图书26.76千册，馆均建筑面积7.66千平方米。另外，地市级公共图书馆的网站设置率为72%（2008年数据）。

只有部分地市级馆设置了专门的参考咨询服务部门，如深圳图书馆的参考研究部，哈尔滨市图书馆、长春市图书馆的参考咨询部，广州市图书馆、烟台市图书馆的信息咨询部，沈阳市图书馆的专题咨询部，金华市严济慈图书馆的咨询部，苏州图书馆的参考咨询室，佛山市图书馆的信息部，温州市图书馆的信息服务部，贵阳市图书馆的文献开发部等。这些部门通常设置3—5名专职的参考工作人员。

多数地市级馆没有设置专门的参考咨询部门，其参考咨询服务功能是在历史文献阅览室、专题文献阅览室、参考文献（工具书）阅览室等相关阅览室予以体现。

如杭州图书馆的“专题文献中心”的主要功能：

①各种专题文献阅览（艺术、文史哲、经济、法律、旅游等）；②地方文献搜集与服务；③外文文献阅览；④古籍整理与服务；⑤社科（人文）研究；⑥政务信息查阅；⑦参考信息咨询服务；⑧定题服务；⑨信息推送与传递服务。

如大连图书馆的阅览室咨询：

①社会科学文献阅览区：为读者提供相关图书外借、工具书阅览及参考咨询服务；②自然科学文献阅览区：为读者提供相关图书外借、工具书阅览及参考咨询服务；③历史文献阅览室：为读者提供馆藏古籍文献查阅服务；④多媒体阅览室：为读者提供上网及电子文献资料查阅服务。

此外，江苏、浙江、广东以及东北等地基础条件较好的地市级馆建

① 国家图书馆编．中国图书馆年鉴2011．国家图书馆出版社，2011

有自己的网站或网页,并通过 FAQ(常见问题解答)、Web 表单咨询、E-mail 等不同形式,提供网上参考咨询服务。

截至 2009 年底,在加盟联合参考咨询网(域名 www. ucdrs. net)的 50 家公共图书馆中,除 18 家省级馆外,其余 32 家均为地市、区县乃至乡镇级(如虎门图书馆)基层图书馆。

地市级馆基本都能提供一定程度的参考服务,部分地市级馆的参考服务具备一定的水准。

如温州市图书馆,该馆信息服务部"依托本馆所藏参考文献、数据库资源和网上信息,免费提供期刊、会议、学位论文等检索下载;同时为读者提供文献远程提供、信息服务、网络信息开发和标准专利等服务,并设立'中国科学院上海科技查新咨询温州分中心'。根据社会需要,进行信息开发,编发二、三次文献专题资料"。①

其主要服务内容包括:

1. 专题信息服务:个性化的定题服务,根据提交的要求进行相关信息的检索搜集、分类整理,按需编制二、三次文献。尤其适合于政府机关的决策部门、企业决策管理层、行业研究机构、行业监管机构等。

2. 标准服务:提供国家标准、行业标准及部分国外标准的检索及全文内容,同时可代购部分国内外标准。

3. 专利服务:提供国内外专利的检索及全文内容。

4. 企业名录:提供本市、全国及部分国外的企业名录。

5. 科技查新:提供国家级的引文检索、科技查新服务。

6. 课题检索:根据提交的课题要求,进行相关会议、期刊、学位论文等的检索搜集,按需编制二、三次文献。

7. 文献远程提供:读者通过网络或电话寻求文献资料,比如论文、标准、专利、企业名录、文献章节内容等,根据读者提交的要求以扫描并网上原文传递,或者邮寄、传真等方式,将读者所需的文献送到其手中。

---

① http://www. wzlib. cn/fwzn/201008/t20100809_81242. htm

8. 馆际互借：目前已与上海图书馆、国家图书馆、清华大学图书馆、浙江大学图书馆等建立了馆际互借关系，为读者提供馆际互借服务。

9. 会议、期刊论文代检服务：针对部分不会使用电脑或不会网络搜索的读者提供论文代检服务。

10. 法律法规服务：提供地方及全国的各类法律法规及条例案例全文（包括地方及行业法律法规）。

11. 论文摘要翻译：针对不擅长英文翻译的、但有论文需要的读者提供论文摘要翻译服务。

12. 其他信息代检代查服务：针对读者的信息需求，利用专业检索技术，提供代检代查服务。

13. 网络咨询解疑：包括 MSN 与 QQ 实时在线解疑及 FAQ 咨询。

但总体而言，地市级图书馆的参考服务工作状况差强人意。

（二）县市级馆通常没有专门的参考咨询机构及专职工作人员，参考咨询工作难以展开

截至 2010 年，我国共有县市级公共图书馆 2512 家。从业人员 30 579 人，其中高级职称 1264 人，中级职称 8823 人；总藏量261 218千册，总流通人次179 706千人次；为读者举办各种活动36 977个次，其中组织各类讲座次数18 725次，举办展览 6950 个，举办培训班11 302个；计算机92 928台，其中电子阅览室终端数62 821；图书购置费293 050千元，新购图书13 543 千册；建筑面积 4905 千平方米，阅览室坐席数 428 940个。此外，县市级公共图书馆的网站数为 551 个（2008 年数据）。①

县市级公共图书馆馆均从业人员 12.17 人，馆均图书藏量 104 千册，馆年图书购置费 116.66 千元，馆年新购图书 5.39 千册，馆均建筑面积 1.92 千平方米。另外，县市级公共图书馆网站设置率为 22.5%（2008 年数据）。

---

① 国家图书馆编. 中国图书馆年鉴 2011. 国家图书馆出版社，2011

与地市级馆相比，县市级馆的各项基础条件整体式微。

馆均 12 人的建制，使县级图书馆在保证基本借阅服务的条件下，难以措置专门的参考咨询部门及专职参考服务人员，参考服务大多停留在对读者提出的一般性知识进行简单解答，有关的任务指标则分解到各业务部门，而被分配任务的部门或个人则多采取突击性方式，被动地完成定额、指标，应付检查和评估。

馆均 10 万册的文献藏量，年均 11 万的图书购置费，难以配置基本的文献检索资源，多数的县级图书馆没有设置专门的参考工具书阅览室，绝大多数馆不能开展网络参考服务。2512 家县级馆中，只有北京东城区图书馆、佛山市顺德图书馆、深圳市罗湖区图书馆、新会景堂图书馆、肇庆端州图书馆、江门市五邑图书馆、重庆巫山图书馆等区区数家加入了“联合参考咨询网”。

加之图书馆自身宣传不足，服务手段单一，用户需求明显不足，从而也就决定了基层图书馆参考咨询服务水准积弱积贫的基本格局。

二、基层图书馆参考服务现状的成因分析

基层图书馆参考服务水平低弱的主要成因，可以归纳为下述 3 个方面：

（一）定位模糊，对于基层图书馆参考服务的基本定位及工作重心缺乏明确认识

因循守旧，故步自封。长期以来，基层图书馆一直将采编、收藏、借阅作为自己的工作重心乃至全部内容，上至馆长，下至馆员，对参考咨询工作的重要性并没有引起足够的重视，守馆待客、借借还还成为主要的工作模式，信息意识、开放意识、协作意识、主动服务意识淡薄。

定位偏失，南辕北辙。或过分注重经济效益，将参考服务作为主要的创收手段，并以此作为衡量工作成效的标准；或过分注重为当地政府领导机关服务，将编制《决策参考信息》等作为参考服务的中心工作，借此引起政府重视，争取财政支持。因而偏离了基层图书馆惠及全民、普遍均等服务的基本宗旨及核心价值。

（二）投入不足，对参考资源建设、服务机制建设、人力资源建设缺乏足够的重视与投入

参考资源保障度不够。馆藏资源的丰富程度是决定参考咨询工作服务质量的关键因素。近年来各级财政逐年加大了对于基层图书馆藏书建设的投入力度：地市级馆馆均图书购置费2000年为19.4万元，2008年为53.5万元，增加了近三倍；县市级馆馆均图书购置费2000年为1.9万元，2008年为8.2万元，增加了四倍多。但与实际需求相比，差距仍十分明显。基层图书馆的图书购置费大都用于保证普通借阅服务的基本藏书与报刊，用于购置参考资源的费用所剩无几，尤其是参考服务所倚重的各种工具书、数据库以及专利文献、检索工具、技术标准、学位论文、会议文件、技术报告、市场信息资源等严重匮乏。

服务手段单一落后。多数基层图书馆的参考服务还停留在解答读者简单的事实性问题，以及基于纸质载体的目录索引、剪报、文摘、复制等传统服务，手段单一，时效迟滞，未能及时融入传统参考服务向网络虚拟参考服务的转变之中，难以适应时代发展及用户需求的变化。

参考服务人员素质偏低。年龄结构老化，文化素质偏低，缺乏必要的信息检索、甄别、整合能力的训练，是基层图书馆从业人员的普遍状况。只能开展一些浅层次的馆藏文献信息加工、整理和开发，如专题剪报信息服务、简单咨询等，在面对信息时代社会公众的复杂需求时，往往力不从心。

（三）自我宣传不够，忽视对信息需求的调研及与用户的互动

长期以来，基层图书馆习惯于对到馆读者的被动服务，习惯于基于馆藏文献的单一服务，缺乏通畅的反馈渠道，缺乏有效的跟踪机制，缺乏与读者的互动，埋头耕耘而不问收获，同时又疏于对所在服务区域社会公众文献信息需求动态的深入调研与掌控，疏于对于用户需求的及时反馈与相应调整，疏于持之以恒的有效的宣传手段，因而难以维系和扩大稳定的用户群体，难以产生可以累积的社会效益，形成良

性循环。

第四节　基层图书馆参考服务模式重构

一、基层图书馆是公共文化服务实施主体的重要组成

按照结构合理、发展均衡、网络健全、运行有效、惠及全民的原则，努力建设以公共文化生产供给、设施网络、资金人才、技术保障、组织支撑和运行评估为基本框架的覆盖全社会的公共文化服务体系，是今后相当长时期我国公共文化建设的基本目标，它的最终实现，需要经历一个从旧有体制向新型模式转变、磨合的发展过程。在这一转变过程的初期，履行公共文化服务职责的主要载体和执行者，还是现有的包括公共图书馆在内的文化事业单位，这些文化事业单位各有各的职守，分别满足公众的不同文化需求，并辐辏聚合、共同推动公共文化服务体系的有效运转。

公共文化服务体系的核心任务是有效配置公共文化资源，组织并向公众提供基本的文化产品及文化服务，以保障公民文化权利的实现。而在这一庞大体系之中，公共图书馆，尤其是基层图书馆，其先天禀赋的种种特质，与公共文化服务体系的价值取向和职责目标高度契合，基层图书馆的主要功能——保存人类文化遗产、传递科学情报信息、开展社会教育、提供文化娱乐活动等，与公共文化服务体系保障基本文化权益、促进社会文化和谐、建设民族文化家园、致力于城乡文化服务覆盖的基本功能一脉相承。因而较之其他文化事业单位而言，都更有理由和条件承担主要的功能载体和运转平台责任。

文化事业单位及其服务职能①

公共图书馆/资料馆	知识、信息的集散地，公众从事终身学习、开展文化活动、获取信息的殿堂，主要负责图书及特定文献资源的收集、加工、保存和提供借阅服务。

① 陈威主编. 公共文化服务体系研究. 深圳报业集团出版社，2006

续表

文化馆(站)/文化活动中心	各类群众性公益文化活动组织、举办场所。规划、组织群众文艺节目创作,策划和举办群众文化活动、进行基层文化辅导和文化人才培训,开展群众文化理论研究,对非物质文化遗产进行保护、利用和传承。
博物馆	搜集、加工、保存和展出各类文物,开展与业务相关的文化活动,传播知识。
美术馆	收藏美术作品,组织美术创作,开展美术人才培训,举办美术展出与交流活动。
乐团/音乐厅/剧院/演艺中心	高雅艺术的创作、表演主体,排练及演出场所,一个城市文化品位的载体与象征。
文物管理单位	对文物进行发掘、保护和管理。
文联及各类文化艺术协会	根据党和国家的文化政策开展工作,团结文化人才,进行文艺创作,积极开展各类文化活动。
非营利电台/电视台	根据政府的授权对本单位的文化资源进行管理和经营,制作和播出广播电视节目,保证安全播出。
事业性出版社/杂志社/书刊发行机构	运用平面媒体/书籍的独特影响,组织各种语言及影像类文化产品,向公众传递信息、知识和娱乐。

二、完善参考服务模式是基层图书馆充分履行职责的必由之路

基层图书馆在公共文化服务体系中承担重要职责,这一点毋庸置疑。但目前基层图书馆的现实状况与充分履行其职责的要求尚存在明显差距。近年来,在国家构建公共文化服务体系大政方针的积极引导与推动下,我国基层图书馆“书吃人,人吃书”的困窘状况有了很大的改观,总分馆建设也取得了突破性进展,然而更为深层的、困扰基层图书馆多年的痼疾——服务内容单一、服务手段落后,并没有实质性的改观。即以公共图书馆服务体系层面的“全覆盖”而言,所谓“全覆

盖”，既是服务网点设施的覆盖，更应是其服务功能、服务内容的覆盖，现有的单一的图书借阅服务难以承荷公共文化服务体系所赋予的重责。

来自南开大学的一项调研表明，作为基层图书馆的主体，我国县级图书馆所提供的服务与英美同类图书馆的服务之间存在显著差异：“在几乎所有领域，我国县级图书馆的服务内容都相对单薄，在教育使命、信息保障使命、社会和谐使命方面尤其显著。”而导致基层图书馆服务全方位落后的直接原因，恰正是基层图书馆赖以支撑其充分履行职责的参考服务长期处于积弱积贫的状况。由此，完善参考服务模式，提高参考服务的深度和广度，成为基层图书馆充分履行职责的必由之路。

国内外“县级图书馆”服务内容比较①

	英美公共图书馆(%)		国内公共图书馆(%)	
教育使命	为学校课程配备相应的阅读计划	47.7	爱国主义教育读书活动	56.9
	为学生提供作业辅导	47.7	培训项目	35.3
	为寻求正规教育机会的人提供信息支持	31.8	送书到学校，设立分馆/流动站	25.5
	组织培训活动，支持终身教育	20.5	开展科普读书活动	25.5
	为学校图书馆配备文献	13.6		
	为在家上学者(homeshooling)配备资料	11.4		
	远程学生的学习中心或资料中转站	9.1		

① 于良芝等. 公共图书馆的使命与服务：基于内容分析法的国内外比较研究. 图书馆论坛，2007(6)：25

续表

	英美公共图书馆(%)		国内公共图书馆(%)	
信息保障使命	日常工作、学习和生活问题咨询解答	77.3	致富信息、科技信息	68.8
	为社区机构或组织提供导引	68.2	地方志与家谱	52.9
	商业和工作信息	61.4	为个人提供研究信息	39.2
	地方志与家谱	59.1	为政府、企事业单位提供信息	15.7
	有关政府部门或政府官员的信息	29.6		
	消费信息:帮助社区居民获取消费信息	11.7		
培养阅读兴趣	组织故事会活动	93.2	向儿童提供适龄图书	76.5
	向儿童宣传和提供适龄图书	86.4	征文、诗歌比赛	66.7
	组织假期阅读活动	86.4	组织假期阅读活动	27.5
	组织各年龄段的阅读与写作俱乐部	84.1	推荐阅读书目	13.7
	宣传推荐图书	79.6	“知识工程”阅读促进活动	11.8
	为家长提供如何引导儿童阅读的指导	36.4	组织家庭阅读活动	7.8
	组织家庭阅读活动	25.0		
文化使命	提供流行图书	100.0	举办各类展览	39.2
	提供声像资料(如电影)	100.0	举办与用户兴趣相关的活动	11.8
	文化遗产以及当地历史的介绍	52.3	提供音像资料	3.9
	举办各类与文化有关的展览及活动	50.0		
	举办与用户兴趣爱好相关的活动	38.6		
	提供与时尚话题相关的资料	11.4		

续表

	英美公共图书馆(%)		国内公共图书馆(%)	
社会和谐使命	免费吸收所有社区居民成为其用户	100	帮助建立基层图书室、服务点	60.8
	为人们交往和讨论社区事务提供空间	70.5	开展活跃社区生活的活动	17.6
	为弱势群体提供有针对性/个性化服务	47.7	为弱势群体送书上门	9.8
	提供少数民族语言资料	27.3		
	引导居民参与社会活动/利用社会资源	20.5		
	主动寻求当前的非用户	2.3		
信息素养	提供免费的计算机及互联网设施	88.6	为读者提供有偿互联网服务	35.3
	提供电脑、网络基本操作培训	40.9	培训计算机基本操作技能	7.8
	支持、参与并在必要时组织扫盲活动	18.2	为读者提供免费互联网服务	3.9
	信息查询及信息利用辅导	6.8		

三、构建新型的基层图书馆参考服务模式

如何保持参考服务的公共性并使之最大化，是构建新型基层图书馆参考服务模式的基本出发点。

传统参考服务追求的是个性化服务，而所谓“嵌入式服务”已经将这种服务推到了一个极致。新形势下基层图书馆参考服务追求的是公共效益的最大化，以群体需求为动源，通过认知群体需求特征，调整服务方向与视角，调动与配置相关资源(人力、物力、组织、文献等)。

作为图书馆存在与发展的“主脑”与“心脏”，基层图书馆参考服务目前状况不足以支撑基层图书馆充分履行其在公共文化服务体系

中的职责，而按照传统参考咨询服务的既有架构和模式依次构建则存在着两方面的障碍：一是以往以解答个性问题为基本内涵的咨询服务与基层图书馆普遍均等服务原则存在着某种程度上的悖逆，二是现有基层图书馆主客观条件也不允许。由此，围绕履行基层图书馆在公共文化服务体系中的职责，兼顾现实与可能，构建新型的基层图书馆参考服务模式成为目前基层图书馆亟待解决的迫切任务。

基层图书馆参考服务模式的重构主要体现在其服务的基本原则、基本方式、基本内容等3个方面。

（一）基层图书馆参考服务的基本原则

基层图书馆参考服务的基本原则应当与公共文化服务提供的总体原则保持一致，是总体原则的具体体现。

1.公益性与公平性原则——基层图书馆参考服务的性质与对象

基层图书馆参考服务的本质属性是公益性的，这种公益性集中体现在对所在区域内所有社会公众的平等、免费服务上。不以获取经济利益为提供服务的前提，不以为某一特定对象（如政府机关）提供专门服务为工作重心，而应如《公共图书馆宣言》所倡导的“每一个人都有平等享受公共图书馆服务的权利，而不受年龄、种族、性别、宗教信仰、国籍、语言或社会地位的限制”。

2.便利性与多样性原则——基层图书馆参考服务的方式与内容

为保障公众及时获取相应文化信息的基本权益，弥合数字鸿沟，基层图书馆参考服务必须遵循便利性原则，提供高效、便捷、实用的服务；同时，在满足公众基本阅读需求的前提下，还应想方设法满足公众对于政府信息、地域信息、教育信息、生活信息等多方面的信息需求。

3.基准性与效益性原则——基层图书馆参考服务的范围与效益

基于普遍均等服务原则，基层图书馆提供的参考服务是有限度的，有所为有所不为，而非无所不为的；基层图书馆的参考服务必须讲求效益，追求的目标，是以最少经济投入获取最大的社会效益。

（二）基层图书馆参考服务的基本方式

基层图书馆参考服务的方式方法多种多样，服务对象不同，服务内容不同,服务的方式方法也会因之而不同(参见第二章至第五章相关内容)。但就总体而言,基层图书馆在提供参考服务的过程中,应着重体现“四结合”原则:

(1)传统服务方式与现代服务手段相结合;

(2)自有信息资源与相邻系统资源相结合;

(3)本馆咨询服务与联合参考服务相结合;

(4)专职馆员提供与整体机能提供相结合。

(三)基层图书馆参考服务的基本内容

基层图书馆参考服务的主要内容包括四大方面:

1. 阅读导引——基层图书馆“行舟之楫”、动力之源

阅读导引是凸显基层图书馆基本功能,保证其作为“地区社会阅读中心”而顺畅运行的基本条件。它处于基层图书馆参考服务的根基层面,具有举足轻重的地位和作用。

2. 公共信息服务——保障公众权益,弥合数字鸿沟

公共信息服务是基层图书馆履行满足社会公众基本信息需求职责的主要手段,是现代图书馆区别于传统图书馆的重要标志,是基层图书馆增强其社会竞争力的不可或缺的重要手段。

3. 咨询服务——既是一种工作方式,也是一种工作态度

咨询服务是基层图书馆开放性与主动性功能的具体体现,是其用以满足个性化需求的必备手段,同时也是衡量基层图书馆参考服务水准的重要标尺。

4. 业务辅导——授人以鱼,不如授人以渔

面向用户的辅导(用户教育)侧重于提高公众的信息素养,是拓宽图书馆辐射范围,增强图书馆与用户之间互动,进而营造良好社会氛围的重要手段。而面向基层服务站点的业务辅导则成为公共图书馆彰显实力,融入乡镇(街道)、村(社区)公共文化服务体系建设,发挥其业务支撑、技术支撑作用的主要方式。

另外,基层图书馆参考服务的有序、有效展开,还有赖于其基本储备状况,主要包括3个方面:①基本制度;②基本素养;③基本参考源。

基层图书馆参考服务示意图

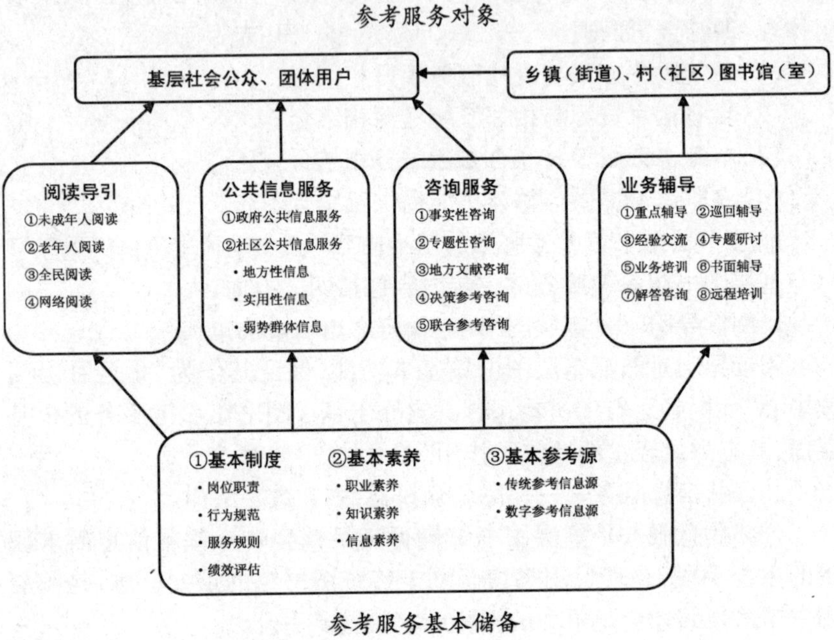

第二章　参考服务之阅读导引

第一节　阅读导引的含义与作用

一、阅读导引含义

阅读是人类的重要认知方式与认知过程，是一种普遍的文化现象，是读者通过书刊、报纸、电子书报、网络篇章等书面语言和其他书面符号的视觉感知获取知识信息、提取意义和审美体验的生理、心理和社会实践行为。

图书馆阅读导引，也称阅读指导或导读，是图书馆阅读推广或阅读促进活动的核心组成。

图书馆阅读导引是围绕图书馆基本业务——文献借阅而展开的智力活动，是基层图书馆参考服务最为重要的工作内容。

关于图书馆阅读导引，业界有几种有代表性的界定：

图书宣传与辅导阅读，是图书馆中一项最活跃、最有生气的群众性活动，这项工作的特点是运用书刊等出版物来达到宣传教育的目的，宣传辅导直接影响流通推广图书的范围和图书的使用率、周转率。

——周文骏《图书馆工作概要》1980 年版

阅读指导是对人们的阅读目的、内容与方法给予积极影响的教育活动，其任务在于提高读者掌握与运用文献的能力，从而加强阅读效益。

——赵世良《图书馆读者工作教程》1986 年版

指导阅读的工作，是在熟知读者及阅读需要的基础上，参与读者阅读活动，积极影响读者选择阅读范围，使他们正确地领会文献内容，帮助他们学会利用文献和图书馆。

——沈继武《藏书建设与读者工作》1987 年版

阅读指导是图书馆以读者的阅读目的、内容、方法给予积极影响的教育活动,目的在于提高读者的阅读能力和效益。

——蔡成瑛《图书馆学情报学概要》1993 年版

导读是图书馆根据社会发展的要求,采取各种有力措施主动地吸引和诱导读者,使其产生阅读行为,并积极地干预和影响其阅读行为,以提高他们的阅读意识、阅读能力和阅读效益为目的的一种教育活动。

——李希孔《图书馆读者学概论》1995 年版

值得注意的是,阅读导引是一个发展中的概念,它的外延与内涵会随着阅读主体与客体的变化而变化。作为图书馆工作的重要组成,阅读导引在不同类型图书馆中,会因服务对象不同而在方式、内容乃至作用方面有所差异。公共图书馆、学校图书馆(高校、中小学)、专业图书馆阅读导引工作各有侧重。同时,面对信息时代阅读需求与阅读方式的多元化发展趋势,图书馆阅读导引工作也在与时俱进,不断充实与调整。

二、阅读导引的作用

进入 21 世纪,我国的阅读环境悄然发生着种种变化:

1. 阅读方式从纸质时代进入了纸质与电子并存的时代

2009 年 4 月 22 日,中国出版科学研究所全国国民阅读调查课题组发布《第六次全国国民阅读调查》。调查数据显示, 2008 年我国成年人图书阅读率为 49.3% ,比上一年的 48.8% 增长了 0.5 个百分点,增幅为 1.02% 。成人人均年阅读图书 4.72 本,比 2007 年的 4.58 本多 0.14 本。18 周岁以下未成年人图书阅读率达到 81.4% ,包括未成年人在内,我国 0—70 周岁国民图书阅读率达到 52.45% 。

调查数据同时显示,我国包括在线阅读、手机阅读、手持式阅读器阅读等方式的数字图书阅读开始普及,国民各类数字媒介阅读率为 24.5% 。在各类阅读媒介中,以“网络在线阅读”排第一(15.8%),其次是通过“手机阅读”(12.7%),另外约有 4.2% 的人通过 PDA、MP4、电子词典阅读,有 3.3% 的国民通过光盘阅读,还有 1% 的人通过其他手持式电子阅读器等数字方式阅读。全国约有 2.8% 的成年人只阅读各类数字媒介而不读纸质书。调查发现,获取便利是国民选择数字阅读的主要原因,比例为 60.1%,其次是方便信息检索,比例为 30%。

未来的阅读方式除了传统意义读书之外,新的阅读方式迅速增加,阅读趋势向数字化、多元化、个性化发展,网络阅读的兴起不可逆转。

2. 阅读内容有从学习型阅读向休闲性阅读发展的趋势

随着社会竞争加剧,中国人口的老龄化以及人们健康意识的提高,人们的阅读目的已从以前以学习和工作需要为主的学习性阅读向以生活娱乐需要为主的休闲性阅读转变。

调查显示,在图书的读者中,对读书的目的选择最多的是"增加知识,开阔视野",选择比例达 62.0%;其次是"打发时间/休闲消遣",占 42.7%;第 3 位的是"满足兴趣爱好",占 39.5%;"提高修养"和"掌握一些实用技能"分别位列第 4 和第 5 位,占 30.0% 和 28.8%;专为"工作学习需要"而读书的占国民总体的 1/4 以上。

各类图书中市场占有率最高的是文学类图书,过去一年共有约 1.3 亿人购买过文学类图书,占全体国民的 16.8%,占总图书购买人数的 35.6%;其次为日常生活类图书,市场占有率达 25.0%;排名第 3 的是经济、管理类图书,市场占有率为 14.7%。而在期刊市场,文化娱乐、文学艺术、时尚消费、家居生活是阅读率最高的前四类杂志。

2006 年,全国国民阅读与购买倾向抽样调查表明,以兴趣爱好和消遣娱乐为阅读目的的人群迅速增长,以升学、求职、备考为目的的阅读开始回落。读者最喜爱的和 2005 年已购图书市场份额中排在前三位的,是文学类图书,文化、科学、教育、体育类图书和综合性图书。

3. 阅读倾向上人们的深度阅读减少,浏览式的"浅"阅读增加

面对信息的海量膨胀,生活节奏的加快,要更多更快地获得信息,人们的阅读呈现出浅显化的特点。在期刊方面,人们从以读刊为主变成以读篇为主,搜索式阅读、标题式阅读、定制式阅读、联通式阅读、跳

跃式阅读成为手机阅读和网络阅读的主要形式。名著通俗本、普及本、精简本、口袋本的盛行，财经、励志类图书以股市和语言的行文代替枯燥的说理，各地书店居排行榜前列的大多数是通俗读物的现象，都证明了人们浏览式的“浅”阅读的特征。

4. 阅读过程从被动接受向主动参与发展

传统纸质出版物，通过章节设置、页码标注等方式规定阅读顺序，读者一般是逐页、逐段地阅读，而运用超文本技术的电子出版物和网络出版物则是以非线性的网状结构，以节点为单位组织信息，以连接方式表达其特定内容的信息网络，读者在阅读时可以根据自己的需要，迅速找到自己感兴趣的内容和有关信息，进行相关的连接。网络技术的发展还改变了传统出版业对信息的采集、把关、发表的垄断权。通过博客、电子杂志、网络出版等方式，人人都是内容提供者。新技术使读者不仅阅读，而且可以参与网络出版物的内容形成，阅读从单纯的被动具有了互动的可能性。

图书借阅是图书馆服务的基础，为读者服务是图书馆永恒的主题，围绕图书借阅而展开的阅读导引则是图书馆读者服务工作的灵魂与核心。主动而科学地为读者提供阅读导引服务，既是一项富于针对性和实效性的读者教育活动，又是一种充满着人文关怀理念的读者服务方式。基于自身地位与职责，面对新的阅读环境与趋势，基层图书馆必须顺应时代发展的要求，顺应社会公众阅读需求，对阅读导引工作给予足够的重视和关注。

截至 2010 年底，我国地县两级公共图书馆占全国公共图书馆总数的 98.68%，从业人数占 83.24%，总流通人次占 87.53%，为读者举办各种活动占 87.65%，所拥有持证读者占 78.47%，书刊外借量占 88.34%。图书馆延伸服务中的借阅册次占总数的 76.05%。2008 年全国公共图书馆设置分馆总数为 9078 个，其中地县两级馆所设分馆数为 8001 个，占总数的 88.14%。由此可见，以地县两级馆为主体的基层图书馆承荷了绝大部分的公共图书馆读者阅览服务工作，而地县两级公共图书馆所具有的按照行政区划分布的广域性特点以及所面对的庞大的服务群体数量，决定了其于所属区域具有的阅读中心地位。惟其如此，阅读导引工作的开展，关乎基层图书馆的生存与发展，关乎其整体实力的提升，关乎其于地区公共文化服务体系中的地位与作用。开展阅读导引工作有益于营造良好的阅读风尚，有益于增强图书馆的向心力与凝聚力，有益于促动广大社会公众的阅读需求。而公众的阅读需求越旺盛，越能体现图书馆的存在价值，图书馆的生命力也会因之而越加强盛。

从这一角度说，阅读导引之于基层图书馆犹如“车之轮，舟之楫”，“车摧轮则无以行，舟无楫则无以济”，起着掌控行进方向、提供动力之源的核心作用，是凸显图书馆基本特性，保证其顺畅运行的基本条件，处于基层图书馆参考服务的根基层面，具有举足轻重的位置。

第二节　阅读导引的内容与方式

一、阅读导引的主要内容

（一）阅读行为的培养与引导

阅读是人类主要的学习模式，也是图书馆最主要的活动。在知识经济与终身学习时代，公众的阅读数量与阅读质量，是该社会进步与否的重要指标。提升阅读风气，推动阅读活动，是基层公共图书馆的天职。基层图书馆阅读导引首要任务就是让公众充分认识阅读的重要性，激发阅读兴趣，养成良好阅读行为，让阅读成为人们生活的一项不可或缺的重要内容。

阅读是人的一种自觉活动，必须以人们对它的认识为思想基础。主观上对阅读重要性的认识如何，是每个人产生阅读冲动的内在动力。阅读认识愈高，产生的阅读行为就愈理想，收到的阅读效果就愈好。

阅读之重要，小而言之，是个人获取知识、认识世界的重要途径，是开发智力潜能的有力工具，是陶冶性情、培养高尚情操的良师益友。阅读不能改变人生的长度，但它可以改变人生的宽度。人的精神可以因阅读而蓬勃葱茏气象万千。

阅读之重要，大而言之，则直接关乎一个国家和民族的未来。一个民族的精神境界取决于阅读的水平，国家的竞争力最终取决于精神的力量，而精神力取决于阅读力。世界上许多国家每年都举办各类的读书活动大力倡导阅读，有些国家甚至把集中的读书活动办成全民的节庆，促使读书和学习在城市的每一个角落深入人心、蔚然成风。

在推进全民阅读上，基层公共图书馆以其专业性、权威性和独有的丰富资源成为读书活动的一个主要阵地，也是倡导全民阅读、终身阅读等阅读基本理念的中坚，是联系群体阅读和个体阅读的桥梁，发挥巨大的作用。近年来，全国许多图书馆各种阅读活动开展得有声有色，特别是在经济较发达的地区，图书馆在全民阅读方面发挥了重要的作用。像苏州图书馆、东莞图书馆、深圳图书馆在这方面为全国其他城市图书馆做出了榜样。

与学校图书馆不同，基层公共图书馆面对的是身处社会不同阶层的广大民众，阅读导引的基本出发点是尊重公民阅读自由，包括选择阅读内容与选择新的阅读载体的自由。同时，还必须兼顾广大公众对于阅读的多元化需求，兼顾不同年龄层面、不同工作背景、不同知识背景读者的阅读趣向，因势利导，渐次推进，形成良性循环。

（二）阅读内容的引领与推荐

好读书的行为是以“读好书”的选择为依托的。何谓“好书”？诗无达诂，文无确解。个人境遇不同，修养不同，趣向不同，“好书”的标准自是各有标的，诚如清代张潮所云：“少年读书，如隙中窥月；中年读书，如庭中望月；老年读书，如台上玩月。皆以阅历之浅深，为所得之浅深耳。”而“善读书者，无之而非书：山水亦书也，棋酒亦书也，花月亦书也”。

尊重公民阅读自由是保障公众基本文化权益的重要方面，而把握和引领先进的阅读方向则是基层图书馆赖以实施其社会教育职责的前提条件。尊重不等于盲从和“媚俗”，引导不等于教化与强迫，如何在这两者之间做一个正确的抉择，使之达到最大的契合度，从来都是考量图书馆智商水准的一块试金石。

就阅读的基本出发点而言,从大的方面看,凡是能够启迪心智、拓展知识、陶冶性情的书,都应在"好书"之列,换句话说凡是有益于启迪心智、拓展知识、陶冶性情的书,都是基层图书馆阅读导引的引领和推荐对象。当然,在具体的工作过程中,还应该注意引导读者在相互启发中逐步提升阅读境界、注意引导读者在满足自身兴趣的同时适当注重完善知识结构,以及引导读者在获取知识信息的多元途径中作出正确判断和选择。

(三)阅读方法的培养与引导

授人以鱼不如授人以渔。培养读者掌握科学的阅读方法与技能,并能够熟练、灵活运用,是基层图书馆阅读导引工作的重要内容。

阅读方法随阅读对象、阅读目的不同而各异。据统计,目前被介绍的各种阅读方法有 300 多种,在具体的阅读导引过程中,基层图书馆馆员必须对一些基本的、常用方法烂熟于胸,掌握其要领、规则、步骤和程序,并根据读者的具体情况因材施教,因人而为。儿种常用阅读方法:

1. 三步阅读法

这是我国历代学者所推崇的传统分步阅读方法,将阅读过程分为 3 个步骤,即浏览以了解梗概、细读以深入感知、品味以融会贯通。

首先,要概括地了解读物的内容。这一步可采用浏览、泛读等方式进行,目的是在了解全书概貌的基础上,分析确定阅读的重点,以便于分点加以研读。

其次,在掌握内容大意的基础上,对重点的内容分别作深入的钻研,做到真正地理解读物的内容。这一步应采用精读的方式进行。

最后,在理解全文重要内容之后,再将各部分内容联结起来,形成一个有机的整体,并且做到"应当记忆的记忆起来,应当体会的体会出来,应当研究的研究出来"。①

① 叶圣陶的"三步读书法". 实践, 1994(1):45

我国现代的一些著名学者，都对这种三步阅读法予以充分的肯定，并根据自己的理解进行诠释。如茅盾先生的“鸟瞰、精读、消化”的三步阅读法——第一遍鸟瞰，即居高临下地全面了解读物的主要内容；第二遍精读，则是全面分析读物的各个构成部分，洞幽发微，探求深意；第三遍消化，即是理解、品评并吸收读物的精义，将阅读引向更高的层次。张志公先生的“读、想、读”三步阅读法——第一步读，粗知大意，得其梗概；第二步想，多方质疑，深入探求；第三步读，解决疑难，领悟归纳。应该说，这些三步阅读法尽管具体说法不同，但都体现了由初步感知到深入理解这样一个由浅入深的阅读过程。运用这种方法不仅可以减少阅读的盲目性，而且符合思维的基本规律，容易收到好的阅读效果。

2. 五步阅读法

由美国教育家鲁宾逊倡导的一度盛行欧美的“五步阅读法”又称“SQ3R”阅读法，是将读书的过程分为5个步骤：概览（survey）、提问（question）、精读（read）、复述（recite）、复习（review）。

（1）概览——浏览读物的封面信息、内容提要、序文、前言、目录、标题、图表、照片以及注释、参考文献、索引，以对全书的基本状况和基本内容了然于胸，有一个基本的了解，为下一步的深入阅读做好铺垫。

（2）提问——某种程度上说，阅读就是一个从“质疑”到“释疑”的过程。在概览的基础上边阅读边设问，有助于集中注意力、增强求知欲和阅读兴趣，进而提高独立思考和解决问题的能力，使阅读成为有准备、主动的评价过程。

（3）精读——带着问题深入阅读，反复推敲，弄清每一个词语和问题，尤其是专门术语、篇章首末关键文字往往蕴含书中精髓，是透彻了解全书的关键，务求充分理解和掌握，做到有疑而入，释疑而出。

（4）复述——一书读毕，默而思之，含英咀华，尝试复述全书梗概、章节、主旨，如有疑滞，复读而思之，“提问—阅读—复述”循环往复，直至充分掌握。

（5）复习——一书读罢，“学而时习之”、“温故知新”，根据遗忘先快后慢规律，按初读后半天、一天、三天、七天、半月周期次第进行间隔性复习，以增强记忆，巩固学习内容。

3. 精读与泛读结合法

精读是阅读的基本方法，也是最重要的阅读学习方法。叶圣陶、朱自清在《精读指导举偶》中对精读的界定是“纤屑不遗，发挥净尽”。“纤屑不遗”是指读书要完整、全面，任何值得玩味的细微之处都不放过。“发挥净尽”是指阅读理解要透彻，思考要深入，鉴赏要到位。概而言之，精读的特点就是全面、细致、透彻。

当今社会资讯一日千里，生活、工作节奏加快，精读已不能满足我们的全部需求，我们没有足够的时间去接受瞬息万变的世界。精读是必要的，但我们也需要泛读。所谓泛读，既是指涉猎范围之广泛，不偏执于一隅，也是指阅读速率的快捷，走马观花，浅尝辄止。泛读是精读的基础，而精读能推动泛读的延伸，二者有机地结合，兼收精耕细作与广种薄收之利，才能相辅相成，相得益彰，求得阅读的最大效益。

4. 摘录批注法

此阅读法就是在阅读过程中根据自己的需要将有关的词、句、段乃至全篇原文摘抄下来，或对阅读的重点、难点部分画记号，作注释，写评语。“好记性不如烂笔头”既是 条重要的读书经验，也是一种行之有效的阅读方法，它把读书、思考和动笔结合起来，“手脑并用”，从而加强理解，加深印象，巩固记忆。

眉批、夹注是我国传统读书法之一，它的好处是可以逐句逐段加深理解文章内容，随时写下阅读的心得体会，发表自己的看法。但阅读图书馆中书籍，务必遵守公共道德，切忌不要在馆藏图书上随意写画。

5. 比较阅读法

比较阅读法，是指阅读时，通过比较不同文章、书籍的相关方面，揭示其本质特征的方法。比较阅读是研究性的阅读，它包含有阅读、比较、分析、综合等活动，是一种层次较高的阅读。

“操千曲而后晓声，观千剑而后识器”，有比较才有鉴别。比较阅读法会给人们带来很多好处:兼取诸家,取长补短;分析比较、独立思考;目的性强,效率性高。

比较阅读法的基本步骤:

(1)定题——确定进行比较阅读的课题。

(2)选材——按照比较目的选取各种有特色有代表性的阅读材料。

(3)阅读——重点阅读各书中有关比较目的的部分。

(4)比较——进行比较、分析,对不同或不全相同的观点进行比较、分析,弄清长短、优劣、是非、变化。

(5)综合——通过互相比较、互相补充,纠正错误,弄清是非,识别变化,推测发展,最后形成综合的观点。

基层图书馆读者的多层次及阅读载体的多元化,决定了阅读方法的多样性。基层图书馆阅读导引必须根据不同读者的需求及不同载体的特点,有目的、有针对性地辅导读者使用各种适宜的阅读方法,轻松驾驭各种文献,获取丰富知识,提高智能,愉悦身心。

二、阅读导引的主要方式

阅读导引(导读)是图书馆的一项传统工作,长期以来形成了一批行之有效的工作模式,1991 年,于鸣镝先生在《导读论》一文中曾将其归纳为 14 种①:

(1)推荐好书。从每批到馆新书中挑选其优秀者向读者宣传和推荐,会收到正确的阅读导向之效。

(2)图示馆藏。把馆藏的品种、数量、置放地点甚至于借阅方式等以图示形式展现给广大读者。

(3)接待咨询。在图书馆大门读者入口处设一专岗,以口头解答、疏导方式为读者服务,让读者"各得其所"。

(4)墙报剪报。前者是读者工作人员编写或抄写的导读材料,后

① 于鸣镝. 导读论. 大学图书馆学报,1991(3):11 - 12

者则是利用现成资料,通过剪辑,加以组织,向读者“宣传图书,指导阅读”,传递信息,增长知识。

(5)复制目次。把期刊至少是核心期刊的目次页及时复印,并在重要文章上加上“重要符号或标记”,以提醒读者,注意阅读。

(6)专题索引。从大量文献里选取其中优秀和有科学价值的部分,按专题编成索引,印发到读者手中。

(7)读者报告。由读者、外请专家学者、图书馆工作者就读书治学的一般问题或其中某一侧面乃至对某书某刊做读书报告。

(8)读者研讨。发动广大读者尤其是青年学生开展书评演讲或研讨活动,就某书的是非以至某种“读书热”进行广泛讨论,图书馆提供辅导材料。

(9)个别指导。在借阅过程中随时随地都可以对读者的阅读活动进行有针对性的辅导。

(10)重点辅导。对读者中的重点对象,尤其是青年学生中在阅读倾向上存在问题的人要进行重点辅导。

(11)课堂教育。专门开设“读什么,怎么读”的讲座,也可讲授“读书治学方法”、“怎样搞毕业设计”、“撰写学术论文技巧”等知识,都是行之有效的。

(12)编制推荐书目。

(13)表彰优秀读者。

(14)成立读者协会。

进入21世纪,网络化数字化进程的迅猛发展,对图书馆阅读导引产生巨大而深刻的影响。传统的阅读导引局限于面对面的口头交流或电话交流,而在网络环境下,出现了各种新型交流与展示方式:如利用图书馆主页进行好书推荐,制作FAQ,利用E-mail、BBS互动交流,利用聊天软件等工具实时交流、指导等。这些新型导读方式在很大程度上打破了原有的时空限制,方便快捷,适应网络环境下读者的阅读习惯,更易于激发读者的阅读热情,更深入地认识与利用图书馆。

截至2008年,我国地县两级公共图书馆共有795家馆建立了自己的网站，相信随着数字化、网络化进程的加速，特别是文化信息资源共享工程、县级数字图书馆工程的全面展开，基层图书馆网站的数量会越来越多，所发挥的网络导读作用也必然增大。

第三节　阅读导引的策略、调研与规划

一、阅读导引的策略

基层图书馆阅读导引工作既要遵从阅读活动、阅读心理的普遍规律，同时还必须与基层图书馆的基本职责相符合，适应时代进步发展的要求，保障公众的文化权益，在基层图书馆参考服务总体原则——公益性与公平性原则、便利性与多样性原则、基准性与效益性原则的框架下，采取相应的阅读导引策略：

1. 思想性与科学性统一

阅读服务是基层图书馆提供的最基本的公共文化服务，同时也是履行其知识启蒙、社会教育职责的重要手段。坚持正确的政治方向，把握进步的思想潮流，是基层图书馆开展阅读导引工作的基本前提。只有在这个前提下，基层图书馆才能在推动社会阅读的大环境中真正起到引领群伦、开风气之先的表率作用。

然而，基层图书馆的这种导引作用不是强制的，而是在尊重科学、尊重公众意愿、满足公众需求的前提下，通过各种人性化的服务手段，在潜移默化中完成的。力求做到：

(1)尊重公民阅读自由，包括选择阅读内容与选择新的阅读载体的自由；

(2)消除新阅读的社会障碍，包括阅读成本障碍、阅读能力障碍、阅读环境障碍；

(3)以开放的心态对待现代社会阅读潮流，避免错误的藏书政策和服务政策对阅读潮流的破坏；

(4)发展便于知识有效传播的信息技术，坚持通过新的技术手段推进阅读。

2. 丰富性与针对性统一

阅读导引的丰富性源自于现代阅读方式的多元化趋势。随着信息技术的发展和普及，纸质文献作为知识、信息和娱乐内容传播主渠道的作用正趋削弱，人们的阅读方式有了更多的选择，互联网、手机、PDA、PC 甚至广播、电视都成为人们获取知识、信息和娱乐内容的常用手段。信息接受方式的拓展，使得大众获取资讯来源的渠道变得愈加丰富而便捷。“阅读”的含义与所涵盖的范围在数字时代得到了前所未有的丰富和拓展。

阅读既是个人发展的助推剂，也是社会进步的原动力，人们阅读方式的日渐丰富既赋予图书馆新的职能，同时也对图书馆的服务提出了新的要求，就阅读导引而言，一个突出的方面，就是导引方式、导引内容必须更富有针对性。

基层图书馆读者数量庞大，结构复杂，阅读趣向、阅读习惯各异，要想获得理想的导读效果，必须认真研究读者阅读状况，据以确定适宜的导读内容和导读方法。同时，还应审时度势，根据社会发展的要求以及各个阶段的核心任务，针对不同时期出现的阅读热点、焦点，加以认真科学分析，积极推动全民阅读，纠正不良阅读倾向，引导正确阅读方向，营造符合时代潮流的读书求知潮流。

3. 整体性与主动性统一

阅读导引对于基层图书馆来说是一项整体性行动，表现为馆内各个部门之间的通力合作，以及与社会各界的广泛协作，仅凭个别馆员、部门，乃至单一图书馆之力，都很难将这项工作持久、有序、有效地运行下去。从这个角度说，阅读导引功能最能体现基层图书馆作为地区文献信息中心的社会属性。

开展主动服务是新形势下社会公众对基层图书馆阅读导引工作提出的新要求。基层图书馆必须打破固有的思维模式——习惯于将注意力局限于到馆读者身上，而忽略了隐性的潜在读者群体，而应该积极主动地了解所在区域社会公众的求知状况和阅读趣向，把握阅读规律，提高阅读效果，同时针对一些不良的阅读倾向，主动进行积极有效的引导和约束，让读者更简便地获得更人性化的服务，从而达到图书馆服务效益的最大化。

二、阅读导引的调研

充分掌握阅读主体（读者）的阅读心理与阅读需求状况，以及阅读客体（读物）的生成与变化，是基层图书馆阅读导引工作有效运行的前提。

2010 年 6 月 2 日，新华网转载了一条消息："湖南株洲公立图书馆探索把选书权交读者"，记述湖南省株洲市图书馆和新华书店近来开展一项"你读书，我买单"公益活动：株洲市图书馆派专人在新华书店设专柜办特殊的借书手续，市民在新华书店自选的新书，在办理手续后就能借回家看，图书馆负责统一与书店结账购买，读者日后归还则成为图书馆藏书。

株洲图书馆这一举措的积极意义在于借助新华书店这一平台把一线的读者需求与最新的出版资源直接联系在一起，阅读主体与阅读客体直接关照并迅速寻找到最佳的契合点，实现了主、客体之间知识转移的最大效益化。

但无论如何，这都只是一个临时的举措，要想让基层图书馆真正在公众中生根发芽，赢得充分的信任，持续的、深入细致的对于公众阅读需求及出版物状况的调研是必不可少的，这是基层图书馆据以确定阅读导引主题趣向并保持时效性的前提条件。

（一）用户阅读需求调研

在搜狐读书·书业观察论坛第 15 期（2007－09），北京出版社出版集团社长吴雨初总结人类对出版读物的四大需求：

第一类是谋生。从一个孩子成长为一个成人，成为一个社会人的过程当中，所必需的一些基本知识、基本素质和基本技能，构成了人类对出版需求的最庞大的组成部分。

第二类是做事。我们所从事的职业，需要我们掌握职业技能，要求我们明白在自己的职业，在自己的岗位上来做什么、能做什么事情，但是更重要的，是我们如何为一个民族，一个国家，乃至于为这个世界的经济、社会、文化、科技事业来贡献自己的力量，出版业要在很大的程度上来满足他们这种需要。

第三类为审美。审美也是人类基本的需求。可以分为两大类，一类就是娱乐性的审美，第二类是严肃艺术，满足人们更深层次的心理、情感的需求。

第四类是求道。求道也是人类的一个基本的需求。所谓求道，就是理解宇宙、理解人生。包括探寻宇宙奥秘的自然哲学，包括理解人生和社会这样的社会科学，也包括人类的终极关怀、宗教和信仰。

这是一种对于公众阅读需求的宏观性把握。

而与基层图书馆更为贴近的则是一种区域性的具体把握。

基层图书馆分布全国各地，各自服务于本区域的社会公众，因而具有明显的地域性特征，所以基层图书馆在把握公众整体需求趋势的同时，还要充分了解所在区域已有和潜在用户对于阅读的特殊需求，并在此基础上制定相应的文献配置措施和阅读导引措施。

宏观把握与区域把握构成基层图书馆阅读需求调研的两个主要方面。

调研的途径主要有两条：

1. 搜集相关部门、机构发布的阅读需求调研报告

近年来，全民阅读成为社会关注热点，全国性、地域性以及针对不同行业、不同阶层、不同载体的阅读状况调查报告纷纷出笼，这些调查报告对基层图书馆阅读导引工作的规划与实施具有很好的辅助参考作用。

如《全国国民阅读调查》

《全国国民阅读调查》是经新闻出版总署批准，由中国出版科学研究所组织实施的，为全面了解我国国民阅读倾向发展趋势和文化消费现状而进行的一项连续性、大规模的基础性国家工程。该调查旨在全面了解我国国民的阅读与购买兴趣、偏好、方式、需求、行为等基本状况和变动情况，分析、总结国民阅读与购买图书、杂志、音像制品、电子

出版物等的变化规律和发展趋势,从而为国家新闻出版管理机关制订有关出版政策提供决策参考,为出版单位进行科学的投资决策、有针对性地制订选题计划、组织营销等提供市场参考。

该项调查自1999年始,到2010年4月,已连续公布了七次调研结果,对我国读者书报刊及数字阅读变化趋势进行了系统的调查。第七次全国国民阅读调查执行样本城市为57个,覆盖了我国29个省、自治区和直辖市。本次调查共计收回问卷22 164份,最终有效问卷19 005份。其中,18周岁以下未成年人样本为4386个,占23.1%;农村样本比例为26.1%。经过加权,可推及全国11.84亿的人口,是迄今为止国内最大规模、影响最大的关于全民阅读状况的系统调查,对于基层图书馆阅读导引工作有很大的参照作用。

如《大学生阅读状况调研》

中国阅读学研究会副会长、浙江工商大学人文学院编辑出版系梁春芳教授曾组织学生,对浙江大学、浙江工业大学、浙江工商大学、浙江传媒学院等杭州地区16所高校的大学生和研究生的阅读状况进行了调查。

华南师范大学文学院编辑出版系余皓明教授也组织学生,对中山大学、华南理工大学、华南师范大学、广州中医药大学等广州大学城10所高校的学生课外阅读情况做过问卷调查。这两份来自我国东南沿海城市的调查报告较为客观地反映了当代大学生的阅读状况。调查显示:大学生把大部分时间用于上网,上网时间超过了读书的时间;超过六成的大学生阅读的主要目的是满足兴趣爱好;他们喜欢阅读文学名著,认知阅读的重要性,但又困惑于读什么书和怎么去读书。

如《全国五城市少年儿童阅读状况调查分析报告》

2007年公布的《全国五城市少年儿童阅读状况调查分析报告》是由北京印刷学院、南京大学、武汉大学、上海师范大学、成都大学等部门组织执行,针对北京、成都、南京、上海、武汉等五城市少年儿童阅读状况调查,采用访问员访问和读者自填两种访问方式进行。本次调查问卷采用了两级复核控制,复核率在15%以上,以提高问卷的质量和可信度。本次调查采用随机抽样的方法进行，对于满足条件的读者没有年龄、性别等配额限制。

如《全国初中生课外阅读调查报告》

《全国初中生课外阅读调查报告》是上海师范大学教育学院“基于语料库的基础教育教材语言资源建设与应用”课题组，对大陆地区初中生课外阅读组织了一次调查。该次调查共涉及全国25个省市自治区66所学校的近10 000名初中生和21个省市自治区47所学校的近6000名家长。调查共获取了16 481 128个有用的数据，为进一步研究初中生的阅读现状、阅读习惯奠定了基础。

如《青少年人群课外阅读调查报告》

“青少年人群课外阅读调查”是当当网联合中国出版网、百度贴吧首次针对青少年特定人群阅读状况开展的网络调查活动，旨在进一步促进家长与孩子在课外读物方面的沟通与理解，倡导出版机构走进青少年群体，调整青少年读物的出版策略，更好地帮助青少年从小养成良好的读书习惯，树立正确的人生观和价值观。此次调查从2009年4月1日起至4月16日结束，以10－18岁青少年和30－50岁父母人群为调查对象。截至调查结束，共收集到有效样本1249份，其中10－18岁青少年样本361份，30－50岁父母人群样本888份。

2. 充分掌握本服务区域用户阅读倾向与需求

一是随时关注本区域各相关部门组织和颁布的阅读调查情况。

如《2009北京阅读状况调查》

2009年新华书店读者调查中心对首都图书馆、王府井书店和北京国际图书城等北京比较有代表性的地区发放了问卷调查表。本次共发出调查表600份，回收400份，有效调查表为380份，有效率达95%。参与此次调查的380份有效样本中，男性读者为174人，占45.8%，女性读者为206人，占54.2%。

调查数据分析结果显示，绝大多数读者的阅读习惯并没有发生显著变化，他们主要通过纸质媒体进行阅读。纸质媒体的地位相当稳固，新媒体阅读目前还只是传统纸质阅读的一种辅助和延伸。

如《天津市民阅读状况调查》

由市委宣传部、市文明办、市新闻出版局与今晚传媒集团联合主办的公益调查显示，年龄在10至20岁的“90后”读者每周课外阅读时间在10小时以上，其中《纸莎草卷》《世界是平的》《心灵鸡汤》《我的大学我做主》名列这一人群最爱读的书的前四名，全部为励志类图书。

如《2009杭州全民阅读报告》

本调查对象按身份分为浙商、工人、中小学生、白领、文艺圈人士等人群，根据调查结果及分析，可看出不同人群各自的阅读喜好及取向：浙商——工作太忙应酬太多，喜欢看经管类书籍；工人——大多喜欢读小说，阅读回归享受是好事；学生——藏书都有几百册，困惑读什么书；文艺圈人士——最爱《红楼梦》，背剧本时间超过读书时间；白领——要实用不要消遣，看书最理性。

如《苏州市民阅读习惯调查报告》

受苏州市文化广电新闻出版局委托和苏州阅读节组委会办公室委托，苏州市出版物发行业协会和苏州书网于2009年8月至9月，开展了苏州市民阅读习惯抽样调查。结果显示：在阅读目的上，67%的人是为了拓宽自己的知识面，36%的人是想通过阅读对工作有帮助，18%的人把阅读作为消遣。

二是由图书馆直接组织调查，积累第一手材料，建立区域内公众阅读状况基础档案。

(1)问卷调查

如“佛山市图书馆读者阅读情况调查”

2002年佛山市图书馆一线流通部门根据工作中的实际需要，精心设计题目，自行设计、组织书面读者调查活动，为分析读者队伍的构成、了解读者的阅读兴趣和需求提供了第一手资料。本次调查的内容包括：读者的年龄、职业和学历构成，读者利用图书馆的目的、借阅书刊的频率、常用书刊的类别，读者获取文献信息的主要途径，读者对图书馆开放时间的满意度评价等。同时征集读者对图书馆开展读者辅导活动、改进和完善服务措施方面的意见和要求，以及对下一年度报刊采访的具体建议。佛山市图书馆阅读服务工作所取得的成效，与其注重读者需求调研是密不可分的。

如“北京市崇文区图书馆读者阅读情况调查”

2007 年 8 月底崇文区图书馆采编部进行一次读者喜爱的图书问卷调查活动。采编部向外借部、图书阅览室、少儿部发放读者调查表 100 张，收回 84 张。参加本次调查的读者年龄最小的 11 岁，最大的 73 岁。大部分读者一周来一次图书馆，受社会热点影响，喜欢读畅销图书。名著最受读者欢迎，其次是历史地理、语言文字、外国文学等类图书。通过本次调查，掌握了读者的阅读需求，为更好地完善馆藏结构、完善阅读资源提供了一手依据。

如“沈阳市皇姑区少儿图书馆读者阅读问卷调查”

2009 年皇姑区少儿图书馆本着读者至上的服务理念，对本馆读者进行了为期一个月的问卷调查。调查的内容主要对读者的阅读方式、阅读时间、每月的平均阅读量、阅读的书刊主要类型、参加本馆组织读书活动的情况、阅读收获、对馆员的服务满意度等方面进行了问卷调查，得到了读者的踊跃参与。少儿图书馆通过问卷调查的结果，对满足不同年龄段的读者阅读需求及对读者有的放矢地开展阅读指导和开展读书活动将起到积极的促进作用。

(2)读者荐书

在自设网站或网页上开设“读者荐书”板块或栏目，及时收集读者的反馈意见，也是基层图书馆调查了解读者阅读需求的常见做法。

如广州市图书馆网站“读者园地”下设有“读者荐购”。

如苏州图书馆网站设有“读者荐书”项目，并许诺“推荐您想借阅的新书，我们会尽快同书店、出版社联系，在第一时间购入，并入藏以供借阅”。

如佛山市禅城区图书馆网站“我的图书馆”板块下设有“我的荐购”项目。

(二)阅读资源状况调研

在文献信息传播流转的循环圈中,出版界和图书馆各居首尾两端,具有天然的关联关系。

著名出版家、教育家王云五先生早在20世纪30年代就已深刻认识到图书馆与出版界之间有密切的关系——出版界的盛衰与图书馆事业息息相关。在主持商务印书馆编译所期间,自1922年至1927年先后出版了500多种各科小丛书,方便图书馆有系统地采购,并精心策划出版“以整个的普通图书馆用书贡献于社会”的《万有文库》。至1937年,《万有文库》第一、第二集均已全部出版,第一集售出八千部,第二集六千部,“而凭藉该文库以成立之新图书馆在二千以上”。

可见,早在我国图书馆的初期阶段,出版界就与图书馆结下不解之缘。而从另一方面说,随时关注出版动态,掌握阅读资源状况,也就成为基层图书馆阅读导引工作的必由之举。

阅读资源状况调研的主要途径:

1. 年度书业动态

作为国家新闻出版工作主管部门,新闻出版署每年都公布年度“全国新闻出版业基本情况”,总结概述年度出版品种、数量及增减变化状况,是了解全国年度出版物状况的重要途径。①

截至2010年全国共有出版社581家(包括副牌社33家)。

2006至2010年,全国出版物的增长幅度为:

2010年共出版图书328 387种,年度增长8.83%;

2009年共出版图书301 719种,年度增长9.45%;

2008年共出版图书275 668种,年度增长11.03%;

2007年共出版图书248 283种,年度增长6.12%;

2006年共出版图书233 971种,年度增长5.17%。

近五年来的总体增长趋势是由缓而急,至2008年至峰值,而后又由急而趋缓,增速逐步放慢。

① http://www.chuban.cc/syzx/dlcbygk/ndzk/201112/t20111219_98539.html

依照中国标准书号22种分类，依比重前十位依次为：

①文化、科学、教育、体育；②工业技术；③经济；④文学；⑤语言、文字；⑥艺术；⑦政治、法律；⑧医药卫生；⑨历史、地理；⑩数理科学、化学。

这些基本情况既是我国出版现状，同时也可从另一个方面说是对目前阶段我国公众阅读需求状况的反馈，了解这些情况对于基层图书馆确定采购方针，增强阅读导引工作的全面性和时效性，进而有针对性地进行阅读导引工作是十分必要的。

2. 导读资源的收集

在当今全民阅读引发社会各界关注、风气愈加浓厚的时候，各种导读报刊、导读图书、推荐书目以及出版业、书店等相关图书行业的导读活动信息层出不穷，基层图书馆应随时注意收集各种已有的导读成果，参对比照，据以选择导读主体，深入导读工作。

如新浪读书频道开展的"新浪中国好书榜"就是综合图书销售量、专家意见、网友投票和新浪编辑部意见综合评定，其中销售数据由大书城及开卷图书销售数据为基准，同时参考但不限于北京图书大厦、北京万圣书店、上海书城、广州购书中心、当当网、卓越网销售数据。销售数据占30%权重，专家意见占30%权重，网友投票占20%权重，新浪编辑部意见占20%权重。好书榜以月度榜为基础，每年七月推出半年榜，年底推出年终总榜。目标是将以最广泛的大众参与度、上榜图书的优秀品质，成为最具民意的书榜。

三、阅读导引的规划

就基层图书馆而言，阅读导引不应是一过性行为，它需要经过一个长期的耳濡目染式的文化沁润过程才可以收到预期的效果，因此，在充分掌握用户阅读需求与出版物状况的基础上，制定切实可行的阅读导引规划并加以实施，是基层图书馆阅读导引工作的核心步骤。

作为基层图书馆参考服务第一要务的阅读导引活动，必须遵从基层图书馆参考服务的基本原则，即公益性与公平性原则、便利性与多样性原则、基准性与效益性原则,并在年度规划的诸要素中予以体现。主要有10项:项目名称、项目责任人、协作单位、对象规模、项目周期、经费保障、设施保障、预期效果、宣传报道、反馈渠道等。

(1)项目名称

项目名称是阅读导引规划的首要标的,是规划的头脑与灵魂。

基层图书馆的阅读导引活动主要是围绕下述3个目的而展开,即阅读行为的培养与引导,阅读内容的引领与推荐,以及阅读方法的培养与引导。就其类型而言,阅读导引活动主要分为:

阅读推广活动,如读书月宣传活动、世界读书日纪念活动等;

阅读互动活动,如读书俱乐部、亲子阅读活动等;

阅读讲座活动,如名作赏析、名家讲坛等;

阅读推荐活动,如好书榜、推荐书目等;

阅读咨询活动,如跟进式导读、个性化咨询等。

各个基层馆应当根据所在区域公众需求的具体状况,选择适宜的活动方式和活动内容,持续、有效地开展阅读导引活动,以推动本区域阅读风尚的养成及阅读层面的深入。

(2)项目责任人

明确责任人是保证规划实施的必要条件。

基层图书馆从业人员相对较少,地市级馆馆均从业人员39.7人,区县馆馆均从业人员12.17人。在地市级馆中,内部建制相对较完善,部门之间分工也较明确,阅读导引工作基本集中在信息服务和读者活动部门;而在区县级馆中,就工作流程而言,虽也有采编、典藏、借阅、读者服务等分工,但在实际的工作当中,通常是一人身兼数职、一个部门实施多种功能,在这种情况下,推动阅读导引规划实施最为稳妥而有效的方法是将各项相关工作明确到人。

(3)协作单位

适宜的协作单位是阅读导引规划的重要组成。

随着基层图书馆读者活动向常态化、多元化、系列化、规模化、品牌化方向发展,阅读导引活动也日益呈现出多形式、多层面、多视角的多维发散特点，基层图书馆仅凭一己之力很难有效完成。通过有效地整合社会力量和资源，赢得社会各界的扶持，能有效地解决活动开展时所需的人力、物力、财力、智力等问题，同时也更易于促成活动的圆满成功。如东莞图书馆主办的读书节，从2005年开始，就将各市直单位、学校、图书馆、书店、电视台、报社、镇(街)等单位举办的读书主题活动进行有效的整合，通过东莞读书节协调小组办公室这一平台统一对外发布，并集中于每年10月份举行，使其真正成为东莞城市化的一张名片、知识传播的一个品牌和全民读书的盛会。

(4)对象规模

明确对象、掌控规模是规划制定的必要条件。

不同年龄、阶层的用户群体具有不同的阅读倾向和阅读需求。没有一种方式可以老少咸宜、兼收并蓄，所以在制定阅读导引规划时，必须对该项活动的主要适宜对象有一个基本的轮廓，并在规模数量上有一个基本的预判。

(5)项目周期

项目周期是项目执行的基础标尺。

阅读导引活动形式各异，活动周期也不同。像好书榜、书目推荐等属于常规项目，像读书节、读书纪念日等属于一年一度的综合活动项目，而如阅读讲座、读书俱乐部等则通常以周或月为活动周期。这一点一定要在规划中明确。

(6)经费保障

基层图书馆阅读导引服务是一项公益性的非营利项目，它的正常运行需要一定的活动经费作保证，在经费不足的情况下，基层图书馆可通过联合举办、活动冠名以及各种方式的财与物的赞助等形式吸纳社会资源，并通过这种社会化、市场化运作，为活动的持续开展建立长效机制，提升阅读导引活动的深度和广度。

(7)设施保障

这是阅读导引活动必备的物质基础。

主要指进行阅读引导活动的场所与载体，如阅览室、会议室、广场以及门户网站、计算机、扩音器等设备与器材。

(8)预期效果

以最经济的投入博取最大的社会效益是基层图书馆服务工作的基本宗旨。

阅读导引规划是在充分调研的基础上拟定的，哪些活动最具吸引力，何种形式最宜为本区域公众所接受，规划伊始，便应了然于胸。

(9)宣传报道

图书馆举办阅读引导活动一方面是职责所在——为了满足读者的需求，而另一方面它也是一种有效的宣传和扩大图书馆在社会中影响的途径和手段。因此，在阅读导引规划中，宣传策划是必不可少的重要环节，包括宣传主题的设计、网络媒体与平面媒体的选择，以及编印宣传海报、宣传册、专刊等相关材料。

(10)反馈渠道

主要包括读者问卷、媒体反馈、主管部门评价等，这是规划设计中不可或缺的重要环节。只顾耕耘，不问收获，不注重收集和吸纳社会各界的反馈意见，这是以往基层图书馆服务工作中经常出现的情况，也是长期以来工作难以改善、难以进取的一项重要原因。这是基层图书馆阅读导引活动过程中尤为值得注意的事项。

阅读导引规划完成后必须纳入基层图书馆的年度工作计划当中，使之成为该馆年度工作安排中的有机组成。

第四节　未成年人阅读的导引与组织

一、未成年人阅读导引的意义

(一)未成年人是基层图书馆的主要阅读群体之一

文化部历年来均要求各级公共图书馆“要通过开设少儿阅览室、举办面向未成年人的讲座与培训，设立少儿集体参观接待日等，有针对性地向未成年人提供服务”。截至2010年，全国共有独立建制的少儿图书馆 97 所，所属分馆 709 所，馆舍面积 25.8 万平方米，藏书 2159 万册，阅览室坐席 2.43 万个，总流通人次 1839 万人次。2010 年全国县级图书馆共有阅览室坐席 42.8 万个，其中少儿阅览室坐席 11.8 万个，少儿阅览室坐席占总阅览室坐席的 27.63%。① 由此不难看出未成年人阅览服务在基层图书馆读者服务工作中的权重关系。

（二）未成年人是基层图书馆阅读导引工作全方位关注的对象

18 岁以下未成年人正处于身心双重成长时期，在阅读方面历经了 0—6 岁的认字识读的启蒙时期，7—12 岁小学阶段，13—18 岁的中学阶段，就阅读导引的内涵而言，无论阅读行为的导引与培养，阅读内容的引领与推荐，阅读方法的培养与引导，都是这个年龄段最为需要的。尤其是在应试教育的现有大环境之下，基层图书馆应该充分发挥其功能，关爱其身心健康，尽力弥补现实给未成年人在人生初长时期所应享有的知识失去的缺憾。

（三）图书馆阅读导引有别于学校的阅读指导课程

与之相关的是，未成年人也是基层图书馆阅读导引工作的核心对象，有一种形象的说法，“图书馆是周末少年儿童的天地，平日里老年人的居所”。就基层图书馆而言，阅读导引的主要服务群体是未成年人及老年人，连带全民阅读与网络阅读，构成基层图书馆阅读导引的主要方面。

二、未成年人的阅读特点

未成年人是一个特殊的阅读群体，无论是在阅读趣向、阅读内容，还是在阅读行为、阅读方式上，都有其鲜明的时代特征，对此加以充分把握是基层图书馆阅读导引工作能否顺利有效进行的前提。

（一）阶段性

未成年人相对于成年人，就概念而言年龄跨度并不很大，但 0 到 18 岁这一年龄段对于人的一生来说确是至为关键的。俗语说“三岁

---

① 国家图书馆编. 中国图书馆年鉴 2011. 国家图书馆出版社，2011

看老”，从咿呀学语、蹒跚学步，到初长成人、渐入社会，人的一生的行为模式、思维模式、人生态度都是在这个阶段逐步养成的，呈现了鲜明的阶段发展性，并体现在具体的阅读行为与阅读倾向上。这也是分级阅读的依据所在。

（二）趣味性

未成年人是最具探索性、好奇性和创造性的阅读群体，对大千世界充满幻想与憧憬；另一方面，较之成年人而言，这一阅读群体的普遍特点是很难保持长时间的注意力，很容易受周边环境变化的影响，阅读焦点基本上都是围绕在他们感兴趣的知识点上。趣味性成为驱动他们阅读的最原始的动力。

（三）浅阅读

“浅阅读”是指一种浅层次的，以简单、实用、轻松甚至娱乐性为最高追求的阅读形式。这种以快餐式、跳跃性、碎片化为特征的“浅阅读”正成为阅读新趋势，并尤为受到未成年人的青睐。“浅阅读”的出现与信息爆炸带来的多样选择有关，有人称浅阅读是海量资讯时代的阅读大法。而就未成年人而言，在应试教育的整体社会环境下，下课之余，还要应对大量的“作文辅导”、“习题解答”，在所剩无几的闲暇中选择“浅阅读”，其实也是一种无奈之举。

（四）移动阅读

移动阅读是指人们运用手中的手机、MP4、PSP 等数码产品，在地铁或公交车里边走边读的现象。移动阅读的方式降低了人们的阅读成本，便利了阅读方式，丰富了阅读结构。传统阅读到数字阅读再到移动阅读，被称作新时代阅读的革命。近期发布的《2011 年度中国移动互联网阅读市场状况报告》显示：2011 年中国手机阅读市场规模将达到 70.1 亿元，年增长率将达到 52.1%；此后两年将达 92.7 亿元和 128.9 亿元，增长率预计为 32.2% 和 39.1%；而到了 2014 年，预计收入将增加至接近 30 亿元，达到 161.5 亿元人民币。而这其中，未成年人是一个不容忽视的庞大的拥趸群体。

三、未成年人阅读导引的主要方式

(一)分级阅读

未成年人在不同的成长阶段,其阅读性质和阅读能力也是各有不同的。而分级阅读概念的产生则正是源于对未成年人生理和心理特征的科学分析,即按照未成年人不同年龄段的智力和心理发育程度为其制定科学的、有针对性的阅读计划,提供适宜于不同年龄段的相应读物。

分级阅读的核心问题是如何设置各年龄段的适读书目。选择或编制适宜本地未成年人阅读的书目,是基层图书馆阅读导引工作的重要组成。有了适宜的书目就可以组织、配置相应的图书资源,并进而设置相应的阅读辅导内容。

分级阅读起源于发达国家,在香港、台湾地区发展了十几年,近年来,分级阅读逐渐进入国内出版界和部分专家、学者的视野,涌现出一些分级阅读研究机构和专家,并在不同领域和不同范围内取得了一些研究成果。2009 年 7 月 25 日,中国儿童分级阅读研讨会在京举行。会议发布了《中国儿童分级阅读倡议书》《儿童心智发展与分级阅读建议》和《中国儿童分级阅读参考书目》(首批 200 种),标志着我国儿童分级阅读研究达到了一个新的高度。

北京师范大学王泉根教授在 2011 年第 2 期《少年儿童研究》发表题为《分级阅读的原则与对策》的文章,针对我国的具体情况,提出分级阅读的 4 项基本原则:

"服务大多数"原则——分级阅读是面向社会、面向学校、面向家庭的一种旨在探讨与指导少年儿童图书阅读的公益性行为,既是理念,也是方法,因而它是针对大多数、服务大多数的。分级阅读的指导意义与实践意义正在于为最广大的少年儿童服务,为普通老百姓服务。

"群体性差异"原则——从大脑发育、心理发展、语言认知等角度考察,一个不争的基本事实是:年龄越小,群体性之间的阅读差异就越大,而随着身心增长、大脑发育完善,年龄越大,群体性之间的阅读差异就越小。因此,分级阅读锁定的研究对象与服务对象是少年儿童,尤其是低幼年龄的孩子,分级的重点是幼儿园小朋友与小学生。

“量身定做”的原则——什么年龄段的孩子读什么书是分级阅读的黄金定律,不同的孩子给他(她)看不同的书,要“因材施教”而不能“一刀切”。

“儿童本位”原则——一切以儿童为中心,一切从现实的儿童需要出发,为儿童精神生命的健康成长服务,而不是为成年人的功利主义、拜金主义服务的另一种“商机”。

上述分级阅读的4项基本原则与基层图书未成年人服务的初衷基本吻合,因而对于基层图书馆未成年人阅读导引工作具有实际的指导作用。

(二)亲子阅读

亲子阅读,又称“亲子共读”,顾名思义,就是父母与子女一起阅读,包括讲故事、做游戏、看图识字、读图画故事书、交流阅读体会等,旨在以父母与子女间的亲情互动,诱发少儿的阅读兴趣,养成良好阅读习惯,进而热爱知识,追求真理,开发智力,健康心灵。

图书馆的亲子阅读服务是一种有组织有计划的阅读导引活动,它以书为媒,以阅读为纽带,通过制定和实施富于针对性的“亲子阅读计划”,创造良好阅读氛围(如亲子阅读活动室),让广大家长和孩子一起阅读、一起学习、一起创作、一起娱乐。图书馆的亲子阅读服务,不是要替代父母去陪孩子读书,或者是替代孩子去选书,而是引导家长如何更好地陪伴孩子一起读书,一起成长,引导孩子更多地去发现阅读的乐趣。这种导引工作其实就是通过阅读本身,在家长和孩子中进行一种潜移默化的行为教育,是图书馆社会教育职能的一种集中体现。

图书馆的亲子阅读服务以其阅读环境的独特性、阅读对象的广泛性、阅读方法的灵活性、阅读形式的多样性而兼具了家庭亲子阅读、幼儿园亲子阅读、学校亲子阅读所无法兼备的多项功能,将图书馆教育向家庭教育延伸,将家庭教育与图书馆社会教育相结合,形成推动亲子阅读合力,有效地促进亲子阅读活动的实施,发挥了图书馆社会教育的主导作用,因而赢得了社会的广泛认可。

(三)暑期阅读

暑假期间是未成年人的阅读高峰期,被誉为公共图书馆阅读促进活动的"黄金季节",因而备受关注。每临暑假,世界各国的公共图书馆都会纷纷推出专门针对未成年人的形式多样的阅读推广计划。来自2001年ALA的一份统计资料显示,95%的公共图书馆提供了暑期计划。美国公共图书馆的"暑期计划"初始于19世纪90年代。美国教育部2001年开始推动"暑期阅读运动",指定图书馆为家庭以外最佳阅读场所并要求社区图书馆开设儿童专属区,举办故事会,邀请社会名人为儿童朗诵读物,鼓励父母陪孩子们一起读书共度暑假,营造良好的阅读环境,以提高暑假阅读的效果,进而改善孩子们的语文学习。近年来,我国各级公共图书馆也日益盛行开展各种针对未成年人的暑期阅读推广活动。

暑期阅读的特点是读者群体相对集中,阅读时间相对稳定且跨度较长,容易累积阅读效果,因而成为基层图书馆检验和彰显其阅读导引综合实力的绝好机会。

第五节　老年人阅读的导引与组织

一、老年人阅读导引的意义

(一)老年人是基层图书馆最为稳定的阅读群体

我国是世界第一人口大国,同时也是第一老龄人口大国。据有关部门推测,到2015年,中国60岁以上老年人口将达到2.16亿,约占总人口的16.7%,年均净增老年人口800多万,超过新增人口数量;到2015年,80岁以上的高龄老人将达到2400万,约占老年人口的11.1%,年均净增高龄老人100万,增速超过中国人口老龄化速度。老年人已经成为中国社会生活中分量越来越重的组成部分。与之相应的是，在基层图书馆的读者群体中，老年读者逐年增加，人数仅次于未成年读者和中年读者，而与“上班族”的成年人和“上学族”的未成年人这些主要集中在节假日、寒暑假才光顾图书馆的读者比较，老年读者是最为稳定的读者群体，无论通衢陋巷、富乡僻壤，无论寒冬暑夏、假日闲时，在基层图书馆总能看到一些年逾花甲的老年读者数年如一日，执著而自信地奔走于各个阅览室、外借处。

来自哈尔滨市图书馆的数据表明，2008 年该馆接待读者为 90 万人次，其中老年读者在接待人次中位居第三，列青年读者和中年读者之后，少儿读者之前。具体的比例情况为：青年读者为 50%（45 万），中年读者为 25%（22.5 万），老年读者为 15%（13.5 万），少儿读者为 10%（9 万）。[①] 本溪市图书馆近几年来老年读者增加了 30%，每天阅览室老年读者可以占到馆读者人数的 70%。[②] 齐齐哈尔市克山县图书馆报纸阅览室，80 年代末老年读者（一般指离退休人员）占阅览人数的 20%。到 90 年代中期，特别是近几年来，老年读者在图书馆读者队伍中所占比例逐渐增加，达到 45% 左右。[③] 这些以离退休人员为主体的读者群，来自社会的各个阶层、各行各业，有教师、工人、干部、技术人员等，对于他们来说，每天到图书馆借阅已经成为其生活中不可或缺的重要部分。他们是基层图书馆最为忠实的读者。

（二）老年人是基层图书馆应予特殊关注的阅读群体

数据表明，“十二五”期间我国城乡空巢化倾向将进一步加速。城乡空巢家庭超过 50%，部分大中城市达到 70%；农村留守老人约 4000 万，占农村老年人口的 37%，老年人照料问题尤其是文化生活问题日益突出。[④]

近年来，针对老年人群体阅读的特点，一些基层图书馆设置了专

---

① 王萍. 公共图书馆老年读者阅读心理探微. 农业图书情报学刊，2010(7)：122

② 王桂红，程玉艳. 关注老年读者实施贴心服务. 图书馆学刊，2010(6)：79

③ 甘淑媛. 公共图书馆为老年读者服务要体现人文关怀. 中小企业管理与科技，2008(12)

④ 我国城乡空巢家庭超 50%　城乡家庭养老条件明显缺失. 2010－11－07. http://news.xinhuanet.com/society/2010－11/07/c_12747052.htm

门的老年阅览室（如青岛市图书馆、齐齐哈尔市图书馆、上海市静安区图书馆、山东省枣庄市图书馆等都先后设立了专门的老年阅览室或老年人阅读中心），或在阅览室中设置专门的老年专座等，为开展针对性的阅读活动奠定了基础。但总体而言，基层图书馆对于老年读者的关注与服务还有待加强。

2007 年哈尔滨市图书馆曾就老年读者的情况做过一次调查，结果显示，老年人之于图书馆阅读存在三方面的困难：有近四分之一的老年读者因为图书馆离家远而不愿或不方便去图书馆；有 93% 的老年读者没有登录过图书馆网站，不会利用图书馆网站为他们提供的浏览、检索服务；有五成以上的老人根本不知道书目服务。①

2010 年 8 月 6 日“内蒙古日报”登载了这样一条消息：在当地的一些银行储蓄所里发现一个值得关注的现象——一些老年人成了那里的常客。为了能及时读到当日报纸新闻，许多老年人把储蓄所当成了文化阅览室。与他们交谈得知，一些老人退休后，把就近阅读报纸杂志作为增长文化知识、获取生活信息不可或缺的途径，而储蓄所里备有的几份报纸杂志成了他们的文化精神食粮。② 这则消息所传达出的老年人的文化需求以及满足其文化需求的设施的缺失尤为值得基层图书馆关注。满足老年人精神生活需求，既是实现全民阅读的必然诉求，同时也是基层图书馆自身职责的内在要求。

二、老年人的阅读倾向

从数十年周而复始、习以为常的工作状况退休回家，阅读成为许多老年人赖以填补精神空缺、充实生活内容的一个重要的方式。由于各自的生活阅历、受教育程度、健康状况、经济状况以及价值观念的不同，他们到图书馆的阅读诉求也各有差异，或属休闲消遣、修身养性，或属发挥余热、延续既有的工作轨迹，或属兴趣爱好、丰富情趣，或属学习研究、百尺竿头更进一步。但作为一个既定的阅读

---

① 刘剑. 老人阅读面临三道坎儿. 老年日报，2007－12－11

② 杨学友. 要重视老年人的文化阅读需求. 内蒙古日报，2010－08－06(6)

群体，在阅读目的、阅读方式、阅读习惯等方面也具有一些基本的倾向和特点。

(一)阅读目的随意与自适

“六十耳顺，七十从心所欲”。没有了来自社会、工作、学习等各方面的诸多压力，老年人阅读的心态更为松弛和纯粹，诚如清代张潮惟妙惟肖的描述“老年读书如台上玩月”，能够从激烈的竞争角逐中抽身而出，卸掉了沉重的工作负荷，淡出了复杂的人际漩涡，在饱尝了人生的酸甜苦辣之后，终于得以闲适的心情，享受摩挲典籍、翻动书页的快感，随心所欲地游走于报刊的字里行间。“自得”、“自勉”、“乐为”，完全按照自己的意愿选择阅读的方式、范围、内容、层次、时段，在人生渐趋消歇的最宝贵时段充分享受阅读的乐趣。

(二)阅读载体以报刊为主

多项调研数据表明，报刊是老年人获取知识信息的首选纸质载体，个中原因既有当今社会趋于“浅阅读”的阅读环境影响，也与前述阅读目的的随意自适，以及老年人的记忆力、视力减退相关，而报刊集时效性、新闻性、多主题性、碎块性为一体，成为老年人阅读的首选，实属题中之意。

(三)阅读内容以时政、保健为主

“人是社会动物”，脱离了日复一日的既定工作模式，老年人最感困惑的是原有信息渠道、人际环境骤然缺失而带来的精神生活的贫乏与无助，为了不被时代潮流抛弃而沦为踽踽度日的“多余的人”，许多老年人把阅读报刊、汲取时政信息作为了每日的必修课。而老年人阅读关注的另一个重要方面则是自身的健康状况以及与之相关的休闲娱乐。强身健体、益寿延年这是老年人最普遍的追求。老年人往往更珍视生命，因此老年病防治、营养保健、心理咨询等方面的文献信息非常受老年读者的青睐。休闲娱乐、修身养性、“老有所乐”是老年阅读的重要趣向。老年人对精神生活的追求，绝不亚于对物质生活的需求。有关戏曲歌舞、烹调厨艺、艺术品收藏、旅游、摄影等方面的图书通常会成为老年读者关注的焦点。

（四）阅读习惯相对固定

老年生活是其过往生活的延续，中年乃至青年时期养成的阅读趣向会在这一时期得以持续，而由于有了充裕的时间，往往这种早年的趣向会在这一时期往更深的层面发展，锲而不舍、持之以恒，甚或大发异彩。作为成熟型读者，一旦他们选择了中意的图书馆，就会成为这个馆的忠实读者，除了身体不适和天气恶劣，每日必到，把到图书馆当做每天必做的功课，并与图书馆员结下深厚的友谊。

三、老年人阅读导引的主要方式

丰富的馆藏资源、温馨的阅读环境，是老年人享用公共图书馆服务的前提条件，而积极开展富有针对性的阅读导引活动，则是吸引老年人参与图书馆活动的必要条件。

（一）报刊信息导读

报刊因其出版周期短、更新快、连续性强、信息量大而深受老年读者的喜爱，报刊阅览室通常都是基层图书馆中老年读者最爱去和最愿意待的地方。

报刊信息导读是我国基层图书馆参考服务的一项传统服务项目，其前身是剪报服务。剪报服务因其操作便宜、成本低廉、深受基层民众喜爱而在相当长的时期内、相当广泛的地区内成为基层图书馆参考服务的主要甚或唯一的服务手段。近年来随着网络信息技术的快速发展及报刊数字化进程的迅速推进，这一传统的服务项目又焕发出新的活力。

报刊信息导读的形式多种多样，可以按主题、类别、地域等分别提取、汇集成册，也可以制成“导读栏”或“信息栏”置于图书馆入口或各借阅室门前的醒目处所，条件允许的话还可以在图书馆的网站（页）设立“报刊信息导读”专栏，随时更新。

报刊信息导读的作用也是多重的，均可以揭示馆藏、吸引读者、宣传推介图书馆的影响，也可以借此引领潮流、弘扬主旋律、满足读者的基本信息需求。

基层图书馆遍布全国各地，服务区域内社会环境、经济环境、文化环境各有不同，公众的兴趣爱好、接受能力也存在着差异性，但社会动态信息、重大新闻（尤其事关本区域的即时新闻）、农技科普信息、生活实用信息等则应是其普遍关注的，是报刊信息导读不可或缺的核心内容。

（二）阅读技能培训

主要包括馆藏文献的检索与利用，如馆藏分布、排架方法、目录设置、检索方法等方面的介绍和使用，让老年读者能尽快熟悉图书馆，充分利用图书馆的各项馆藏资源及相关服务；工具书的检索与利用，如字词典、年鉴、百科全书、历表等的使用方法的介绍及使用，以便老年读者通过查阅相关工具书自主解决阅读过程中遇到的疑难问题；阅读设备利用的技能培训，如对各类辅助阅读设备如听读、录音、书写设备的使用方法进行说明等。

（三）开展新型的网络信息服务

随着网络信息技术的普及与发展，基层图书馆馆藏资源结构也随之发生了很大的变化，在原有纸质文献的基础上又增加了许多电子文献乃至网络资源，尤其是近些年来全国文化信息资源共享工程的普遍推进以及公共电子阅览室的建立，从根本上改变了基层图书馆以往的文献信息的供给渠道及其获取方式。而多数老年读者由于所处时代的局限，缺乏自动化知识和电脑、网络技术方面的相关技能，面对迅猛扑来的信息潮流，显得茫然与无助，数字鸿沟不可避免地成为了他们求知的最大障碍。21 世纪是信息网络的时代，网络信息无时无处不在，并深刻地影响着人们的生活，既寓身其间，实难隔绝于时代之外。许多门户网站，如中国老年网、中国夕阳红网、乐龄网等，都是专门针对老年人设立并为其提供资讯、服务、政策、养生、保健、论坛、活动等，旨在弥合数字鸿沟、扶助弱势群体、丰富老年人的精神文化生活。在此情形下，基层图书馆既要根据服务区域老年读者的现实需求积极组织相关的信息资源，建立自有数据资源库，同时还要开展面向老年读者的获取网络、数字信息的技能培训，如上网技能、检索系统的使用方法、分类信息导航利用等。帮助老年人力所能及地了解、掌握一定的信息技术和网络技术，既可以使老年人自主享用图书馆的现代化设备及数字信息资源，同时也可以通过网络获取所需信息，足不出户就浏览阅读文献资料，并进而弥补老年人的知识技能缺憾，跟上时代发展的脚步，可谓一举而多得。

第六节　全民阅读活动的策划与组织

一、全民阅读活动策划与组织的意义

（一）基层图书馆是各地区全民阅读活动的主阵地

基层图书馆是公共文化服务体系的重要支柱，是提供文化服务、社会教育、信息传播的重要场所，是倡导"全民阅读"和"终生阅读"活动的重要阵地。基层图书馆在推进城乡阅读活动中起着不可替代的作用，尤其是在城市边缘郊区和边远农村，文化资源相对匮乏，文化饥渴状态严重。基层图书馆因其与生俱来的公共性、公益性、开放性，为普通社会公众提供了平等使用图书馆的机会与权利，为阅读需求者架起了阅读的桥梁，因而成为推进"全民阅读"的核心动源。

作为当地文化信息资源的集散中心，基层图书馆以其相对丰富的馆藏资源、舒适的阅读环境、专业的服务人员为"全民阅读"提供了良好的阅读保障。面对新媒介、新技术的兴盛与发展，以及社会阅读多元化趋势，基层图书馆应当顺应时代潮流，更新观念，提升服务技能，更加积极主动地满足社会公众的多元化阅读需求，进而在日益兴盛与频繁的"全民阅读"活动中充分体现自己的独有价值，起到其他机构或单位无法比拟的强有力的促进与支撑作用。

（二）通过全民阅读活动的策划与组织，基层图书馆得以增强横向联系，进而创造融入社会、赢得尊重、贡献社会的良好契机

全民阅读是一项关乎全体国民文化福祉的系统工程，需要集合全社会的力量共同完成。寓身其中，基层图书馆得以开阔视野，突破禁锢，摆脱以往故步自封、闭门办馆的陋习，积极投身于社会大潮之中，

加强与各个社会机构、系统的横向联系，在竞争中求生存，在比较中谋发展，营造良好的生存环境。

（三）提升、检验基层图书馆策划能力、协调能力、应变能力、组织能力、执行能力、宣介能力的综合平台

对于基层图书馆来说，全民阅读活动的成功策划与组织，不仅依赖于场地、环境、资源等基础条件，更是对其智慧与技能的集中考量，是其人力资源状况的集中反馈。事实上，经过多年全民阅读活动的洗礼与磨砺，许多基层图书馆的综合运作能力都有了长足的进步，许多图书馆服务品牌应运而生，许多图书馆复合型人才脱颖而出，许多基层图书馆并因此而在社会公众中树立了自己的良好口碑。

二、全民阅读活动的主要特点

（一）协作性

开展"全民阅读"活动，是中央宣传部、中央文明办和新闻出版总署贯彻落实党的十六大关于建设学习型社会要求的一项重要举措。自2006年活动开展以来，在中宣部、中央文明办、新闻出版总署、文化部、国家广电总局、教育部、解放军总政宣传部、共青团中央、全国总工会、全国妇联等部门的共同倡导下，全民阅读活动在全国各地蓬勃发展，活动规模不断扩大，内容不断充实，方式不断创新，影响日益扩大。作为一项宏大系统工程，全民阅读活动的成功举办必须集合社会各方力量协作运行、共同推进。新闻出版总署2011年度全民阅读活动即由8个方面组成：开展向大众推荐优秀图书活动：开展书香之家、书香之乡、书香之县（市）推荐活动；策划举办"2011·书香中国"全民阅读电视晚会；开展多种形式的阅读活动；扩大全民阅读活动的影响；倡议全国新华书店在4月23日开展优惠售书、向基层群众捐赠图书等文化惠民活动；探索全民阅读工程建设长效机制，研究制定全民阅读工程中长期规划；下发《关于深入开展2011年全民阅读活动的通知》，推动全民阅读活动广泛深入开展等。上述活动涉及政府机构、出版机构、社教机构、新华书店、新闻媒体、民间社团以及图书馆等方方面面，

所以，集众家之长，协作共进，是其基本特点之一。

（二）多样性

全民阅读活动几乎集合了所有的阅读活动形式——广场纪念活动、专题讲座活动、好书评选活动、图书漂流活动、图书捐赠活动、新书展示与签售活动、征文比赛活动、诗文演讲朗诵活动、作者与读者直接对话活动、读书之家、阅读标兵评选活动等；调动了所有的传媒机构——电视台、广播电台、出版社、报纸杂志社、资讯网站等；运用了所有的媒介载体——纸质载体（书、报、刊）、音像载体、网络载体等，集各种传媒载体于一身。形式多样、内容丰富，是其又一鲜明特点。

（三）广泛性

全民阅读活动旨在更好地贯彻落实党的十七大精神，弘扬中华民族传统文化，促进社会主义文化大发展大繁荣，在全社会倡导多读书、读好书的文明风尚，促进全民族素质的提高，培养全体公民崇尚阅读、自觉阅读的良好习惯。自 2006 年中宣部等 11 部门共同向全社会提出了开展“爱读书、读好书”的全民阅读活动倡议以来，全国各地区、各部门举办的全民阅读系列活动范围越来越广，内容越来越丰富，辐射影响力越来越强。各地的读书活动，少则十余个板块，多则上百个项目、数百场活动。通过精心安排，组织方将活动形式与文明城市、文明单位、文明社区、文明村镇、文明家庭创建活动相结合，覆盖的读者对象涉及校园、社区、家庭、企业、农村、民工、青少年等。此外，一些地方的活动不仅辐射面广，还不断积极拓宽辐射范围，整合各县（市）区读书活动内容，做到城乡同步启动。

据统计，全国 31 个省、自治区、直辖市都有了属于本地区的读书活动，约有 400 多个城市自发开展了读书节、读书月等活动，活动的范围和声势一年比一年浩大，在许多城市，读书节已经成为城市文化名片，成为城市形象的代表。①

---

① http://archive.wenming.cn/zt/2009-04/24/content_16341576.htm

（四）周期性

全民阅读活动是一项年度周期性十分明显的群众性、综合性文化活动，从 4 月到 12 月，几乎每个月都有城市在举办读书节之类的活动，但主要集中在 4 月和 9 月，即“世界读书日”（4 月 23 日）和孔子诞辰日（9 月 28 日）期间。如中图学会“4 · 23 世界读书日纪念活动”、青岛读书节、西安读书月、兰州读书节等均在每年的 4 月举行，而无锡太湖读书月、海南读书节、东莞读书节等均于每年的 9 月举行。不同的是各地的读书节活动时间长短各有差异，短则一周，如兰州读书节，多则半年，如广东“书香岭南”全民阅读活动。

（五）时效性

全民动员、持续开展、主题鲜明、贴近生活，加之广播、电视、期刊、报纸、网络、手机短信等媒体的报道宣传、推波助澜，每一次全民阅读活动的成功举办，都会在当地社会中掀起一波新的读书浪潮，成为推动当地精神文明建设、构建和谐社会不可或缺的重要手段。在各具特色的活动形式中，有关促进阅读与书目推荐，藏书评比等活动，为社会各方面读者提供了读书和购书引导，成为倡导人文精神和科学精神，倡导先进文化的有效方式。新华书店的图书销售量大幅攀升，图书馆里人头攒动，越来越多的人从读书月活动中获益匪浅。读书活动中的家庭才艺大赛、机关干部读书活动、图书漂流等活动，对推动学习型家庭、社区和机关，以及学习型社会的建设，提升市民素质发挥了重要作用。

三、全民阅读活动策划与组织的主要方式

（一）广场活动策划与组织

广场活动是全民阅读活动的重头戏，被誉为“文化聚餐”、“阅读盛宴”，具有超强的场效应和轰动效果，进而引发社会公众以及新闻媒体积极关注。2004 年 4 月 23 日，由中国图书馆学会、国家图书馆联合策划、组织了“世界读书日”全民阅读徽标揭牌暨经典美文百人接力朗读大型广场活动，由此拉开了全国性“4 · 23 世界读书日”纪念活动的

序幕，此项活动迄2009年止已连续成功举办五届，成为全民阅读活动的年度盛事和重要风向标。苏州阅读节于2006年9月28日创办，迄2009年已成功举办4届，并建立了“苏州读书节”网站，营造出爱书、购书、读书的良好氛围，激发了苏州的文化发展活力，提升了文明城市的形象。2005年9月28日，东莞举办了首届“东莞读书节”，延至2011年，该项活动已成功举办七届，成为东莞市推动城市阅读、打造文化名城、建设幸福东莞的重要举措和载体。

缜密而得当的策划是广场活动走向常态化、多元化、系列化、规模化、品牌化方向的基本保证。

首先是活动主题的确定，即所谓“立主脑”。广场活动通常都由许多相对独立的板块或系列组成，内容各异、形式多样，如果没有一个明确的主题统而冠之，很难产生聚合力量。主题的选定，应当遵循审时度势、与时俱进的基本原则，应当选择生动、凝练的语言概括当下的先进理念和主导精神，同时还要通俗易懂，具有强大的感召力。如2006年中图学会“世界读书日”纪念活动的主题“图书馆，公众的权益与选择”，如2005年东莞读书节活动主题“营造书香东莞，建设文化新城”，而2009年第十届深圳读书月启动仪式上更唱响了主办方专门创作的主题歌“云在青天书在手”，引发与会者的强烈共鸣。活动主题可由活动主办方自拟，也可通过媒体向社会征集。

活动主题确定后，就要围绕主题着手制订活动方案。主要分为两个层面：第一个层面是活动预案，内容包括活动名称、主办、协办、承办单位、媒体支持、活动组织机构、举办时间和地点、活动口号、活动内容等基本要素，活动预案要求目标描述准确、逻辑关系清晰、具有可操控性。第二个层面是执行方案，内容包括每一项具体活动的时间、地点、议程、参加人员、礼仪安排、宣传措施、经费预算、责任分工等细节，它是活动具体操作的指南。执行方案要求翔实、精细、明确。

细节决定成败。方案确定了，就要落实项目责任。项目落实到部门，工作落实到个人，既可以充分调动每个工作人员的主观能动性，激发起潜在能力，创造性地执行活动方案，同时也便于检验工作得失，奖优罚劣，提高工作效率。

（二）好书评选与推荐

作为阅读的客体与对象，读物自身质量的优劣自然成为全民阅读活动关注的重中之重，因而好书评选活动成为贯穿年度全民阅读活动始终而不可或缺的重要内容，实属题中之意。如新闻出版总署2011年度全民阅读活动工作8项重大活动中第一项就是继续开展向大众推荐优秀图书活动，包括了“六·一”前夕开展第八次向全国青少年推荐百种优秀图书活动。“七·一”前夕，围绕建党90周年等重大节庆，推荐优秀出版物。在年底开展2011年度“大众喜爱的50本图书”推荐活动。[①]

作为全民阅读活动的重要组成，好书评选活动可以在广场活动之前的某一时段启动，而在广场活动启动仪式上宣布评选结果；可以嵌入广场活动中进行，而在活动结束后即时宣布结果；也可以由主办方另行择时举行，而通过媒体公布评选结果。好书评选活动的主办方来自社会各个机构和组织，如文化宣传、新闻出版主管部门，工会、妇联及民间社团，教育机构、出版机构、新闻媒体、读书网站，以及各地的政府部门、各级各类图书馆等。基于各主办机构的职责与旨趣，不同的好书评选活动会有不同的内容偏好和形式趣向，因而共同促成全民阅读好书评选活动的丰富多彩、异趣纷呈。图书评选活动可以引发市民的阅读情趣，激发创作者的创作热情，进而推动出版机构多出书、出好书。

（三）导读刊物编纂

随着全民阅读活动在全国各地的迅速展开，各地公共图书馆也在积极探索保证这项活动有序、持续推进的有效措施。2007年7月，杭州图书馆和华宝斋共同创办了旨在“传承独特的杭州文脉、推动全社会阅读之风”的导读刊物《文澜》，同年，海宁图书馆也推出了导读刊物《水仙阁》。嗣后数年间，类似的导读刊物在各地基层图书馆纷纷涌

① 《新闻出版总署2011年度全民阅读活动工作方案》出台. 全国新书目，2011－04

出，如太仓市图书馆的《尔雅》（2008 年创刊）、慈溪市图书馆的《上林》（2009 年创刊）、金陵图书馆的《阅微》（2010 年创刊）、东莞图书馆的《易读》（2011 年创刊）、温州市图书馆的《籀园》（2011 年创刊），而其中《今日阅读》（2009 年创刊，苏州图书馆承办）、《读读书》（2009 年创刊，江阴市图书馆承办）、《悦读时代》（2009 年创刊，东莞图书馆承办）还分别成为中国图书馆学会阅读推广委员会、阅读文化专业委员会以及中国阅读学研究会的会刊。

作为推广全民阅读活动的新生力量，这些导读刊物主题突出、特色鲜明、栏目新颖、文字清新灵动，极富感染力，而且大多可以免费获取，部分刊物还可以在该馆网站获取电子版，所以一经推出，便在社会公众之中口耳相传，深得好评。

（四）媒体宣传与推介

全民阅读活动的宣传推介就是活动主办馆通过各种媒介，向社会公众传播活动相关信息的一种活动，通过揭示活动本身的信息点，挖掘活动的内容亮点和特殊意义，使活动的宣传推介的力度和对社会公众的影响最大化，最终达到良好的社会效益。

图书馆可以通过活动现场、本馆宣传栏、咨询台、门户网站、手机短信平台等自有渠道，发布消息，进行宣传推介，但更为有效的手段则是充分利用广播、电视、报纸、网络等现代公共传播媒介来进行宣介活动。

为此，图书馆要与当地媒体建立友好的合作机制，搭建良好的媒体工作网络，有预案、有步骤地推进宣介活动的展开。在宣传推介的具体环节上，既要做好即时的宣介准备，如编撰活动新闻通稿、召开新闻发布会，还要有配套的延伸报道手段，主要包括重点媒体深入采访，策划报纸专栏、专版，策划电视专题节目，策划网络专题、网络访谈等。总之，要善于调动一切可以调动的积极因素，最大限度地扩大全民阅读活动的影响辐射力。事实证明，成功的宣介活动可以起到四两拨千斤的重要作用，推波助澜，事半而功倍。

第七节　网络阅读的导引与组织

一、网络阅读导引与组织的意义

所谓网络阅读，“是一种由文本变化所带来的新的阅读方式，专指网络文化语境中的阅读活动，即借助计算机、网络技术来获取包括文本在内的多媒体合成信息和知识，完成意义建构的一种超文本阅读行为，亦称‘网上阅读’”。① 而广义的网络阅读概念则可以从阅读电子图书、报刊、论文等延伸到浏览、访问各类网站（包括商业、政府、科学、教研、个人及其他公益性网站）的网页、论坛，查看电子邮件及各类文档（如 ppt、doc 文档等）、多媒体文件，利用网络聊天工具（如 MSN、QQ 等）进行文字、图片的传输与浏览，利用手机短信、微博等形式进行图片、文字的传输与读取等。

信息时代，随着互联网的全面普及以及计算机技术、网络技术的快速发展，包括文化生活在内的整个社会生活节奏都在加快，致使全民阅读的方式也发生了深刻的变化，由传统的纸质载体为主逐渐转变为纸质载体与网络载体并存，网络阅读已经成为现代阅读不可或缺的重要方式之一。CNNIC 发布的《第 28 次中国互联网络发展状况统计报告》的数据显示，截至 2011 年 6 月，中国网民规模达到 4.85 亿，较 2010 年底增加 2770 万人；互联网普及率攀升至 36.2%，较 2010 年提高 1.9 个百分点。我国手机网民规模为 3.18 亿，较 2010 年底增加了 1494 万人。手机网民在总体网民中的比例达 65.5%，成为中国网民的重要组成部分。②

图书馆是人类最大的公共阅读空间，其核心价值也是围绕着阅读及其相关服务而得以实现。阅读方式的改变既赋予图书馆新的职能，同时也对图书馆的定位提出了新的命题，这是历史的必然。

---

① 王素芳.网络阅读的发展现状和前景探析.图书与情报，2004(3)：92－93

② http://www.cnnic.net.cn/dtygg/dtgg/201107/t20110719_22132.html

（一）现代图书馆开放融合、全方位服务的必然要求

阅读方式的嬗变及新的阅读模式的确立，既是一种机遇，也是一种挑战。以往基层图书馆的阅读服务模式构筑于传统阅读方式之上，它以收藏纸质文献为主，并对其进行加工、再整理，以供读者借阅，这一基本职能决定了其对读者所提供的服务主要是围绕着藏书与馆舍而展开，其服务对象也局限为到馆读者。而在高速发展的信息社会中，既有传统的纸质资源，同时也有海量的数字资源，包括图像、文本、语言、音像、影像、软件和科学数据等多媒体信息，以及新的阅读模式和阅读需求，由此要求图书馆必须顺应多元化阅读的时代需求，以开放、融合的心态，更新服务理念，构建新的阅读服务模式，融专业服务与个性服务、实体服务与虚拟服务、到馆读者服务与隐形读者服务于一身，让各种不同的阅读方式在图书馆里都能得到充分的尊重与实现，进而追求阅读效果的最大化。

（二）弥合数字鸿沟、扶助弱势群体的重要手段

网络资源的开放性及共享性，信息的时效更新技术与阅读信息存储呈现技术的逐步改进，都大大拓展和丰富了网络阅读客体，为基层图书馆阅读服务的开展提供了充足的资源保障。但毋庸置疑的是，在传统阅读向网络阅读转变的过程中，由于信息消费主体对信息技术、网络技术拥有和应用程度的不同，以及存在着对信息接收、信息消化与知识创新能力方面的差异，一种新的社会分化——信息分化现象日渐显现和迅速加剧，形成了所谓的数字鸿沟，致使以往的社会弱势群体处于更加劣势的地位，形成了新的“信息弱势”。

“公共图书馆的主要功能之一是消除信息富有和信息贫困之间的鸿沟”，[①]公共图书馆的公益性原则决定其必须尽一切可能地消弭信息消费不公平而带给弱势群体的消极影响，为其无偿提供网络阅读资源并有针对性地进行网络阅读技能培训，建立相对公平的网络环境，缩小因网络阅读发展所产生的信息差距，进而改变弱势群体网络阅读

① 公共图书馆服务发展指南．林祖藻译．上海科学技术文献出版社，2002

的现状,把网络阅读推向全民化,提高全体国民的文化水准和信息素养。

(三)履行社会教育职责,引导正确阅读方向

网络信息系统集开放性、多元化、大众化和个性化于一身,营造了一种全新的社会文化氛围。在这里,人们既可以不分种族、国界和阶层平等地享受人类共同创造的信息资源和精神财富,也可以跨越时空自由地交往乃至无所顾忌地尽情发泄、张扬个性。但同时,这也是一个良莠难分、鱼龙混杂、泥沙俱下的混沌世界,尤其对于涉世不深的未成年人来说,这个充满诱惑、变化莫测的虚拟世界是一柄名副其实的"双刃剑"。

基层图书馆作为社会公共文化教育机构的重要组成,肩负着重要的社会教育职能,理应充分发挥自身的专业优势,向未成年人传播积极向上的主流思想文化,引导未成人吸收健康有益的信息知识,摒弃网上的垃圾信息,做好未成年人的网上导读及教育工作,为未成年人营造一个安全、健康的网络环境。

二、网络阅读的主要特点

与传统纸质文献阅读相比较,网络阅读在阅读主体(读者、用户)、阅读客体(网络资源)、阅读方式等各个方面呈现出许多鲜明的特征,主要表现为内容丰富多样、获取方便快捷、互动性好、共享性高、时效性强等,但同时也存在稳定性较差、权威性不够以及阅读内容的多元化和浅层次化、阅读时间的零散性和随意性等倾向。

(一)阅读主体自主性、互动性增强,但信息素养、技术依赖程度高,普适性降低

互联网具有实时性、交互性和广域性,网络阅读所依存的超文本的信息载体,可以让读者不受时间、地域和资格的限制,自主阅读、自由交往、随意转换、按需取材,网络阅读也已不是单一的吸纳信息,而是已经成为相互碰撞、相互激活、相互融合、生成创造信息的过程,最大限度地激发并解放了人们阅读的想象力、思维力和创造力,充分体

现了阅读者的自主性和能动性，实现个性化阅读。

互联网提供了一种平等的双向信息交流模式，强大的交互功能，为人们获取知识和运用知识的能力、信息加工能力、科学研究能力以及掌握和运用创新方式的能力提供了有效的平台。通过这一平台，阅读者既可以是文本信息的受众，又可以是文本信息的发布者，实现读者与文本、读者与作者、读者与读者之间的即时交流。

网络阅读必须借助一定的辅助设备来进行，在线阅读则需要通过电脑和 Modem、电话线或光纤等网络接入设备与网络连接，技术依存度较高；同时，网络阅读者还必须具备较高的信息意识、信息素质、信息辨别能力。因而造成其普适度的降低，尤其是对老年读者等弱势群体，网络阅读存在着一定程度上的“技术门槛”和“信息门槛”。

（二）阅读客体丰富性、共享性增强，但纯净度、稳定性降低

网络信息的海量丰富是人们对互联网的最初印象和最深刻的体验。由于计算机具有纸质载体无法比拟的信息存贮空间，全球范围的网络联通又使得不同国家、不同地域的主机可以跨越时空限制而互通信息，加之网络特有的超文本链接方式和强大的信息搜索功能，使网络成为一个硕大无朋的信息资源数据库聚合体。而网络本身所具有的超链接功能又使各个网络信息群之间的转换连接极其方便快捷，这一切都使得网络阅读的内容丰富而生动，文字、图片、动画、音乐、多媒体效果等纷至沓来、纳入囊中，人类“阅读”的内涵和范围得到空前的延展。

而互联网海量信息的另一面则是内容芜杂、良莠不齐。单就某一特定的信息需求而言，相伴而至的无用信息乃至垃圾信息占了相当大比例，有用信息往往淹没在海量的无用信息之中而十不存一、百不存一。与此相关的是网络信息的分散、无序和高度的动态性，许多网络信息转瞬即逝，许多网络文本增减无度，许多网络作品质量低俗，这些都直接影响到了网络阅读资源的可信度与权威性。

（三）阅读方式便捷性、多维性增强，但随意性高、浅阅读倾向严重

网络阅读的文本既包括了传统纸质文献中文字、图形、色彩和版

式等基本元素，同时还融合了声音、视频、超链接等多种载体和元素，真正实现了文本、声音、数据、图像等在数字化技术整合运作下的一体化传播，既方便快捷又立体多维，进而引发阅读方式的深刻变化，从传统的“读书”到数字化的读、听、看三种方式并存。在网络阅读过程中，读者在随心所欲翻阅自己感兴趣的内容的同时，还可以借助生动的动画、美妙的音乐丰富阅读的感性认识，营造理想、温馨的阅读氛围，激发浓厚的阅读兴趣。

但网络阅读也存在着碎片化、表层化、均质化特征，阅读者在阅读过程中跳跃性很强，很难集中精力进行深入的思考和缜密的推理，这种快餐式的“浅阅读”方式，很难达到传统阅读的深刻与精致，很难体会到翻弄书页时那种细腻的情感波澜和遐想，因而造成阅读效果的散乱与迷茫。

三、网络阅读导引与组织的主要方式

网络阅读导引无论内涵还是形式都脱胎于传统阅读导引，如新书推介、推荐书目、读书会、专题讲座等，同时又因网络时代阅读的新特点而具有了新的模式与组合，如进行网络资源导航、网上导读、实施信息素养教育等。

（一）网络资源导航

网络资源导航也称网上知识导航或虚拟资源导航，它是通过图书馆专业馆员的再创造性劳动，按照一定的原则，对网络上散乱无序、良莠不齐的海量信息进行收集、分类、筛选、揭示，建立动态链接，使之有序化的信息重组过程。与 Yahoo、Google、百度等通用搜索引擎相比，图书馆的网络资源导航对于特定某一领域的网络信息服务具有很强的针对性。

选定相宜的主题，是网络资源导航建设工作的起点。主题选定除了要遵循思想性、科学性、知识性、专业性等基本原则外，对于基层图书馆来说，地域性原则显得尤为重要——突出地方特色，充分体现本地区的历史特征、人文特征、经济状况、教育状况以及社会舆情、公众喜好等，做到有的放矢，避免在资源选择上的千篇一律、人云亦云。

网络资源导航建设的第二步工作是资源的选择，即选择相类网站，进行资源评价并最终予以确定。这是基层图书馆网络资源导航建设诸环节中最为重要的一环，既要体现既定导航原则的贯彻力度，并进而检验该原则与所在服务区域社会需求的契合度，又可以反馈出该馆对网络资源的熟悉、掌控程度，是其整体信息素养状况的综合反馈。

搜集相类网站及资源的途径主要有：通用搜索引擎（如 Google、Baidu、搜狗等）、书本式因特网网址大全（网址黄页）、各种大型主题分类网络网址指南、相关报纸杂志介绍、广播电视介绍、媒体发布、社会新闻等。

与网站选择同步进行的则是资源的评价与确定。

首先是要考核网站的合法性与权威性。前者主要是要验看其网页末端的版权申请年月与工商登记注册标志；后者则主要是看其主办机构的权威性与诚信度，比如政府机构、非政府组织的行业协会、研究组织机构、传统报刊、电视媒体等，该类网站的资源和品牌会在很大程度上影响其站点的访问。

其次是要查看该网站的访问频次、更新频率及被链接状况。网站的访问频次是该网站受欢迎程度的最主要的风向标，通常情况下，访问频次高快的网站其更新频率也相应要快于同类网站，而被引用链接的多寡也在相当程度上折射出其诚信价值与应用价值。

网络资源导航建设的第三步工作，就是相关资源的揭示，包括设置检索界面和进行资源描述。

在网络资源导航的检索界面上，通常提供分类栏目浏览、关键词检索两个功能。

分类栏目浏览：读者通过导航主题页面，选择所需主题点击进入，然后再根据所需查询的栏目浏览有关网站，进而了解该网站的具体情况如网站名称、简要内容、版权所有者、推荐时间、查看次数等，以最终确定是否进入该网站进行深入查阅。

关键词检索：该功能让用户直接在检索框中输入检索词，在本馆所有网络资源数据库中进行直接检索。读者可输入关键词于检索框再作检索限定,也可先查看检索帮助。其中检索限定可以有以下几个选项:逻辑或、逻辑与、网站/网页名称、年月、每页显示条数等。

网络资源的描述是对符合检索条件的某一特定的网站,通过各种字段来简要揭示其内容的一种方法,主要由网络资源名称(Ti - le)、所属国家或者地区、所属机构、URL、网站简介、推荐时间组成。

网络资源导航建设上述各项工作完成后,最后要做的就是动态链接。

(二)网上导读

网络的普及应用促动基层图书馆参考服务工作发生深刻变化,而阅读导引工作首当其冲。传统的阅读导引受制于传播、交流渠道的单一,局限于面对面的口头辅导或电话交流,而凭借网络的强大功能,各种新型导读方式应运而生:如利用图书馆主页进行新书推荐,建立书评数据库,制作 FAQ,利用 E-mail、BBS 互动交流,利用聊天软件等工具实时交流、指导等。这些新型导读方式方便快捷、省时、省力,打破了时间、空间的限制, 符合网络环境下读者尤其是青年读者的阅读习惯,激发了读者的阅读热情,同时也在相当程度上扩大了基层图书馆的凝聚力和影响力。

网上新书推荐。将新入藏的图书择其优者在其网站上先行揭示,包括书影、梗概、目录及相关书评等基本要素,这是基层图书馆网站上最常见的导读方式。

建立书评数据库。书评是一种重要的导读工具,可以客观地揭示被评图书的内在价值,引导读者正确地把握被评图书的学术观点和阅读重心。基层图书馆可在网站主页上设立书评信息栏目,自行编写或邀请社会有关人士撰写,或下载符合本馆本地区特点的书评信息,建立书评信息数据库,帮助读者有针对性地、全面及时地了解文献原著情况,减少读者查找文献的盲目性。

通过 E-mail 开展导读工作。电子邮箱目前已经成为最常用的个人信息传递工具,几乎每位网民都有属于自己的 E-mail,因而也成为图书馆有效的导读手段。导读人员可以利用这种现代化通讯方式进行主动的导读服务,公布图书馆最新动态,传送新书、新刊目录,也可以进行好书推荐、资源推荐等。

利用BBS进行导读工作。BBS是网络上比较流行的交流工具,基层图书馆可以建立一个专门的导读版块,由图书馆导读人员或特邀专家、权威人士定期或随时推荐图书、网站等资源,同时读者也可以随时就自己关心的话题或内容发表心得体会及看法。BBS的特点是可以进行双向或多向交流,互动性好,便于集中讨论,聚合效应很强,很受读者的欢迎。

利用在线聊天、咨询系统进行在线导读。在线聊天工具(MSN、QQ等)及虚拟咨询系统是现代图书馆参考服务的重要手段,基层图书馆可以充分利用这一有效手段积极开展导读工作,比如建立专门的导读QQ群,在群中进行好书评选活动,发布最新出版动态和最新资源信息,进行检索方法、途径、技巧等方面的在线指导等。

第三章　参考服务之公共信息服务

第一节　基层图书馆公共信息服务的原则与作用

一、基层图书馆公共信息服务的基本原则

公共信息服务是一种开放性的信息服务，即以包括各行业用户在内的公众为对象，以提供信息发布、交流和利用服务为内容，以服务于社会为目标的社会化服务。[①] 基层图书馆作为公益性信息服务机构，是公共信息服务的主要承担者之一，在国家整个公共信息服务框架体系中居于重要的基础环节，具备了公共信息服务的应有特征，因而也必须遵从公共信息服务的基本原则。

（一）公开性、公益性原则

公共信息服务所提供的，是包括图书馆在内的公益性信息机构通过收集或购买、整理并提供人类各个领域内产生的、进入公共流通领域的、保障公共利益的、有使用价值的信息集合，是为社会大众尤其是弱势群体提供其所需要的信息。其内容是可以向全民公开，不涉及国家机密、国家安全、个人隐私和商业秘密的信息，并且强调信息提供者、信息内容以及信息媒介对信息用户产生积极有益的影响。

构建由政府主导的公共信息服务体系是文明社会的公民权利的重要组成部分，基层图书馆公共信息服务是政府履行公共服务职能的重要组成部分。一方面，基层图书馆建设、运行经费主要来源于国家及各级政府财政拨款，即来自纳税人的税款，提供普遍均等的公益性服务是其必须承担的社会责任；另一方面，公共信息资源自身的公共性，也决定了包括公共图书馆（基层图书馆）在内的以政府为首的公共

① 胡昌平主编. 信息服务与用户. 武汉大学出版社，2008：388

服务机构应该成为公共信息资源生产和提供的主体，政府既有责任对公共信息资源进行管理和维护，社会公众免费或廉价地获得公共信息资源，享受公共信息资源服务，实乃天经地义之事。

（二）用户为先原则

信息服务是以一个信息用户为中心的“信息运动过程”，任何信息都是由于“用户利用”而产生的，而用户“创造”的信息又将在社会中以新的渠道传递和被利用，信息正是通过这一生生不息的循环再造而产生恒久的社会效益和作用。所以，“用户为先”乃是信息服务的一项基本原则。在公共信息服务过程中，用户为先原则主要体现在两个方面。其一是信息服务的针对性。公共信息服务必须面向用户，有针对性地提供信息产品及其服务。不同行业、不同背景、不同层次的用户对信息产品和服务的需求也不尽相同，由此，公共信息服务伊始，先要对用户需求的基本状况做深入细致的调研与分析，进而根据用户特征，有针对性地组织信息资源，展开信息服务。而面向全社会提供信息产品和服务时，为了最大限度发挥公共信息资源的使用价值，从用户需求量最大、需求频次最高的信息资源入手展开信息服务工作乃是公共信息服务的重中之重，这一点对于基层图书馆而言尤为关键。基层图书馆信息资源、人力资源有限，其主要服务对象是服务区域内的社会公众，必须把有限的资源用于最大多数人的公共利益上。其二是公共信息获取的便利性。公共信息服务的目的是满足用户的基本信息需求，在保证信息产品和服务的内容能够符合用户的需求的同时，还要尽可能地考虑用户的使用特征、偏好、习惯，采用多样化的服务手段、途径、方法、方式，使得广大用户能更方便快捷地享用各类服务功能，自由地、自如地获取自己想要获取的相关信息。

（三）普遍服务原则

公共信息服务基于公共信息资源特有的公益、公开属性，在提供相关服务时，还要格外注重普遍服务原则。主要体现在 4 个方面：其一是服务对象的最大范围。在不危害国家安全、社会公益和个人隐私的前提下，基层图书馆公共信息服务的主要对象是服务区域内的所有社会公众,应该让最大范围的社会公众,不分年龄、职业、教育水平、经济地位、身体状况等,都能享受到充分的、公平的待遇和服务。尤其是社会困难群体、弱势群体,更应成为基层图书馆公共信息服务的重点对象。其二是服务内容的基础性。公共信息服务为社会成员生存、学习、工作、生活提供基本的信息保障服务,如提供最基本的科技、教育、文化、卫生、农业和社会保障等信息服务。其三是服务主体的多样化。公共信息服务的内容既涉及社会的公共利益,如国家安全、公共安全、福利经济、公共健康与道德、公民的自由与权力、环境保护、民主政治、教育培训,又涉及公众的自身利益,如消费者权益和一些个体和群体的信息需求等,涉及社会的方方面面,是全社会的责任。所以在政府主导的基础上,还应鼓励社会各界加入到公共信息服务行列之中。其四是服务产品的非排他性和非竞争性。由于公共信息资源以及基层图书馆与生俱来的特有属性,使得在一定区域内的每个社会成员都可以自由地享用基层图书馆公共信息服务产品,而同时每个人对于公共信息产品的使用,又都不会影响或减少社会其余成员的使用。

(四)效用最大原则

基层图书馆的公共信息服务,应该遵从效用最大化原则,在有限的人力物力条件下,最大限度地发掘公共信息资源的价值和效用。除了前述提及的针对性和便利性外,还应当注意以下两个方面,即信息服务的适时性和适量性。前者是指基层图书馆在展开公共信息服务时,一定要注意信息资源自身的时效性,随时予以更新。同时一定要控制公共信息提供的时机,切中公共信息利用者的需求,赢得提供与使用的最佳时间契合点。而后者则是指基层图书馆提供公共信息服务的数量与效益的最佳呈现点。这里的适量,一般说来应该是最符合利用者需求又最有使用价值的公共信息的数量,人们通常称之为公共信息提供的最佳量,而公共信息服务中的适量性原则,也可以称之为最佳量原则。

上述基层图书馆公共信息服务原则既导源于公共信息服务的基本原则,又与公共文化服务公益性、基本性、均等性、便利性原则一脉相承，是两者在基层图书馆这个特殊的服务载体上的有机结合。

二、基层图书馆公共信息服务的主要作用

基层图书馆公共信息服务集中体现了国家公共文化服务方略中的共享与公益原则，基层图书馆的所谓免费服务也只有做到了这一点而不是单纯依靠传统图书借阅来维系，图书馆的专业性才能真正得以体现，才能在整个公共文化服务体系建构中发挥其核心作用，并赖以发展和生存。

基层图书馆参考服务的4种主要方式，在其生存发展中各自发挥其不可或缺的重要作用。其中“阅读导引”与图书馆基本业务——图书借阅相关，起到深化基础服务的作用；“咨询服务”与个性化服务相关，体现图书馆以人为本的人性化服务理念；“业务辅导”与整个图书馆框架支撑体系相关，体现基层图书馆承上启下的支撑作用；而其中“公共信息服务”则与现代化图书馆的理念与职责有着最为直接的关联，在基层图书馆履行公共服务职能中起到突出的作用。

从公共信息服务的范畴探讨基层图书馆的信息服务工作，目前无论在理论还是在实践层面，都还处于一个初期探索阶段。就目前的状况而言，要么是将公共信息服务的范畴无限扩大，混同于常规意义上的信息服务；要么则将公共信息服务局限或等同于政府公开信息服务，其根本原因还是在于对基层图书馆公共信息服务的基本性质与作用缺乏足够的认识。

（一）履行社会职责，完善服务功能

在联合国教科文组织的《公共图书馆宣言》、国际图书馆协会联合会（IFLA）的《公共图书馆服务指南》等相关文献中，信息服务皆被界定为公共图书馆的基本使命之一，美国公共图书馆协会《面向结果的计划》则进而建议图书馆能够提供包括工作与职业信息、个人理财信息、有关社区组织和机构的信息、消费信息、政府信息、与工作/学习及

个人生活相关的所有一般信息。①以往我国基层图书馆信息服务的主要对象是党政机关、企事业部门或代表这些部门的个人，主要工作内容是“为读者做好专题信息收集、参考资料编写和书刊资料的代查、代译工作”，所满足的是个性化或专门机构的特有需求。这与基层图书馆所承担的基本社会职责是有着本质性区别的——无论是从国家整个公共信息服务体系中所处位置，还是从公共文化服务体系的基本建构设计，基层图书馆的主要服务对象是所在服务区域的全体社会公众，它所最应优先满足的是社会公众的整体性需求。因此，基层图书馆做好公共信息服务工作，完善其服务功能，对其使命与职责、生存与发展有着至关重要的作用。

（二）弥合数字鸿沟，促进社会和谐

基层图书馆公共信息服务建立在信息技术、网络技术高速发展的基础上，成为公共信息资源与公共信息利用者之间交通便利的通道与桥梁。随着公共信息服务普遍推广与顺利进行，应该能够很好地克服目前信息化建设的地区不均衡、年龄层不均衡的现象，缩小日益扩大的“数字鸿沟”。另外，在信息时代的今天，信息能够转化为知识，信息能够外化为环境，促进人的综合素质的提高。“公共图书馆是地区的信息中心，向用户迅速提供各种知识的信息”（1994年，国际图联和联合国教科文组织共同发布的《公共图书馆宣言》）。基层图书馆在整个公共图书馆服务体系中居于基础地位，在提高社会公众综合素质方面起着尤为重要的作用，它以其资源丰富、资源免费、面向大众的特点，成为公众拓展知识、增加文化素养的有效途径。而厚重、丰富的历史文化信息能够充实人的阅历、陶冶人的情操，日新月异的科教科研信息给人以启迪、开阔人的眼界、提高人的认知力，充实、适用的生活信息易于维护人的身心健康、满足日常生活所需，客观、严谨的法律法规行为规范信息又便于规范人的行为、倡导新的道德风尚，而这一切都为和谐社会的建立营造了良好的文化氛围。

---

① 于良芝. 关于加强公共图书馆的大众信息服务功能的建议案. 图书与情报，2007(6):55－56

（三）整合社会资源，提升行业影响

在信息时代，信息技术全面应用于图书馆管理的各个方面，信息服务水准已成为衡量图书馆现代化程度的重要标准。考量一个图书馆服务的质量优劣，已不再局限于馆舍面积、阅览席位、藏书数量等传统要素，而更多的是从它所拥有的信息服务环境、信息整合能力、信息提供手段等方面进行全方位的测度。在我国公共图书馆服务体系省、地、县三级框架中，县级图书馆居于底层位置，是独立建制图书馆的终端，是该区域公共信息的集散中心，不仅维系着乡镇（街道）、村（社区）文化信息服务站点的公共信息服务的运作，同时也应承担起整合该区域相邻系统（如党员远程教育系统、文化信息资源共享工程系统、科教系统、计生系统、农技系统、科普系统以及农家书屋、惠民书屋、职工书屋等）公共信息资源，构建区域公共信息一站式服务平台的重要职责，并通过这一整合过程，进一步强化自身的专业服务素养，提升社会影响力，确立其于地区公共文化服务体系中的核心地位。

第二节　基层图书馆公共信息资源的类型与特征

一、公共信息的含义与类型

（一）公共信息的含义

"公共信息"（Public information）是近年来随着公共管理理念从西方的引进而传入我国的新术语，基于不同的视角（如信息本体角度、信息提供者角度、信息利用者角度、信息传播角度等），国内学界对公共信息的定义与范畴还没有一个公认的界定，而大多学者倾向于在广义基础上界定和理解公共信息的内涵。如台湾学者谢清俊认为公共资讯是个大系统，教育系统、大众传播系统和政府办公室都是公共资讯设施。从图书馆学和社会学角度，可定义为"国民在现代社会中求生存时，在民生方面，诸如食、衣、住、行、育、乐、就业、医疗和各种生涯规划等，所必需的资讯"。"公共资讯是维持每个国民其基本水平的生活，并使之能在迅速变迁的社会中，得到基本人性尊严保障的必需品”。[①] 如大陆学者谢俊贵认为“所谓公共信息是一种特定的使用信息类型，它是指所发生并应用于社会的公共领域，由公共事务管理机构依法进行管理，具有公共物品特性，并能为全体社会公众共同拥有和利用的信息”。[②]

（二）公共信息资源的主要类型

按照不同的视角和标准，公共信息资源可以划分为不同的类型。

按照基本属性，公共信息可以分为自然状况信息（如自然资源信息、自然灾害信息、气候信息、海洋信息、天文信息、地理信息等）和社会状况信息（如经济信息、政治信息、军事信息、文化信息、科技信息、教育信息、社会生活信息等）。

按照产生时间，公共信息可以分为回溯信息（指描述和反映在过去已经发生的某种自然现象或是社会现象的信息）、现行信息（指描述和反映当前正在发生的自然现象和社会现象的信息）以及预测信息（指能够揭示和反映事物未来发展情况，预测事物未来变化趋势的信息）。

按照功能特性，公共信息可以分为功能性信息（指人们实际生活和工作所必需的，对人们的实际活动并和工作有直接作用的信息，如科学技术信息、生产经营信息、市场供求信息等）和非功能性信息（指人们在日常生活和精神享受过程中所需要的信息，它对人们的实际工作能发挥间接的作用，如观念信息、道德信息、文学信息、艺术信息、电影信息等文化娱乐信息）。

按照接收过程，公共信息可以分为直接信息（指人们通过观察、现场点差、与人交谈等直接的方式获取的关于事物存在状态及运动形式的原始信息）和间接信息（指人们通过文献资料，或转述等间接获取关于事物存在状态及运动形式的信息）。

---

① 谢清俊．公共资讯系统概说[EB/OL]．[2006-12-30]．http://www.sinica.edu.tw/~cdp/paper/1995/19950620_3.htm

② 谢俊贵．公共信息学．湖南师范大学出版社，2004:45

按照加工过程,公共信息可以分为零次信息(指人们在参观客观世界活动的过程中以感性方式获取的原始信息,如采访录音、摄影摄像等)、一次信息(指在零次信息基础上经过人们的理性加工而形成的信息,如规划方案、论文报告、统计图表等)、二次信息(指对一次信息进行文档化加工整理的结果,其基本形式是有序化、系统化的信息文档,如文摘、目录、索引等)、三次信息(指根据二次信息所提供的线索,在查找选用一次信息和其他资料的基础上加工而成的研究成果资料,如研究综述、专题述评、进展报告等)。

按照载体形式,公共信息可以分为印刷型信息(指以铅印、油印、胶印、木板印刷、电脑打印等方式印刷存储在纸张等载体上的文字信息,其典型例子就是书籍和报刊)、视听信息(指采用录音、录像、摄影等方式直接记录声音与图像,给人直观感受的信息,包括唱片、录音带、录像带、电影拷贝、照片、幻灯片等)、缩微型信息(指以感光材料为载体,以缩微照相为记录手段的文献信息类型)以及机读型信息(指将文字和图像转换为机器可读的二进制代码,通过计算机记录在磁带、磁盘等磁性载体上的信息,这是一种近几十年出现的新型信息载体)。①

二、基层图书馆公共信息资源的类型与特征

(一)基层图书馆公共信息资源的类型

广义而言,基层图书馆是整个公共图书馆服务体系的有机组成,其拥有的所有文献信息资源,包括纸质信息资源、数字信息资源、网络信息资源等,无论是通过何种方式获得(有偿或无偿、接收或索取),既已纳入公共服务的体系架构,就都应在公共信息资源的范畴之内,在这层意义上,基层图书馆的信息资源等同于公共信息资源。而狭义的基层图书馆公共信息资源,则应与其公共信息服务的基本方向直接相关,呈现出一一对应的关系,主要是指:①政府公共信息资源(参见第

① 谢俊贵.公共信息学.湖南师范大学出版社,2004:53-58

四节);②社区公共信息资源(参见第五节)。

(二)基层图书馆公共信息资源的特征

基层图书馆公共信息资源具有一般公共信息资源的基本特征,同时又因为基层图书馆特有的服务环境——特定的服务区域、特有的服务群体以及与之相应的服务手段,因而又在以下5个方面呈现出鲜明的特征。

1. 信息量大、整合度高

基层图书馆的公共信息资源,除少量资源如各级政府及主管部门编定的"政务公报"、"文件汇编"等,已经具备了相对完整的信息产品特征,可以直接提供公众使用,其余大多数资源都要经过图书馆专业人员的整合、提炼、分类,形成信息产品,然后才可以提供使用,基本属于二次、三次文献的范畴, 信息含量大,且规整有序。

2. 地域性特征明显

基层图书馆直接服务于所在区域的社会公众,受特定地域历史文化、风土人情、社会环境乃至自然环境等特有因素影响,其所提供的信息产品势必带有该地域的鲜明色彩。所谓"人杰地灵"、"一方水土养一方人",而这也正是基层图书馆特有的生命力所在。

3. 针对性、实用性强

以最小的经济投入,获取最大的社会效益,这是包括基层图书馆在内的所有公共信息服务机构从事信息服务的基本宗旨。所以基层图书馆在组织公共信息资源之初,必须经过缜密的调研与分析,判明所在区域社会公众共有而迫切的信息需求,进而确定重点服务内容和服务方向,以保证所提供的信息产品确实为民所需、为民所用。

4. 时效性强,更新频率快

基层图书馆所提供的公共信息不同于一般的文献信息,它的主要目的在于满足公众居家生活、旅游出行、健康保健、休闲娱乐等方面的现实需求,以及对时政资讯、舆情要闻的一般性了解,基本属于浏览、浅阅读或一过性阅读的范畴,时效性很强,更新频率也很快,尤其是时政信息、交通信息、气象信息等,基本处于转瞬即变的状态。

5. 易于获取、传播、识读

便利性原则是公共文化服务的基本原则，这一点在基层图书馆提供的公共信息服务中体现得尤为突出，具体表现为"三易"：①易于获取——无论是在本馆，还是在基层服务站点，公众可以随时随地免费获取各种宣传手册、信息简报、文摘剪报等信息产品；②易于传播——无论到馆，还是居家，公众可以借助网络、手机等现代化传输手段即时获取基层图书馆组织发布的各种信息；③易于识读——公共信息服务属于通识教育的范畴，其所提供的信息产品必须符合社会公众的一般识读水平，文字通俗易懂，简洁实用。

第三节　基层图书馆公共信息服务的基本步骤

一、公共信息需求状况调研

需求为先。了解和掌握服务区域内社会公众对于公共信息的基本需求，是基层图书馆开展公共信息服务的首要步骤。

较之以特定的个人或团体为服务对象的应答回复式个性化咨询服务，基层图书馆的公共信息服务则是以所辖区域整体社会公众为服务对象的主动推送式服务。前者倚重的是咨询人员深厚的知识素养和娴熟的沟通、应变能力，而后者倚重的则是认真细致的对于公共信息需求的前期调研，再经过审慎的分析研究之后，寻求公众需求与资源供给两者之间的最佳契合点。正所谓"意在笔先"，"工夫在诗外"。

（一）对于显性信息需求的调研

显性信息需求是指服务区域内社会公众最为关注的、直接的、现实的、即用的、可以用语言和文字明确表达出来的信息需求，主要可以分为三大类：

一是生活中的信息需求。包括对于物质生活、精神文化生活、个人安全、劳动和其他社会工作、社会交往与互助、适应社会、增长知识、创造活动、实现某种生活目标、产生某种兴趣等方面相关信息的需求。

二是职业工作中信息的需求。包括对于职业工作的工作环境、业务素质、物质条件、社会关系、业务环节、目标方向、技能与知识等方面的相关信息的需求。

三是社会化中的信息需求。包括对于基本生活与劳动技能、生活目的与社会价值观、自然环境状况、社会地位与职业、行为规范、纪律、法制以及与之相关的其他社会成员等方面相关信息的需求。①

进行显性信息调研的方法有两种。

(1)直接调研。主要是通过发放调查表、直接询问、实地考察和用户信息反馈等方式获得第一手信息需求材料与数据,其优点是调查范围较广,既可以是到馆读者,又可以是潜在的用户,而且所获得的调查资料详细、可靠、具体,因而比较适合用于基层图书馆公共信息需求状况的调研。

(2)间接调研。主要是通过调查与服务区域内用户相关的各种资料,如图书流通借阅数据、参考咨询档案、讲座、展览等活动的参与状况,以及与区域内公众物质生活、精神生活的基本状况、趣向、特征相关的调查报告、新闻报道等,间接获得相关需求材料,优点是方式灵活,不受时空限制,视野广阔,客观性较强。

在具体的调研过程中两种调查方法可以交替使用,互为补充。

(二)对于隐性信息需求的挖掘

隐性信息需求是指信息使用者尚未被满足或未能表达的属于潜意识下的一种需求,是与显性需求相对应而存在的。在主观与客观条件相对成熟的时候,隐性需求可以转化为显性需求。对于基层图书馆来说,它是一种潜在的、群体式的需求,表达的是一定时期内国家、民族、社会的基本意志、基本政策和基本导向,它建诸公益、普遍、均等、便利等公共文化服务基本原则之上,维系公众的政治权益、经济权益、教育权益、文化权益。表面看是政策宣传、舆论导向式的信息推送,并没有直接关涉到个人的现实生活,但实际上却与全体公民的政治生活、经济生活、社会生活、文化生活息息相关。

---

① 胡昌平.信息服务与用户.武汉大学出版社,2008:124－126

隐性信息需求的挖掘，考量的是基层图书馆的职业理念、专业素养、政治水准、文化积淀以及形势预判能力，关乎其公共信息服务的基本导向和基本效果，所以尤为值得关注。

二、公共信息资源的整合

（一）公共信息资源整合的含义

基层图书馆的公共信息资源整合是指围绕特定需求，遵循一定的原则、规范、标准，通过一定的技术手段和信息渠道，把图书馆内外相关资源——网上虚拟资源、光盘数据库资源、馆藏书目资源、自建数据库等多种载体、多种形式、多种类型、分散异构的信息资源有机地结合在一起，实现馆内资源与馆外资源、系统内资源与系统外资源的互补与融合，重新结合为一个新的有机整体，形成一个效能更好、效率更高的新的资源体系。

基层图书馆的公共信息资源整合势在必然。

1. 解决公共信息供求矛盾的必由之路

除少数经济发达地区，我国绝大多数地区的基层图书馆都面临着自身资源匮乏而公众信息需求相对旺盛这样一个难解之题。而在知识信息爆炸的时代，一方面信息分散异构状况愈演愈烈，对于普通公众而言，要想获得自己所需要的完整、可靠信息显得越加困难；另一方面，随着科学与技术向高度专门化和综合化发展以及国民整体素养的逐步提高，其信息需求越来越呈现出综合化的特点，他们需要内容更为全面、类型更为完整的信息。由此，长期以来形成的这种公共信息供给与公众信息需求之间的沟壑，裂隙愈来愈大。

这就要求基层图书馆必须通过自身的智慧与努力，在信息供给与需求之间搭建一条快捷的通道，使公众能够快速获取所需的完整、系统的知识信息。于是，整合便成为目前情形下的唯一选择。

2. 由传统图书馆走向现代化图书馆的必然之举

面对浩瀚的知识海洋，任何一家图书馆仅凭一己之力都无法将其搜罗穷尽。如何利用丰富的数字化信息资源，全球联网的互联网，高速快捷的传输方式，通过整合把分储各地的信息提取出来，利用馆际、系统间合作，构建较为完整、丰富的馆藏体系，生产出高质量的信息产品并利用网络达到共享，这是现代化图书馆的重要标志。基层图书馆既不愿做涸泽之鱼，就必须摒弃守株待兔的传统陋习，通过资源整合的过程锻炼队伍，丰富馆藏、提高服务水准，进而融入图书馆现代化的发展进程。

3. 在公共文化服务体系中所处位置的必然要求

由于既有体制上的局限性，导致了公共信息资源供给顶层设计的不尽协调——面对同一服务对象（基层公众）的来自不同渠道的资源供给。各相关部门都从自身的角度考量，推出各自的资源供给渠道，如远程教育系统、共享工程系统、农家书屋系统、职工书屋系统，以及地方上的惠民书屋、科普书屋等，这些供给系统往往彼此不相沟通，各行其道，并最终都流输到乡镇（街道）、村（社区），多头供给、低能低效、缺乏可持续性，不可避免地造成了资源的重叠与浪费，而最为适合基层公众需求的信息产品却又常常得不到保证。这是目前基层公共信息资源供给方面存在的普遍困境。

基层图书馆尤其是县级图书馆是我国目前独立建制公共图书馆的终端，直接面对基层的公共文化服务机构——镇（街道）综合文化站、村（社区）文化室，在区域内公共文化信息服务领域居于核心的支配地位，然而目前县级图书馆在公共文化服务体系中所发挥的作用明显不足。其中既有前述顶层设计方面的原因，但毋庸讳言，县级图书馆自身业务素质偏低也是一个重要成因。一个重要的标志就是参考服务能力尤其是信息整合能力差强人意。图书馆不是图书之馆，而是一个“有机的生长体”，能否通过有效的资源整合，丰富信息资源，提高信息服务能力，增强专业影响力和统摄力，不仅关乎基层公共文化服务的顺利展开，同时也是基层图书馆自身生存与发展的不能不予以充分重视的关键问题。

（二）公共信息资源整合的类型

1. 不同载体和不同类型信息资源之间的整合

包括传统印刷型文献资源，如书、报、刊等；磁性介质的正式与非正式出版物，如电子书刊、光盘数据库、网络数据库等电子信息资源；流动在 Internet 上的虚拟信息资源（即网络信息资源），如有关组织和机构发布的信息、各种学术论坛内的信息、个人博客，以及近年来备受关注的隐形网络资源。

2. 各种类型电子信息资源之间的整合

包括电子图书、电子期刊、联机数据库、目录数据库，以及数字镜像或以链接方式提供给读者使用的、分布式管理的数字资源。

3. 图书馆馆际之间的信息资源整合

图书馆联盟是知识资源共建共享的一种实际且有效的方式。建立区域化或系统化的图书馆联盟不仅有利于发挥联盟图书馆的知识资源挖掘与整合能力，而且有利于提高知识资源的利用效率，密切各图书馆馆员之间的合作，为读者提供有效的知识服务。对于基层图书馆而言，图书馆联盟包括两类，一是公共图书馆系统内的联盟，如各省、地（市）的公共图书馆联盟；二是不同系统图书馆之间的联盟，如高校系统图书馆联盟、科研系统图书馆联盟。

4. 相邻系统信息资源整合

如党员远程教育系统、文化共享工程系统、农家书屋系统、职工书屋系统以及基层图书馆所处地区计生、农技、教育、科普等系统、机构发布的相关材料和信息。

三、公共信息服务的方式

基层图书馆公共信息服务的服务半径是所在县（市）的全域，它不仅为馆舍所在周边地区公众提供直接的公共信息服务，而且还要负责县（市）域内基层服务站、点公共信息服务的资源保障，以及与之相关的咨询辅导工作。真正肩负起地区公共信息集散中心的社会职责，成为信息资源的整合中心、信息产品的配送中心以及信息服务的咨询中心。

（1）开辟公共信息服务专区（基层馆内可设专门阅览室，基层服务站点可设专门阅览区），集中陈列各类公共信息文献，供公众免费阅览。包括各级政府公报、国家法律法规及其司法解释等法律文献，各种生活实用类参考工具书，本地各相关系统（工会、科协、计生、教育、农技等部门）提供的宣传手册、信息简报、辅导材料，通过网络渠道整合各类公共信息而编辑成册的各种专题的信息简报、资料汇编等。

（2）在基层馆网站设立公共信息服务网页或专栏，设立公共信息资源导航系统，方便公众直接进行检索、获取所需信息；按照本地公众需求及地区特有环境条件，建立政府信息、社会实用信息、地方特色信息专题资源数据库，方便读者利用，同时也便于公共信息资源的存储与保管。

（3）与本区相关部门、专家学者联合举办专题讲座，对政府现行政策、法律条例的实施以及与百姓日常生活密切相关的各种现实问题等进行专题宣讲和解读，并进行现场咨询活动，答疑解惑，对需要帮助的民众进行一对一的即时解答。

（4）配备专门咨询人员，通过信函、电话、互联网、手机短信等手段，开展公共信息咨询服务，满足公众对于公共信息的个性化需求。

（5）建立基层公共信息义务导读员制度。借鉴发达国家及港澳台地区成功经验，建立“义务导读员”制度，组织社会力量利用节假日及周六日定期到各公共服务站、点进行现场导读活动，直接面对公众，增强互动，营造良好社会氛围。

四、公共信息服务的意见反馈

关注公众的需求就是关注图书馆的未来。基层图书馆公共信息服务的发展潜力和创新方向来自于其能否在不断发展变化的信息环境中，始终从公众需求的角度出发，灵活组织和利用各种资源，及时调整服务方向和服务方式，以适应公众需求与信息环境的变化。于是，通过各种手段及时掌握公众对其信息资源建设和信息服务质量的反馈意见，对现有的信息资源与服务方式进行认真系统的评估，汰劣存优，寻求信息资源、服务方式与公众需求的最佳契合点，这也是基层图书馆公共信息服务整体步骤的一个关键环节。

公共信息服务是一个循环往复的信息运动过程。公共信息通过各种渠道和方式传递到公众手中后，信息服务的过程并没有就此完结，公众还会根据自己的感受对信息内容、信息来源、接受方式等提出一系列的意见和建议，并通过一定的渠道反馈给信息提供者——基层图书馆，以此影响公共信息的再次传递。

公共信息服务的反馈方式主要有：

(1)口头反馈方式

这是基层图书馆公共信息服务反馈最常见也最快捷的一种方式。既可以是公众将反馈意见直接告知图书馆相关工作人员，也可以由馆方通过召集读者座谈会的方式集中听取大家的意见和建议。

(2)书面反馈方式

包括两层含义，一是公众可以通过“读者建议”这样的书面文字形式向图书馆提出自己的意见，二是图书馆通过发放“用户信息使用状况调查表”的形式广泛征集意见。这种反馈方式的优点是数据较翔实，建议较全面，有利于深入分析和研究。

(3)通讯反馈方式

即利用电话或网络等通讯方式传递反馈信息。这种反馈方式的优点是信息传递迅速及时，不受时间地点的限制。缺点是需要有一定的通讯设备支持，且反馈方还需要付出一定的成本。

(4)媒体反馈方式

即本地大众传播媒体(如报刊、广播电视等)刊载(播出)的关于公共信息服务的有关评价以及公共信息使用情况的社情反馈与舆论调查。通常情况下，通过媒体反馈出来的信息大多带有普遍意义，尤其应当引起基层图书馆的高度重视。

第四节　政府公共信息服务

一、政府公共信息的含义

(一)公共信息、政府信息、政府公共信息

政府公共信息是公共信息的主要组成部分,一些学者甚至认为政府公共信息等同于公共信息。客观地讲,最初公共信息概念的提出,的确是与公共政府、公共服务以及相关信息的公开有着直接的关系。但随着时代的演进,人们对于公共服务以及公共信息有了更为深刻的认识,其概念与内涵都已超出了“政府”的范畴,而旁涉到与公众的公共权益相关的一切信息,因而又出现了“大众信息”和“社区信息”的概念。这是时代进步在相关学术研究中的自然的反馈。

就整体或本质而言,政府信息应属于公共信息范畴,但并非所有政府信息都是公共信息。其一,政府在履行其行政职责的时候,收集了一些公民个人隐私信息,如出生日期、收入、医疗档案、婚姻状况等信息,这些信息是虽为政府收集、储存和利用,但不属于公开信息的范畴;其二,还有一部分政府信息资源是政府及行政部门的内部信息(如人事规则和惯例等)以及涉及国家安全或法律规定的其他可以免予公开的政府信息,也不在公共信息的范围。

简而言之,公共信息、政府信息、政府公共信息这三个概念其范畴是交叉的。其基本关系是公共信息与政府信息是平行交错的,而政府信息中的政府公共信息则与公共信息是重合的。

(二)政府公共信息与政府信息公开

因为公共服务的需要,部分政府信息得以公开,为公众所知晓,因而进入了公共信息的范畴,这是一个必然的历史演进过程。

信息公开是履行公民权利的重要条件。完善的信息公开制度是实现公民权利、构建民主法治国家的基础前提。随着信息自由理念的传播与影响,美国、欧洲等发达国家和地区都相继制定了完善的以信息公开法律法规为基础的制度体系,以保障公民的信息权益。目前,世界上已有近70个国家制定了全国性的信息公开法。

伴随改革开放30多年来的社会进程,我国公民的法律意识与参政议政意识日益提高,公民对政府信息的公开度与透明度也越来越关注,而这种关注在信息时代迅速降临之时显得尤为迫切。另一方面,自我国推行政务公开与权力运行监督制度以来,公开的对象与范围越来越广泛，公开的事项也越来越具体，从党政机关的政务公开到群众团体、企事业单位和基层事务的公开，如村务公开、厂务公开、校务公开等。也正是在这样的背景下，“为了保障公民、法人和其他组织依法获取政府信息，提高政府工作的透明度，促进依法行政，充分发挥政府信息对人民群众生产、生活和经济社会活动的服务作用”，[①]2002 年，《中华人民共和国政府信息公开条例》(草案)出台，在经过多年的酝酿、修改之后，2008 年 5 月该条例终于得以实施。条例的颁布实施为相关部门制定本部门信息公开规章提供了依据，促进了信息的传播，提高了公众参与的积极性，推进了阳光型政府的建设。

政府信息公开是指国家行政机关和法律、法规以及规章授权和委托的组织，在行使国家行政管理职权的过程中，通过法定形式和程序，主动将政府信息向社会公众或依申请而向特定的个人或组织公开的制度。[②] 包括两层含义：一是公开信息的主体，指的是具备独立行政能力并能独立承担行政责任的履行政府信息公开义务的承担者；二是公开信息的内容范围，指在政府信息公开中明确规定的应当向社会公众主动公开的由政府及其他信息公开主体所掌握的信息。

政府信息公开一般有两种途径：

一是实施机关主动公开，是指根据法律规定的义务，行政机关应当及时、准确地公开政府信息，对于应主动公开的政府信息，需依据具体信息的时间性、权威性以及价值性等特性来考虑具体方式的选用问题。例如：对于行政机关职务范畴的信息公开，可以选择政府网站、信息公告栏等的方式；对于一般性的政府信息公开，则采用政府网站、信息公告栏等的方式；而对于重要的法律规范性的政府信息公开，可以选择政府公报、政府网站、新闻发布会以及报刊、广播、电视等大众传媒的方式。政府主动公开的信息，一般不用公众个人申请即可自由获取。

二是依申请公开，指公众根据法律规定的权利向义务机关提出申

---

① 《中华人民共和国政府信息公开条例》第一章第一条

② 刘恒等. 政府信息公开制度. 中国社会科学出版社，2004：2

请，由该机关向其公开特定的信息。其具体方式的选择是灵活多样的，不仅可利用现有的行政服务场所，如行政服务大厅、行政服务中心或者是专门设立的接待窗口和场所，还可以利用行政机关提供的信息查阅场所，配备的相应设施、设备，网站查询等服务。申请人可以在提交申请并获得允许后，充分利用网站进行查询、下载，也可以在公共查阅场所进行查阅、摘抄、复印。

二、政府公共信息的范围

政府公共信息是政府信息公开的部分，其内容与范围取决于政府信息的公开程度。因此，是否依照"以公开为原则，不公开为例外"的信息公开原则，决定了信息公开内容的厚度与范围的广度。

我国目前的政府信息公开范围，不是以公开为原则，以不公开为例外，而是实行依法公开原则。主要包括5项内容：依法确定政府信息，依法确定和处理公开信息的范围事项，依法确定和处理不予公开信息的范围事项，依法确定和处理"灰色地带"政府信息，依法确定和处理公开信息的程度。随着政府信息公开制度的不断完美、实践经验的不断积累以及行政机关工作的不断规范化和法制化，进一步扩大政府信息范围是必然趋势。[①]

根据《中华人民共和国政府信息公开条例》规定，行政机关重点公开的政府信息主要有23种各级政府信息，主要包括行政法规、规章和规范性文件，国民经济和社会发展规划、专项规划、区域规划及相关政策，国民经济和社会发展统计信息，财政预算、决算报告，行政事业性收费的项目、依据、标准，政府集中采购项目的目录、标准及实施情况，行政许可的事项、依据、条件、数量、程序、期限以及申请行政许可需要提交的全部材料目录及办理情况，重大建设项目的批准和实施情况，扶贫、教育、医疗、社会保障、促进就业等方面的政策、措施及其实施情况，突发公共事件的应急预案、预警信息及应对情况，环境保护、公共

---

① 杨小军. 论政府信息公开范围. 天津行政学院学报，2011，13(2)：47－53

卫生、安全生产、食品药品、产品质量的监督检查情况等。

《条例》同时也列举规定了四类信息不公开：一是涉及国家秘密的信息，二是涉及商业秘密的信息，三是涉及个人隐私的信息，四是公开后可能危及国家安全、公共安全、经济安全和社会稳定的信息。

政府信息公开范围，其基本精神是适度公开与逐步扩大。中国是发展中国家，长期处在社会主义初级阶段，正在建设法制国家和法制社会，法治政府建设工作也正在积极地推进过程中。同样，作为一项法律制度的政府信息公开制度，也才刚刚开始。在一个制度发展初期，适度确定政府信息公开范围，逐步推进政府信息公开工作，应当是一个必然的选择。随着制度的不断完善，随着实践经验的不断积累，随着行政机关工作的不断规范化和法制化，进一步扩大政府信息范围是必然的。

三、基层图书馆政府公共信息服务

（一）政府公共信息服务

政府公共信息服务是指政府为满足公众对公共信息的需求，通过多种途径和方法，收集、加工、传输或公开公共信息的职责、行为及其过程。[①]

依据不同的标准，政府公共信息服务可划为不同的类型：根据服务对象的不同，政府公共信息服务可分为面向政府系统内部的公共信息服务和面向社会公众的公共信息服务；按照提供公共信息服务态度的不同，政府公共信息服务可分为主动型公共信息服务和被动型公共信息服务；依据服务行为的不同，政府公共信息服务可分为政府公共信息管理活动、政府公共信息收集服务和政府公共信息公开服务等。

相比于其他社会组织与机构的信息服务，政府公共信息服务具有鲜明的特点：

（1）权威性——政府所处的掌握国家权力的特殊地位决定了由政

① 邓集文. 当代中国政府公共信息服务研究. 中国政法大学出版社，2012：11－12

府提供的公共信息具有很高的无可替代的利用价值和可靠性。

(2)公益性——政府公共信息服务的公益性表现在政府公共信息的收集、整理、保存、处理和传播的经费主要来自于中央和地方的财政拨款,就其本质而言属于公益服务的范畴。

(3)广泛性——服务对象广泛,包括所有的社会组织和社会成员,以确保不同地域、阶层的社会群体都能够实现公共信息的自由获取;服务内容广泛,涉及政治、经济、文化、科技、军事、教育、医疗卫生、社会保障和福利、扶贫等社会生活的各个方面;服务渠道广泛,采用多种传播渠道,如电视、广播、电台等新闻媒体,政府公报、报刊、杂志等政府出版物,公共查阅室、公共资料索取点、政府信息公告栏、电子公告栏等场所设施,政府信息公开服务热线和呼叫热线等。

(4)公共性——政府公共信息的纯公共物品属性决定了政府公共信息服务属于纯公共服务,是提供给广大公众的、公益性的公共信息服务。

(5)共享性——政府公共信息服务的对象是所有的公众(含个人和组织),而公共信息不是一次性消耗的资源,也不是独占型资源,它可以为社会全体公众(包括个人和组织)重复使用,所以政府提供的公共信息服务也具有共享性。

(二)基层图书馆的政府公共信息服务

公共图书馆作为专门的信息保存与传播机构,为全体社会成员提供无区别的服务,其公共产品的基本属性,注定了其与政府公共信息服务之间天然的关联。因此,世界各国都非常重视利用公共图书馆管理政府信息资源,并赋予其相应的法定地位。

美国联邦托管图书馆计划(Federal Depository Library Program,简称 FDLP)的核心内容是政府出版署(Government Printing Office)根据国会通过的法案或其他形式的合同向散布在全国各地的高等院校、专业协会和公共图书馆免费派发政府出版物,并委托它们和政府各部门的图书馆一起为公众提供免费检索和使用这些公共信息的服务。从1814 年第一家托管机构诞生,该计划已经在美国成功运行近两个世纪。截至2000年,全国共有1328家托管图书馆,成为美国公众获取政府信息的主要渠道。①

在澳大利亚政府向公民提供政府信息和政府出版物的历史中,图书馆扮演着重要的角色。澳大利亚统计局图书馆扩展计划(Library Extension Program,简称LEP)和澳大利亚政府信息管理办公室图书馆免费分发项目(Commonwealth Library Deposit and Free Issue Schemes,简称LDS)等政府信息供给项目确保了国家图书馆、州图书馆及经选择的公共图书馆和大学图书馆能够得到政府文献的复本,从而保证公众可以通过分布在不同地域的图书馆获得政府信息。②

韩国于2006年12月最新修订了《图书馆法》,其中规定公共图书馆应履行的业务条款中,列举的第2项就是"提供公众需要的地方行政信息"。日本《图书馆法》第1项条款规定公共图书馆服务任务就是"特别注意收集乡土资料、地方行政资料,提供社会公众利用"。日本国立国会图书馆设有"议会官司厅资料室",专门从事日本和世界各国政府出版物的收集、整理、研究和提供服务。

2008年国务院颁布实施《中华人民共和国政府信息公开条例》,其中第十六条明确规定:"行政机关应当及时向国家档案馆、公共图书馆提供主动公开的政府信息。各级人民政府应当在国家档案馆、公共图书馆设置政府信息查阅场所,并配备相应的设施、设备,为公民、法人或者其他组织获取政府信息提供便利。"不仅明确了政府行政机关向公共图书馆提供主动公开的政府信息的法定义务,更奠定了我国公共图书馆作为公民获取政府信息通道的法制框架和法定地位。

《条例》实施3年以来,我国各级各地政府在政府信息公开专栏、政府信息公开目录建设等方面做了大量的工作,很多公共图书馆也采取了开设政府信息专题阅览室、链接政府网站或建设政府信息专题数据库等措施。其中黑龙江省馆、苏州图书馆、嘉兴市图书馆的做法比

① 李立.公共图书馆与公众知情权的实现———美国联邦托管图书馆计划概述.太原师范学院学报(社会科学版).2009(3):43

② 于春明.中外图书馆政府信息服务模式研究.传承,2010(1):120

较有代表性。

(1)黑龙江省馆的做法

黑龙江省图书馆采取主动争取、主动承担责任的方式,在《条例》实施前就制定了《黑龙江省图书馆关于建设"政府信息公开服务平台"的请示》和《黑龙江省图书馆政府信息公开服务平台建设方案》,主动争取政府支持,将自身网站与政府网站相链接,设置查阅场所、室外电子屏、室外公示栏,整合政府信息的采集、存储、整序、发布软件系统,设置独立部门承担政府信息公开服务工作等,积极建设"政府信息公开服务平台",目标是借助"全国文化信息资源共享工程",将政府信息公开服务延伸到全社会各层次。①

(2)苏州图书馆的做法

苏州图书馆采取延伸服务的方式,通过多次主动与苏州市政府相关部门沟通,达成由市政府机关主动向图书馆提供数字化的信息、由图书馆负责数据著录和标引的共识。同时在地方文献阅览室开设了政府信息查询点,设置政府公报、目录、相关法律文本等纸本政府信息专架,并配备了专用电脑,与政府网站上的政府信息公开专栏进行链接。同时对本馆所属的10所分馆的电脑引导界面都进行了重新制作,使读者方便进入政府信息公开栏目进行查询。此外,苏州图书馆开展了以下服务:宣传、推广政府信息公开服务;为困难人群提供查询帮助;提供与政府信息公开相关的参考咨询及代理服务等。②

(3)嘉兴市图书馆的做法

嘉兴市图书馆主动与政府沟通,使图书馆的政府信息服务从一开始就纳入了政府信息公开体系,直接参与政府信息公开活动。其具体做法为:市图书馆通过政府外网实时获得市政府主动公开的全部信息;在流通部的报刊阅览处设置政府信息公开查阅点;在参考咨询阅览室设置政府信息查阅服务点;在提供数字政府信息的同时,还展示由信息办提供的75家部门(单位)的政府信息公开目录、指南以及行

---

① 高文华.黑龙江省图书馆的政府信息公开服务.情报资料工作,2008(4):19

② 邱冠华.苏州图书馆政府信息服务现状及建议.情报资料工作,2008(4):21

政审批和服务事项的纸质文本，提供传统的指南和目录服务；充分利用已建成的嘉兴市公共图书馆服务体系和全国文化资源共享工程基层点来开展政府信息公开的宣传和服务工作，在嘉兴各村(社区)1000个左右的基层点上提供政府主动公开的数字信息等。①

但就整体而言，尤其是基础条件相对较差的基层图书馆来说，政府公共信息服务还是一项全新的业务，无论是理论还是实践层面都还处于探索阶段。大多数基层图书馆对政府公共信息服务工作缺少经验，没有成熟的业务模式和服务流程可供借鉴。其面临的主要问题有：

(1)信息渠道尚不畅通

一方面，由于《条例》只规定了政府信息应当在图书馆公开，但没有对政府本身进行强制性的规定，没有法规明确对报送文件的时间、范围等进行约束，因此不可避免地在政府公共信息的供给上出现时滞乃至缺漏。另一方面，由于既有体制所限，基层图书馆的政府公共信息工作更多是来自当地信息办的指导，而与其他相关政府机构缺乏有效的沟通机制，因而对各级政府的机构设置、部门划分、工作流程和工作性质不甚了解，以致对其所能提供的信息资源没有一个基本的把握。

(2)信息资源获取及整合能力有待提高

随着我国政府信息化进程的加快，我国政府信息资源公共获取的状况较之以前有很明显的改善，全国已有80%以上的政府实现了上网，通过网络发布信息等资源，早已超出了以往纸质文本的范畴。而对于政府公共信息在供给和需求两方面的巨大变化，基层图书馆还缺乏足够的心理准备和技术准备。拓宽信息获取渠道，发挥专业能力，进行有效的资源整合，成为目前基层图书馆政府公共信息服务工作的当务之急。

(3)信息服务手段单一

① 章明丽. 在政府信息公开体系中定位嘉兴市图书馆的政府信息服务. 情报资料工作，2008(4)：23

在政府公共信息服务工作上，相当地区的基层图书馆目前还仅限于将《公报》《文件汇编》《信息简报》等纸质文本进行简单的陈列，未能开展相关的深入的信息服务。这与目前基层图书馆服务工作大多停留于简单的文献借阅，而未能开展相应的参考服务工作有着密切的连带关系。

因此，积极拓展政府公共信息的获取渠道，发挥专业优势，对接受和收集的政府信息进行科学组织、加工整合、深度揭示，并进而丰富政府公共信息的服务方式和手段，乃是目前我国基层图书馆政府公共信息服务工作面临的主要任务。

四、基层图书馆政府公共信息资源的获取

信息资源是信息服务的基本保障。方便公众获取的前提是自己要有充足的渠道和手段以获取充足的信息资源。基层图书馆要把政府公共信息资源的收集与获取纳入其图书文献资源管理体系之中，加以制度化、规范化，以确保该项工作的有序、有效、稳定发展。

（一）建立长效工作机制，确保政府公共信息资源渠道畅通

按《条例》规定的职责与范围，通过文化行政主管部门或直接与政府信息公开工作机构取得联系，加强沟通，建立健全政府公共信息报送机制，推出各项保障措施，对文件送交的范围、时间、质量和职责等进行明确规定和督导，使政府信息公开服务工作步入健康有效的轨道。同时，基层图书馆不能被动坐等，而应采取措施化被动为主动，利用邮件、电话，情况特殊时也可登门催缴，积极主动地收集本地区及与本地区联系密切的相关政府公共信息。在此基础上，还应建立及时反馈机制，切实架起政府和公众间的桥梁，协助政府更好地做好信息公开工作，形成良性循环。

（二）通过图书馆系统内部的整合平台，获取相关信息资源

《条例》实施近三年来，图书馆系统陆续建立了一批政府公共信息资源的整合平台或专题数据库，这为基层图书馆的政府公共信息获取提供了极为便利的条件。如国家图书馆 2009 年开通的“中国政府公

开信息整合服务平台——国图站”，以中央和各省级政府网站发布的公开信息为整合对象，通过自动化采集将各级政府公开信息整合到本地，建立多种专题数据库，对政府信息资源的内容、外部特征及其关联关系进行组织、挖掘和揭示，实现了网络上的政府公开信息与国家图书馆馆藏文献资源的整合。目前，该平台可供检索的政府公开信息达50多万条，提供3000多个政府机构的导航。

（三）通过网络渠道广泛收集本地公众所需要的各种政府公开信息

政府信息化与政府信息资源公共获取信息化的发展和电子政务的开展，为基层图书馆提供了更多获取政府信息的渠道和方式。基层图书馆应该配置专门人员，通过互联网随时收集与本地社会公众密切相关的国家、省、市及本地政府机构最新颁布的各类信息，以最大限度地满足公众对政府公开信息的需要。

（四）在获取相关信息的同时，要正确处理公开与保密之间的关系，严格遵守相关保密原则

政府信息公开服务是一项政治性、政策性极强的工作，目前还处于初期探索阶段，许多问题还有待于进一步的完善与规范，基层图书馆在获取相关信息时一定要按《条例》规定的公开范围进行取舍，对不能确定是否可以向社会公开的信息，需要送到相关保密行政管理部门审查，以确定是否可以公开。

五、基层图书馆政府公共信息资源的整合

（一）积极介入政府信息资源的科学组织及基本标准的制定，便于互联互通

制定统一的政府信息数据标准和技术标准是整合政府公共信息、保证其互联互通的最基础的工作。《条例》中规定“行政机关应当编制、公布政府信息公开指南和政府信息公开目录，并及时更新”。政府信息公开指南应包括政府信息的分类、编排体系、获取方式，政府信息公开工作机构的名称、办公地址、办公时间、联系电话、传真号码、电子

邮箱等内容。政府信息公开目录应当包括政府信息的索引、名称、内容概述、生成日期等内容。信息组织与利用是图书馆的专长，基层图书馆要充分发挥自己的这一专长，积极与当地政府部门合作，参与到政府信息公开指南和政府信息公开目录的编制过程中，对政府信息的目录质量进行控制。基层图书馆积极介入当地政府信息公开目录、指南、索引、摘要的编制工作，可以有效降低社会成本，实现多赢。

（二）围绕公众需求和社会发展状况，不定期地就某些重要问题、热点问题，编纂专题性的政府信息汇编

编纂三次文献，是基层图书馆整合文献信息资源的传统做法。以往基层图书馆为当地政府机构提供的所谓"决策参考服务"，大多都是采用这种方式。而不同的是，现在是从政府部门获取信息而加以集合，并最终反哺社会公众，服务对象和服务宗旨发生了根本的变化。对于基层图书馆而言，这是一个伟大的进步，标志着其历史使命真正意义上的回归。

（三）条件许可的话，还可以建设信息整合平台，实现政府公共信息的有效存取

包括两个方面：一是整合分散存储在不同的物理空间位置上的各级政府机构网站、政府专网、本地网站以及各个独立的专业数据库，对分散在各个网站上的政府信息和各异构数据库提供统一检索界面的"一站式"服务，提高检索效率，实现政府信息的优化配置；二是以中央和各级政府网站发布的公开信息为整合对象，通过自动化采集或人工采集将各级政府公开信息整合到本地，建立多种专题数据库，对政府信息资源的内容、外部特征及其关联关系进行组织、挖掘和揭示，实现网络上的政府公开信息与图书馆馆藏文献资源的有机整合。信息整合平台的建立，需要一定的人力、物力与技术的支持与保障，条件许可的基层图书馆可以结合自身网站的建设循序渐进地逐步予以实现。

六、基层图书馆政府公共信息的提供

收集、整合的目的就是为了提供。信息提供是基层图书馆政府公

共信息服务的最为关键的环节。基层图书馆直接面对社会公众——政府公共信息的服务对象,应该成为开展政府公开信息服务、保障公众信息权益的最有效的窗口。就目前而言,公众获取政府公共信息的途径还是以传统媒体为主(其中广播电视为62%,报刊为54%,政府信息专刊为24%,政府门户网站23%,其他途径如新闻发布会、电话、专设工具等则大多在10%左右)。[①] 面对此种情形,基层图书馆必须创新政府公共信息服务的方式方法,必须明确,有效、高质量的政府公共信息服务,才是吸引公众选择通过基层图书馆利用政府信息的真正动力。为此,基层图书馆可以组织专人全面系统地研究现行政府公开信息的内容,准确把握各项方针政策、法律法规,挖掘信息内在价值,实现政府公开信息的延伸服务。

基层图书馆政府公共信息的提供方式主要有:

(1)导读。不同于一般的文献阅读导引活动,基层图书馆政府公共信息的导读主要解决的问题是“什么类型的政府信息资源在哪里可以找到”或者“这个地方可以提供哪些政府信息资源”。它是政府公共信息提供的入门向导,可以迅速拉近公众与所需政府公共信息的距离。具体做法如“服务指南”、“读者公告栏”、“阅览室简介”等。

(2)阅览。这是目前大多数基层图书馆为公众提供的最基础的服务,即开辟专门的阅览室(区),将政府公共信息相关文献集中陈列,方便公众随意取阅。同时,也可以通过专门配置的电脑,浏览整合后的政府公共信息数字化资源,如各类专题数据库、法律法规文献数据库等。

(3)查询。在基层图书馆网站(网页)设置专门的政府公共信息资源导航系统,方便公众查询所在区域各级各类政府机构的信息资源。同时,也可以通过公共图书馆系统(或国家图书馆、其他图书馆系统联盟)的政府公共信息整合网络平台,查询全国及其他地区的政府信息资源。

(4)借阅。包括传统借阅服务、远程预借/预约服务、馆际互借服

① 北京大学公众参与研究与支持中心. 中国行政透明度观察报告 2009 年度. 法律出版社,2011

务、电子政务信息资源借阅服务、原文传递服务等。

(5)咨询。为公众获取和利用政府公共信息提供咨询,是基层图书馆参考咨询工作的新的增长点。咨询内容是多方面的,既包括政府信息检索、获取咨询,又包括政府服务引导咨询(帮助用户确定解决其问题的政府部门)、电子政务使用咨询等。而尤为重要的是基层图书馆要为政府信息获取和电子政务利用的困难人群提供帮助,包括为低文化素养者、残疾人提供检索、获取、阅读、利用方面的帮助,为信息技能或信息条件困难者提供设备、条件和获取、利用方面的帮助等。

(6)发布。在基层地区,图书馆是社会公众最愿意光顾的文化休闲场所,也就自然成为政府公共信息发布的最佳平台。信息发布的形式,既可以通过室外电子屏、公示栏直接披露,也可以是通过专题讲座的方式,向社会公众发布、解说、宣讲重要政策、热点话题和焦点问题。条件许可的话,也可以利用手机短信的方式将公众关注的政府信息直接推送给用户。

第五节　社区公共信息服务

一、社区信息服务的含义

(一)"社区"解读

社区是一种客观存在,是一种历史悠久的社会组织形式。社区也是社会学家使用最多,同时也是概念上最复杂、歧义最多的用词之一。美国社会学家乔治·希拉里(George A. Jr. Hillery)在1955年总结的社区定义有94种,到了1981年,美国的华人学者杨庆堃总结的社区定义已经增加到140多种。

作为社会学中的一个基本概念,社区一词源自拉丁语,本意为关系密切的伙伴或共同体。首次将社区一词用于社会学研究的是德国社会学家F.滕尼斯。1881年,他将德文"gemeinschaft"(一般译为社区、共同体、团体、集体、公社等)一词首次用于社会学。19世纪末20世纪初,美国社会学家罗密斯把滕尼斯的"社区"(Gemeinschaft)翻译成“Community”,英文中的“社区”(community)一词由此产生,主要指一起生活、工作的人的共同体。

中文“社区”一词,最早是费孝通先生1933年翻译“Community”时开始运用的。费孝通先生在谈到“社区”这个术语的翻译时指出:社会是人际关系的综合,每一个社区是一个社会,而社会却不是社区;社区指在一个地方共同生活的人,而这群人之间的关系(即人际关系)构成社会。在1968年出版的《国际社会科学百科全书》第3卷中,社会学家伯纳德和桑德斯将社区的定义概括为3种:(1)社区是居住于特定地区范围内的人口;(2)社区是以地域为界并具有整合功能的社区系统;(3)社区是具有地方性的自治自决的行动单位。[①] 在最近出版的《辞海》中,对于“社区”的表述是:“以一定地域为基础的社会生活共同体。此词最早由滕尼斯提出,基本要素有:(1) 有一定的地域(2) 有一定的人群(3) 有一定的组织形式,共同的价值观念,行为规范及相应的管理机构(4) 有满足成员物质和精神需求的各种生活服务设施。”[②]

在西方国家,很多社区是自然形成的。在我国的城市中,2000年以前,街道办事处管辖区域被界定为社区;2000年以后,居委会管辖区域被界定为社区。而在农村,与之对应的则应是乡镇、村。而城乡的这些所谓“社区”不能一概而论,它们各自又存在着一些明显的特点。参见表1:

表1　城市社区、城镇社区、农村社区的主要特点

	城市社区 (街道、社区)	城镇社区 (乡镇)	农村社区 (村)
人口数量	多	较多	较少
人口密度	高	较高	低

① 夏建中.社区工作(第二版).中国人民大学出版社,2010:14

② 夏征农,陈至立主编.辞海(第六版).彩图本.上海辞书出版社,2009:1996

续表

	城市社区（街道、社区）	城镇社区（乡镇）	农村社区（村）
人口流动性	大	有一定的流动性	小
人际关系	较为松散	相对密切	密切
生活方式	差异大	有一定差异性	较为传统
服务设施	相对齐全	介于两类社区间	相对落后
经济水平	相对发达	一般	相对落后
文化取向	相对多元	有一定的多元性	较单一
组织结构	相对严密	介于两类社区间	相对松散
管理水平	相对较高	介于两类社区间	相对较低

上述这些特点也是就全国的整体状况而言，在东、西部经济发达与经济相对落后地区之间，其具体状况又各有不同。

就具体的图书馆服务区域而言，所谓“社区图书馆”与前述行政建制意义上的“社区”基本上是处于同一语境的，只是在称谓上有所区别，在城市称为“街道图书馆（室）”、“社区图书馆（室）”，在乡村称为“乡镇图书馆（室）”、“村图书馆（室）”，其实质含义有没有太大区别。而图书馆社区信息服务意义上的“社区”，则与前述行政建制意义上的“社区”不是一个完全等同的概念，不是一种一一对应的关系。社区图书馆作为基层的图书文献信息服务设施，承担着为本社区社会公众提供文化信息服务的职责，但不是全部职责。一则，就现状而言，目前我国只有少数地区设置了完整意义上的社区图书馆（室）；二则，就服务区域而言，存在着图书馆系统之外的社区信息服务机制；三则，就服务内容而言，社区图书馆很难满足社区公众的所有公共信息需求；四则，就图书馆系统而言，存在着本社区图书馆上位图书馆（如区县图书馆、街道、乡镇图书馆（室））为本社区公众提供的公共信息服务。

换言之，就我国的现实状况而言，所谓图书馆社区信息服务中的

"社区",应该是一个大社区的概念,属于文化意义层面上的共同体,其范围至少要扩大到现在的区县一级行政建制上,也就说是在基层图书馆(县级图书馆)这个层面上。这样,基层图书馆的社区信息服务也才有了着力点和附着点。而这一点也已为目前我国图书馆社区信息服务的实际状况所印证。

(二)社区信息服务的缘起

社区信息服务(Community Information Service)在英美等西方国家图书馆中已经有了长足的发展。曾有学者将社区信息服务发展的基本原理归纳为以下4点:①公民有关于能够改善其生活素质的服务和资源的知晓权;②社会服务机构有向公民宣传其所提供的服务的责任;③某些公民需要社会提供特别的帮助,才能与其他公民获得同等的社会权利;④公民应当积极参与到判断或满足其信息需求的过程之中。

由此,公共图书馆之于社区信息服务乃是一种必然与天然的联系。作为一种社会服务机构,公共图书馆产生伊始,就担负着社会教育和传播文化信息的基本职责,向公民提供解决其日常生活中所遇问题的相关信息,实属题中之意。

关于社区信息服务概念,英国图书馆协会在其1980年的专题报告《社区信息:图书馆能做什么?》中曾有明确的界定并得到公认——"社区信息服务是帮助个人或团体解决日常问题、参与民主进程的服务。该服务的重点在于人们所面临的至关重要的问题,即与其家庭、职业和权利有关的问题。"

20世纪60年代公共图书馆的社区信息服务首先从美国兴起。最早开展社区信息服务工作的图书馆是巴尔的摩市的伊诺克帕特免费图书馆,该图书馆在1970年设立了一个"公共信息中心",主要负责编制《社区服务机构名录》,以提供给该市的"健康福利委员会"。此后数年间,美国底特律等五大城市的公共图书馆系统共同参与了一项由美国教育部图书馆和学术资源处资助的旨在确立和推广社区信息服务,树立图书馆的"社区信息中心"形象,提高图书馆的社会声望的

"街区信息中心计划"。其中底特律图书馆设立信息库,专门收集社区内服务机构的手册,建立信息档案。同时该馆还将社区信息服务作为传统参考服务的延伸,由参考馆员负责解答市民的各种提问。孟菲斯市的谢尔比县图书馆设立"图书馆信息中心",以下层市民为基本用户,并面向全县市民。该馆馆员负责接受咨询问题,查阅社区机构信息档案,与服务机构联络,引荐用户到相关机构。在该项计划的支持下,70 年代以降,图书馆社区信息服务在美国公共图书馆逐渐得以推广。① 与此同时,英国、日本等发达国家政府也积极组织公共图书馆开展社区信息服务工作。英国政府最初在各地建立了"市民建议局",为市民提供日常生活方面的咨询服务。之后,政府与公共图书馆联手合作,致力于将公共图书馆打造成为社区的文化信息中心,为社区居民提供全方位的信息服务。日本政府于 1977 年颁布"第三次全国综合开发计划",该计划以"定居圈方案"为中心,力求建设自然环境、生活环境和生产环境协调一致的居民小区。在该计划中,对于公共图书馆的设置,提出在居民徒步二十分钟之内必须有一个图书馆,每月至少有两次以上的巡回送书服务,以保障居民的基本文化需求。在政府的支持与倡导下,日本的社区信息服务工作也迅速开展起来。

20 世纪 90 年代中期以来,计算机技术的不断进步和网络技术的迅猛发展为公共图书馆社区信息服务提供了空前的契机,利用网络提供信息成为社区信息服务方式的主流,人们可以通过公共图书馆的社区信息服务网站和社区信息库等数字化资源,获取与日常生活密切相关的信息。

社区信息服务概念自 20 世纪 90 年代初传入我国,迄今已近 20 年。实事求是地说,对于这一有别于传统的新型服务模式,业界还没有形成完整而深刻的认识,表现为理论层面的犹疑不决,以及实践层面的踟蹰不前。在理论层面,基本上还停留于对国外社区信息服务历史与发展状况的简单介绍,以及国外学者社区信息服务理论的罗列与

① 顾海舟. 西方图书馆社区信息服务与我们的思考. 图书情报知识,1994(4):54 – 57

移植,很少有人能够立足于我国的实际状况,因地制宜,融会贯通,给出明确的解释和方案。在实践层面,基本上还停留于简单的网站信息导航以及具有地方特色的专题数据库建设上,而且大多只存在于省级公共图书馆和少数地市级馆层面,而在最贴近公众、最具活力的区县级基层图书馆,这项重要工作的开展尚未能尽如人意。

相信随着我国公共文化服务体系建设进程的逐步推进,业界对于公共图书馆社区信息服务工作的认识与把握也会更加深入和真切,社区信息服务一定会在我国的公共图书馆尤其是基层图书馆普遍、有序、深入地展开。

二、基层图书馆社区信息服务的主要内容

就其本质而言,图书馆所提供的社区信息服务是一种特定区域内的公共信息服务,具有很强的地域性特征,与当地的政治、经济、文化背景以及社区居民的组成与信息取向有着紧密的联系,因而各国公共图书馆在社区信息服务的内容上会有不同的取舍。

关于社区信息服务的内容,英国公共图书馆通常是采用两种分类标准:按照社区信息的具体内容性质来分类,如政府、教育、环境、卫生、福利、就业、交通等,其内容大多与普通公众的日常生活密切相关;按照社区信息服务的对象来分类,如女性、残疾人士、老年人、消费者等,代表着社区信息服务的特殊用户群体。① 而在美国,有关社区信息服务的概念最先是由图书馆学家杜伦斯女士提出,她认为社区信息服务的主要内容应该包括 3 个部分:其一是信息与引荐服务,即为人们提供解决日常生活中遇到的问题的重要相关信息;其二是公共政策信息,主要涉及人们参与国家与社会民主进程的信息;其三是地方信息,这类信息一般可由区级公共图书馆提供,主要包括地方大事记、地方教育、文化娱乐及各种官方和民间机构团体活动等方面的信息。②

1983 年,美国国家图书情报学委员会(NCLIS)提出了一份专题报

---

① 王玉波. 国外图书馆社区服务的进展研究. 图书馆,2008(5):56

② 肖永英. 论公共图书馆社区信息服务的主要内容. 图书情报工作,2001(6):76

告,论述公共图书馆在提供社区信息和引荐服务活动中所应承担的角色,主要结论为:①图书馆与社会服务机构之间在提供信息及引荐服务时应加强合作;②信息及引荐服务概念的宣传对象不仅包括图书馆员、图书情报院系,而且还包括立法人员和普通百姓;③信息与引荐服务的提供应纳入国家信息政策和各级法规的范围之内;④信息与引荐服务应适应本地居民的需求;⑤有关人员应加强信息与引荐服务对图书馆用户的影响的研究;⑥有关人员应加强对信息与引荐服务过程中自动化技术的研究。①

我国学者对于社区信息服务内容的分类,尽管也有数种之多,但究其实质,基本上还是延续了西方学者的既有分类体系,大致有两种分类标准:一是依照社区信息的内容性质,分为公共政策信息、地方性信息和实用信息;二是依照社区信息服务对象,分为普通用户所需社区信息和特殊用户(弱势群体)所需社区信息。因为这两种分类内容上互有交叉,且公共政策信息实际上也就是本书第四节"政府公共信息服务"所讨论的内容,所以本节需要特别提出的是下述三类内容,即地方性信息、实用性信息、弱势群体所需信息。而在实际的工作层面,有关这三类信息的相关服务在既有的基层图书馆读者服务工作中或多或少的已经有所涉及。

(一)地方性信息服务

社区信息服务是针对某一特定区域内生活、工作、学习的人群而展开的一种公共性服务。就服务层面而言,具有普及性、公共性特征;就服务范围而言,则具有鲜明的区域性、地方性特征。基层图书馆在以往的建设和发展过程中,对于地方文献的收集、整理、提供,大都给予了相当的重视,即便是老、边、穷地区的基层图书馆,也都会辟处一块处所专门收集、保存本地的地方文献——地方志、家谱、名人手迹、历史图文资料等,且乐此不疲。一则,收集、保存本地文献是基层图书馆的职责所在;二则,人无特色不立,事无特色不成,本地文献即为特

① 肖永英等.美国公共图书馆社区信息服务的发展及其启示.图书馆论坛,2003(6):178-179

色文献，乃此馆区别于彼馆的重要标识，正所谓“家有敝帚，享之千金”。而随着信息网络技术的迅速普及以及公共文化服务进程的渐次推进，传统的地方文献服务又被赋予了新的内涵，许多公共图书馆，包括部分基层图书馆都建立了具有浓厚地方色彩的专题数据库，并通过各自的网站提供信息导航与专题检索服务。如成都市图书馆的“天下成都”、“成都旧闻”、“天府览胜”、“乡土课堂”、“天府记忆”、“影像成都”、“古蜀文明”、“蓉城民俗”、“巴蜀人物”、“川菜天地”等。如福建泉州市图书馆的“泉州地方文献资料篇名索引”、“市图馆藏谱牒”、“泉州非物质文化遗产库”、“闽南民系”、“泉州地方戏曲视频”、“泉州历史大事记库”、“泉州文化大事记库”、“泉州自然遗产库”、“泉州物质文化遗产库”、“泉州图库”、“泉州著述”、“泉州人物库”、“泉州文史资料全文库”等。如江苏江阴市图书馆的“江阴地方古桥数据库”、“江阴县志集”、“江阴名人库”、“江阴名胜库”、“江阴人著作库”、“江阴非物质文化遗产库”等。

（二）实用性信息服务

实用性信息是指社区公众在日常生活、工作、学习过程中遇到现实、急迫问题时所需要的有针对性和实际效用的具体信息。从某种程度上说，能否提供丰富而有效的实用信息服务是公共图书馆特别是基层图书馆现代化程度的一个重要标识。其一，它标志着从传统文献信息服务向现代化多元信息服务的一种必然的历史演进过程，契合了现代图书馆发展的基本规律；其二，它是基层图书馆融入社会、贴近生活、赢得公众认可，进而为自身的生存与发展奠定坚实基础的必要的方式与手段；其三，它是基层图书馆人力资源、信息资源、技术资源等综合实力达到一定水准的集中体现。对于西方发达国家的公共图书馆而言，提供社区实用信息服务差不多是一种与生俱来的功能与职责，而在我国，由于体制乃至系统分工上的限制，对于这项服务，无论是在职业理念上还是在实际工作层面，都还处于摸索、认识、尝试的阶段，在业界还没有一个完整、清晰的认识，没有形成为社会所认可的规模效应，因而成为基层图书馆实际工作中的软肋和短板。

关于社区实用信息的具体内容，有学者将其描述为“泛指技术信息、商品信息、消费信息、证券信息、价值信息、娱乐信息、家教信息、就业信息、社区活动信息、社区发展与规划信息以及与社区居民生活密切相关的各种信息”。[①] 而就目前我国公共图书馆的具体状况而言，大致可以分为三类，即日常生活类信息、用户教育类信息、便利服务类信息。其中广州市图书馆提供的社区实用信息服务相对较为全面，包括“讲座排期”、“展览排期”、“演出排期”、“电影排期”、“活动排期”、“名城之窗”、“常用服务”、“电话指南”、“教育指南”、“房产指南”、“医疗保健”、“交通指南”、“住宿指南”、“旅游指南”、“购物指南”、“餐饮指南”、“娱乐指南”、“社区新闻”、“安全指南”等。

（三）弱势群体信息服务

弱势群体也称为社会脆弱群体、社会弱者群体，是指由于个人、社会等原因导致其在拥有各种资源、所处社会地位等方面处于劣势，生活达不到社会最基本标准，亟须社会重视和帮助的群体。进入信息社会后，弱势群体出现了一个新特征，即获取信息渠道少，信息化技能低，处在数字鸿沟的边缘，因而也就衍生出了信息弱势群体的概念。当前被人们公认的“弱势群体”主要包括：“三无对象”，即“无劳动能力、无经济来源、无法定赡养人”的孤寡老人、孤儿和残疾人；城市中的下岗、失业人员；进城打工的农民和低收入退休人员。有数据表明，目前我国弱势群体的规模已达 1.4 亿—1.8 亿人左右，约占全国总人口的 11%—14%，成为构建和谐社会、全面建设小康社会所必须高度关注并切实解决的一个重大问题。

在信息时代，政府向公众提供的公共服务主要是通过信息实现的，而与常人相比，弱势群体在获取和利用信息服务方面存在着困难。而基层图书馆为弱势群体提供信息服务既是维护社会稳定、创建和谐社会的需要，同时也是其公共图书馆本质、社会职责和公益性原则的体现。

---

① 霍国庆等. 论社区图书馆. 中国图书馆学报，1995(4)：54－59

弱势群体的信息需求不同于普通用户，而不同类型的弱势群体其信息需求也各有不同。基层图书馆应通过深入细致的调查（如调查表法、访问调查、资料调查法等），充分了解弱势群体的信息需求，应根据不同类型弱势群体的信息行为特点提供有针对性的信息服务。比如在向残疾人提供信息服务时，应与诸如盲人图书馆之类的专门图书馆以及残疾人联合会等其他相关机构进行合作，更多地考虑到由于残疾人的生理特点而产生的特殊信息需要，如社会福利待遇、就业机会、教育机会等。比如在向下岗人员提供信息服务时应考虑下岗人员的具体处境和需要，有针对性地及时对就业信息进行加工、理序、储存，形成自己的就业信息资源库，向之提供可以解决因下岗或失业而遇到的各种问题的信息，如福利、教育、培训、再就业等。

三、基层图书馆社区信息服务的主要方式

现实生活中的社区信息交流实际上存在于3个层面：其一，社区成员中人与人之间的信息交流；其二，社区服务机构向社区成员提供的社区信息服务；其三，专业信息服务机构（如图书馆）提供的社区信息服务。而在我国的大多数基层地区，受经济、文化等多方面客观条件所制约，社区服务设施相对匮乏，基层图书馆常常成为所在区域公众获取相关信息的唯一选择。面对此种情境，基层图书馆要在做好传统文献信息服务（如外借阅览、咨询服务、文献信息加工服务、组织信息沙龙、专题讲座等）的基础上，借鉴发达国家图书馆社区信息服务的成功经验，努力拓展新的适应社区公众需要和接受习惯的社区信息服务方式，包括建立社区成员信息需求档案库、建议或引荐服务、辩护和陪同服务、跟踪、反馈服务等。同时，基层图书馆要尽可能地将现代信息技术与传统的社区服务融合在一起，建立综合性、开放性信息服务系统。有条件的基层图书馆可以在本馆网站上建立社区信息服务主页，为用户提供资源丰富、载体广泛、形式多样的支持服务，满足社区成员个性化的信息需求。主要有4个方面：

（1）多元信息链接服务

基层图书馆可以通过链接经常载有社区信息相关内容的网站，如全国文化信息资源共享工程、地方政府网站、地方文化网站等，间接提供政府信息、地方性信息、实用性信息资源。这种服务方式具有投入少而见效快的特点，因而很适合基层图书馆采用。现在许多公共图书馆就是通过这种网站链接的方式为社区公众提供了诸如生活百科、医疗健康、法律法规、娱乐休闲等题材多样、内容丰富的社区信息。

(2)专题信息推送服务

专题信息推送是现代社区信息服务的一种重要方式。基层图书馆可以通过馆藏特色资源的数字化以及网上相关信息资源的整合，建立各种专题数据库，并以此为依托，通过其网站主页以及电子邮件、手机短信等方式，将有关信息主动推送给社区公众。

(3)实用信息导航服务

用以保证社区秩序与运转的是一个能够提供与社区公众日常生活、工作、学习密切相关的医疗卫生、文化体育、公共安全、社会福利和社会救助等各方面服务的庞大的公共服务体系。基层图书馆应该主动联系当地教育、法律、经济、医疗等社区组织、政府部门，积极合作，充分发挥自己在信息搜集、整合、利用等方面的特长，共同建设社区信息网络，进行公共服务体系的信息导航，从而拓宽服务领域，丰富服务内容。

(4)在线互动交流服务

信息互动是现代图书馆了解用户信息需求，促进用户之间交流，增强自身凝聚力的重要手段。基层图书馆可以通过建设社区论坛、博客等方式鼓励馆员与用户之间、同行之间以及与本馆密切合作的社区组织、公益组织之间相互交流，也可以通过电话、QQ、电子邮件等服务形式听取用户反馈、给予用户帮助，以使图书馆与用户之间形成一个信息交流的动态循环，让社区信息服务具有实时性、交互性、多样性的特点，构筑图书馆与用户之间的双向交流平台。

第六节　相邻系统公共信息资源的整合与提供

一、基层公共信息资源的供给状况

目前,承担我国基层公共信息资源保障供给职能的,除公共图书馆系统外,还有地方文化局、总工会、宣传部、科协、农业局、组织部等部门主管的、隶属于不同体系的供给方式和供给渠道,如全国文化信息资源共享工程、职工书屋、农家书屋、科普阅览室、远程教育、农业信息服务点暨农民信箱联络点、惠民书屋、文化科技示范户等,我们姑且称之为相邻系统公共信息资源。这些来自不同系统的公共信息资源,共同支撑着基层公共文化服务的运转,为实现普遍均等的公共文化服务目标,保障公民基本文化权益提供了基础条件。

但是,由于顶层设计等多方面的缺陷与不足,导致基层公共信息资源供给过程中普遍存在着一种失衡状况:一方面是适合公众多样性需求的公共信息资源稀缺,求大于供;另一方面则是来自不同系统、不同渠道的相类资源交叉重叠,高耗而低效。

以嘉兴市公共信息资源供给的实际状况为例,可以对基层公共信息资源的供给情况有一个较为清晰、直观的认识(见表1)。

表1　嘉兴市公共信息资源供给情况

供给渠道	基本状况	隶属部门	主要资源
市图书馆及乡镇分馆、五县公共图书馆及乡镇分馆	嘉兴市本级已建成了包括1个总馆、2个区分馆、10个乡镇分馆、20多个村(社区)流通站的统一联合体。嘉兴全市共建设乡镇分馆54个,乡镇分馆设置率达96%以上。	市文化局	图书、期刊等纸质资源;VCD、DVD等音像资源

续表

供给渠道	基本状况	隶属部门	主要资源
嘉兴数字图书馆	由嘉兴市图书馆联合嘉兴五县(市)公共图书馆、嘉兴市中小学图书馆、嘉兴教育装备与信息中心等联盟馆共同建设,打造综合性、跨系统、全民共享的数字文献服务,是嘉兴地区读者享受一站式资源检索和文献服务的数字资源平台。共计40多个不同种类数据库。	市文化局	数字图书、数字期刊、视频、音频等各类数据库资源
职工书屋	从2008年开始职工书屋的建设,现有全国级职工书屋11个、省级职工书屋建设点21个、市职工书屋建设点共有366个。国家对全国级职工书屋补贴价值2万元的书,省级、市级职工书屋都由企业出钱购书、工会赠送少量书籍。	市总工会	纸质资源图书、期刊
惠民书屋	全县共有30个惠民书屋,每个点由县文化部门统一征订10种报纸和40种杂志,征订刊物分A套和B套(各15套),定期自行交换。	海盐县委宣传部和县文化局	图书、期刊、报刊等纸质文献资源
农家书屋	处于建设起步阶段,目前只发布了相关政策,具体的建设实施办法正在修改制定中。	市文化局	图书、报刊、音像制品等文献资源

续表

供给渠道	基本状况	隶属部门	主要资源
文化信息资源共享工程	2003年开始共享工程的建设,在嘉兴市图书馆设立市支中心,到2008年,市乡镇(街道)都建有共享工程基层中心,村(社区)的覆盖率已达到100%,被文化部评为“全国文化信息资源共享工程示范市”。依托嘉兴地区公共图书馆网络,在县(市)图书馆设立基层一级中心,在乡镇、街道社区设立基层二级中心。由嘉兴市图书馆全面负责本市文化信息资源的建设、网络维护,基层工作人员的管理与培训等工作。	市文化局	全国级文化信息资源共享工程的各类视频资源、省级文化共享工程购买的各类数据库资源
科普宣传	2004年开始,通过科普示范单位的创建、评选,推进全市科普宣传工作。两年评选一次省级示范单位,要求自然科学类的图书有1000册;一年评选一次市级示范单位,要求自然科学类的图书有500册。除了提供图书,还提供科普设施,以及一些涉农培训、专家下乡、科教电影短片等资源和服务。	市科学技术协会科普部	图书(以自然科学类为评价标准)、电影下乡、涉农现场培训讲座、科普类数字资源
农技培训	2005年建立嘉兴农业信息网,主要内容为各种农业方面的技术、标准、新闻、视频等。定期送科技下乡,以专家讲座、现场指导为主。针对农业大户通过多样化的方式提供服务,包括农技110、农民信箱、广播等。	市农业经济局	现场专家讲座、农业方面的技术、标准、新闻、视频

续表

供给渠道	基本状况	隶属部门	主要资源
农村党员干部现代远程教育	2008年建立红船网，主要内容包括市党建相关新闻文字、视频；全国远教办推送的课程、与嘉兴“阿秀嫂”合作自制的农业种植、养殖等方面科技视频；科普知识视频。为农村党员干部提供学习交流的平台。另编制手机报、每两周一次的“红船行”电视节目。主要针对党员干部，通过账号密码控制权限。	市委组织部	党建等相关数字资源

嘉兴素以建设江南水乡生态型文化大市为发展目标，经过多年的努力，业已建构了较为完善的公共文化服务体系。被誉为“嘉兴模式”的城乡一体化公共图书馆服务体系建设，以及“全国文化信息资源共享工程示范市”等各种模范称号，也都表明嘉兴的公共文化服务体系建设已经步入全国的先进行列。由表1可以看出，嘉兴市基层公共信息资源供给方式多样，资源丰富，在满足基层群众的文化需求方面起到重要作用。但在上述公共信息资源的供给中，有些是可以互补和共享的，而有些则有重复建设之嫌。例如，在纸质文献资源方面，有市、县两级公共图书馆及乡镇分馆、村流通站、农家书屋、惠民书屋、职工书屋、科普宣传等多种供给渠道，导致部分图书、期刊、报纸等纸质文献资源重复采购。而在数字资源方面，则有嘉兴数字图书馆、嘉兴市共享工程支中心、党员干部现代远程教育等相类或相关资源。这些资源的重复购置既浪费了社会公共财力，同时，对这些资源所进行的必要管理和维护又造成了大量人力、物力资源的附加支出，两相叠加，空耗弥多。而相似的情况，在全国各地均普遍存在。

公共信息资源供给之于整个公共文化服务体系建设的作用之大毋庸赘言。而建立功能齐备、制度健全、运行高效的公共信息资源供给体系，尤其是基层公共信息资源供给体系，对于落实中央关于在“十二五”期间“基本建成较为完善的供给文化服务体系”至关重要，是切实解决公共文化服务体系建设面临的突出矛盾和问题的关键环节。

二、基层公共信息资源供给失衡的症结分析

（一）顶层设计失衡

造成基层公共信息资源供给失衡的首要原因，是顶层设计上的失衡——面对同一服务对象的来自不同渠道的相类资源供给。

在公共文化服务体系框架下，相邻系统所提供的公共文化信息服务，其目标和对象与公共图书馆一般无二，都是城乡基层社会公众。而其目前所提供的公共信息资源，不同程度上都存在着种类单一、更新迟滞以及重复建设现象，尤其是各类“书屋”的建设，动辄成百上千，且互不统属，指令性、主观性、同质性倾向严重。由于缺乏专业化管理以及持续运行的保障条件，甫起即落，大起大落，造成严重的资源浪费。

公共文化服务的主要推动者是中央及各级地方政府，用于支付公共文化服务运行成本的资金则主要来自国家基本财力——税收，换句话说，所谓公共文化服务，其实质就是用纳税人的钱来为纳税人服务，从某种程度上说具有“反哺”的性质。这也就从根本上决定了公共文化服务的基本目标是追求公共效益的最大化，即以最低廉的成本赢得最大的社会效益，也就是俗话所说的要“小钱办大事”。

在现行公共信息资源“自上而下”供给体系中，顶层设计至为重要，关乎全局。鉴于现状，各级主管部门有必要对现行的供给渠道和供给方式予以重新审视与规划，整合资源，统一渠道，以确保“公共效能最大化”基本目标的实现。

（二）供求关系失衡

公共文化服务所保障的是基层社会公众的基本文化信息需求，而非所有文化信息需求，这就决定了公共信息资源的供给必须兼顾现实与可能，无论是在形式上还是在内容上都要尽可能地贴近基层的实际

状况与百姓的实际需求，以维系供求关系的基本平衡。

第六次全国人口普查数据表明，截至2010年，居住在乡村的人口为67 415万人，占全国总人口的50.32%。平均每个行政村的人口为1123人，平均每个自然村的人口则仅为126人。[1] 而且“随着年轻人异地工作，父母与子女异地居住，空巢老人越来越多，2010年城乡空巢家庭约50%”。[2] 实际上在乡村的常住人口要远远低于前述平均数值，而留守家中的，又以老人与儿童居多。此种情形下，目前“村村建书屋”的做法，其可行性与必要性，很值得业界及各有关方面认真考量。

另一方面，基层公共文化信息需求具有浅阅读、快节奏、多层次、多方面的特征。就载体形式而言，基层公众获取文化信息的主媒介，除了电视和网络外，纸质文献中依存度最高的是报刊。报刊集时效性、新闻性、多主题性、碎块性为一体，且经济实惠，尤为适合基层百姓的阅读欣赏需求。而与报刊比较，图书在信息传播的速度及使用频率方面明显滞后，而且必须保证有相当的规模（万种以上）并及时更换，才能达到相应的使用效果，这就需要大量的、持续的资金投入。两相比较，现有以图书借阅为主要内容的基层公共文化信息服务方式，很难适应基层公众的实际需求，供求关系失衡状况的出现难以避免。

（三）图书馆综合实力失衡

公共图书馆综合实力失衡、服务缺乏广度与深度也是导致基层公共信息资源供给失衡的另一个重要原因。县级图书馆是我国目前独立建制公共图书馆的终端，直接面对基层的公共文化信息服务机构——镇（街道）综合文化站、村（社区）文化室，在公共文化信息服务体系中居于承上启下的重要地位。然而目前许多地区的县级图书馆服务手段单一，专业素质偏低，在公共文化服务体系建设中未能充分发挥其应有的作用。截至2010年，我国共有县级公共图书馆2512家，从业人员30 579人，其中具有高级职称的有1264人，中级职称的有

---

① 据不完全统计，我国现有行政村60万个，自然村535万个。

② 我国城乡空巢家庭超50% 城乡家庭养老条件明显缺失.［2010－11－07］. http://news.xinhuanet.com/society/2010－11/07/c_12747052.htm

8823 人，馆均员工 12 人，馆均中级职称者 3.5 人，[①]馆均高级职称者则仅为 0.5 人。这样的人员结构及素质，使其很难开展深层次的读者服务工作，尤其是被业界称为是图书馆“主脑”的参考服务工作，基本上付之阙如。作为独立建制的公共图书馆，县级图书馆应是功能完备的“有机的生长体”，其与基层图书室或分馆，犹如苹果系列中的 iphone（手机）与 ipod（移动硬盘），两者之间最大的区别在于其是否具备独立的开放性和主动性功能。而这种开放性与主动性功能在图书馆中的具体体现，就是参考服务。换句话说，凡是独立建制的图书馆，无论国家馆、省级馆，乃至地、县基层馆，参考服务都是其必备的功能，否则就不是完整意义上的图书馆。所以在新近颁布的《公共图书馆服务标准》中，明确将参考服务与借阅服务一并列为公共图书馆的基本服务。具体到县级图书馆，其参考服务应包括阅读导引（导读）、公共信息服务、咨询服务、参考辅导等基本服务内容。“阅读导引”与其基本业务——图书借阅相关，起到深化基础服务的作用；“咨询服务”与个性化服务相关，体现图书馆以人为本的人性化服务理念；“参考辅导”与整个图书馆服务支撑体系相关，体现县级图书馆承上启下的支撑作用；而“公共信息服务”则与公共文化信息服务有着最为直接的关联，是其满足基层公众基本信息需求的重要手段。

而无论是建分馆，还是延伸服务到镇、村，都不应只是图书借阅简单模式的复制与移植，必须辅以丰富的参考服务内容，这本应是公共图书馆赖以超越其他系统而在公共文化服务体系中赢得主导地位的关键筹码。而参考服务功能的缺失，直接减弱了县级公共图书馆的综合实力，进而影响其于公共文化服务体系中的作用与地位。

三、相邻系统公共信息资源的整合策略

（一）整合的原则

公共信息资源的配置供给，必须实行向基层倾斜的整合政策，让

① 国家图书馆编. 中国图书馆年鉴 2011. 国家图书馆出版社，2011：644

公共文化服务惠及全民。要通过创新公共文化服务、整合利用各类文化资源的方式,推进公共文化服务供给的多元化。在整合过程中,要着力解决三方面问题:一是整合基层公共信息资源,实现基层公共信息资源效率最大化——变多头为一头;二是选择切合基层公众需求的信息载体;三是强化公共图书馆的专业优势及辐射力,增强基层图书馆的竞争力。而针对基层公共信息资源的整合,必须兼顾现实与可能,并遵循一定的原则:

1. 统筹兼顾原则

政府是公共文化服务的核心主体,一定要在顶层设计环节,通过建立有效的沟通协商机制,在兼顾各方利益的基础上,对分属于不同系统的文化信息资源进行统筹安排,解决文化事业多头管理、条块分割问题,从而以最小的投入赢得最大的社会效益。

2. 因势利导原则

十七届六中全会决定以及国家"十二五"期间的文化改革和发展纲要,为促进全国公共文化发展繁荣提供了良好机遇。在此背景下,各级政府应趁势而上,积极引导各级各类公共文化资源所属部门进行合作共享,采取多种手段满足公众多元文化需求。同时要因地制宜、因势利导,兼顾现实与可能,切忌"一刀切"。

3. 互动互惠原则

公共图书馆要不断提升综合实力,拓宽服务半径,充分发挥其专业优势,同时要加强与镇(街道)、村(社区)等基层单位以及农业、科技、文化、教育等相关部门与行业的联系,建立和完善合作互动机制,提高合作共享的规模和水平。同时,要建立有效的信息服务与信息需求反馈机制,实现基层公共信息资源供给与利用的良性循环。

4. 逐步推进原则

基层公共信息资源整合不是一蹴而就的事情,实际运作过程中应该从点上切入,通过对重点区域资源整合实践的归纳总结,探索出适合不同地区的经验做法,从而以点带面,逐步铺开,层层深入。

（二）整合的方法

仍以嘉兴地区为例。嘉兴市下辖南湖、秀洲两个区，平湖、海宁、桐乡 3 个市和嘉善、海盐两个县，拥有镇（街道）72 个（其中乡镇 54 个）、行政村（社区）1164 个。依据嘉兴实际，可以通过以下方式对嘉兴地区的基层公共信息资源进行整合：

1. 以“公共信息”为主线，四级联动，一以贯之

“公共信息服务”是公共图书馆及各相邻系统的共同职责和维系点。嘉兴市的信息资源整合应当以“公共信息”为主线，按照行政层级，自上而下分级设置，任务与职能层层分解，四级联动，一以贯之：第一级为“嘉兴市公共信息服务联席会议”（公共信息资源协调办公室），负责总体统筹协调各系统各部门；第二级为市本级、县（市）“公共信息服务中心”，对全市服务网点实行统一采购、统一配置、统一管理，并为下级服务点提供培训、指导和咨询服务保障；第三级为镇（街道）“公共信息服务站”，起着承上启下的中心站点的作用；第四级为村（社区）“公共信息服务点”，承担具体服务工作。

2. 以公共图书馆服务体系为依托，嵌入服务，垂直管理

近年来，嘉兴公共图书馆事业得到了长足发展，形成了较为成熟和完善的中国公共图书馆总分馆建设的“嘉兴模式”。因此，就嘉兴地区而言，可以现有公共图书馆服务体系为依托，嵌入前述公共信息服务职能，驭繁就简，降低行政成本。一是将“公共信息资源协调办公室”、“市本级公共信息服务中心”嵌入嘉兴市图书馆；二是将“公共信息服务中心”嵌入县（市）公共图书馆；三是将“公共信息服务站”嵌入镇（街道）分馆（综合文化站）；四是将“公共信息服务点”嵌入村（社区）图书馆/室（或已有村级文化设施如文化中心、图书流通室、职工书屋、农家书屋、惠民书屋等）。

（三）整合的途径

基于上述整合原则和方法，嘉兴地区基层公共信息资源的整合可以通过以下具体途径来予以实现：

1. 嘉兴公共信息服务联席会议——市馆/公共信息资源协调办

公室

完善联席会议机制，在现有市本级“公共图书馆服务体系联席会议”基础上，扩大到包括两区两县三市及各相关系统（宣教系统、新闻出版系统、工会系统、科协协同、农技系统、共享工程系统等）在内的整个嘉兴地区，组成新的“嘉兴公共信息服务联席会议”，共同商议、决策区域内公共信息资源的整合利用、分配供给。同时设立“公共信息资源协调办公室”，作为常设机构，统一协调管理相关事宜。其目的是通过该机制尽可能地将不同载体（纸质、数字、网络）、不同系统（图书馆系统、共享工程系统、远程教育系统、农家书屋系统、职工书屋系统等）的公共信息资源整合在市级层面，然后通过各区、县（市），统一分配到各服务站、点，从源头上厘清脉络，剔除重复，实现资源利用效用最大化，避免基层服务站点各行其道、重复低效、莫衷一是的混乱局面。

2. 市、县馆/公共信息服务中心

负责本区域内“公共信息服务站、点”的资源供给与业务支撑。为基层服务站点选购参考工具书、报刊，提供公共信息定制推送服务（包括政府公开信息、公众实用信息、农技科普信息等免费资料），提供参考咨询服务，组织义务宣讲活动等。服务中心对服务站、点实行垂直管理。该服务中心针对本县（市）区域内各基层服务站、点及社会公众，主要通过公共实用信息热线电话服务、在线咨询服务（利用嘉兴数字图书馆系统）、定期现场指导等方式提供参考服务，内容涉及阅读导引、公共信息服务、咨询服务、参考辅导等。

3. 镇（街道）（综合文化站、分馆）/公共信息服务站

主要负责区域内的公共信息服务，包括书、报、刊借阅、公共信息提供、参考咨询服务用户端点、数字资源检索与查阅、远程教育基层接收站、共享工程（公共电子阅览室）基层服务站、公共文化培训及宣讲场所等。重点以图书配置为主，要求藏书在万册以上，并纳入全市公共图书馆总分馆流通体系，辅以“图书流通车”，保障本区域内社会公众的图书借阅需求。

4. 村（社区）/“公共信息服务点”

是基层公共信息服务的端点，负责村(社区)内的公共信息服务，包括报刊阅览、实用工具书借阅、公共信息提供、参考咨询服务用户端点、数字资源检索与查阅、远程教育基层接收点、共享工程(公共电子阅览室)基层服务点、公共文化培训及宣讲场所以及图书检索、借阅手续等。针对基层公众的需求，以配置报刊及实用参考工具书为主。在资源配置方面，要求：常用报刊，100 种左右(报纸 20—30 种，期刊 70—80 种)，即时更换；实用参考工具书，100 种左右，3 年更换一次。

四、构建基层公共信息资源整合的新模式

前述基于嘉兴地区公共信息资源供给状况的整合策略，其精髓可以用 12 个字加以概括，即“四级联动，嵌入服务，垂直管理”。四级联动，保障基层公共信息资源供给的“血脉畅通”、低耗高效；嵌入服务，依托嘉兴已有城乡公共图书馆服务体系并植入新的服务功能，兼顾现实与可能；垂直管理，馆、站、点，各举所长，互补所短，最大限度地发挥公共图书馆在公共文化服务体系中的核心作用，增强其辐射力和影响力(参见图 1 基层公共信息资源整合流程图)。这一关于基层公共信息资源整合的新型模式，立足于提升公共图书馆综合实力，且兼顾相邻各系统部门利益以及公众欣赏习惯，因而具有较强的可操作性和可持续性。当然，这一资源整合模式的确立，还有赖于实践的检验，有赖于各有关部门在组织、制度、技术、经费、人才等各个环节能否提供有效保障。

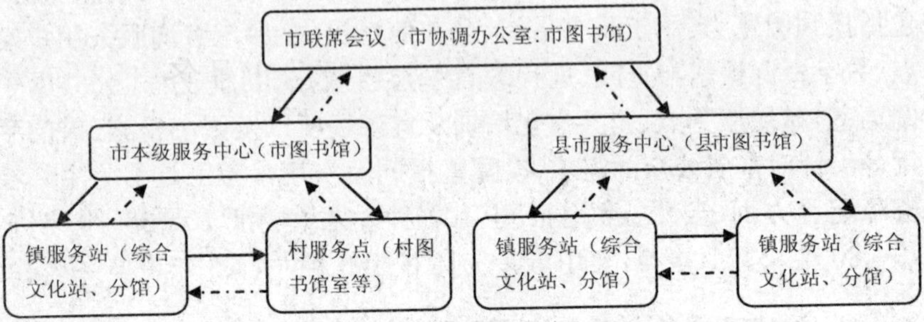

图1　基层公共信息资源整合流程图

第四章　参考服务之咨询服务

第一节　基层图书馆咨询服务的定位与内容

一、基层图书馆咨询服务的定位

1. 咨询服务应是基层图书馆的常备业态

图书馆应是功能完备的“有机的生长体”，其与基层图书室或分馆，犹如苹果系列中的 iphone 与 ipod。iPhone 支持电邮、移动通话、短信、网络浏览以及其他的无线通信服务，是结合照相手机、个人数码助理、媒体播放器以及无线通信设备的功能完备的掌上设备。而 iPod 则是 APPLE 推出的一种大容量 MP3，除了 MP3 播放，还可以作为高速移动硬盘使用，可以显示联系人、日历和任务，以及阅读纯文本电子书和聆听 Audible 的有声电子书以及播客（Podcasts）。两者之间最大的区别在于其是否具备独立的开放性和主动性功能。而这种开放性与主动性功能在图书馆的具体体现，就是咨询服务。换句话说，凡是独立建制的图书馆，无论国家馆、省级馆，乃至地、县基层馆，咨询服务都是其必备的功能，否则就不是完整意义上的图书馆，而是图书室抑或分馆。所以在新近颁布的《公共图书馆服务标准》中，明确将“咨询服务”与“借阅服务”一并列为公共图书馆的基本服务。

尽管在实际的工作当中，还有相当多的基层图书馆尚不具备独立开展咨询服务的能力，甚至还有为数不少的基层图书馆馆长对咨询服务工作的重要性缺乏起码的认识，但不具备不等于不应具备。功能的长久缺失，其于人，意味着生命的短暂与衰竭；其于基层图书馆，则意味着事业的困顿与衰落。

2. 咨询服务既是一种工作方式，也是一种工作态度

从某种意义上来说，基层图书馆的咨询服务应该是“咨询”与“服

务”双重意义的叠加。它是一种知识、信息的授受过程，表现为被咨询者与咨询者之间犹如一桶水与一碗水般的知识层面的量能转换关系。

作为一种工作方式，咨询与图书馆活动相伴始终，它不仅存在于参考服务的各个方面，如阅读导引、公共信息服务、参考辅导等，同时也普遍存在于图书馆读者服务工作的所有环节。很难想象，在图书馆日常工作中读者与图书馆馆员之间会不产生询问与解答的行为，区别只在于这种询问与解答行为的深浅程度与主动、被动程度。因而，咨询在基层图书馆应被置于方法论的层面和高度而被给予充分的重视，并被纳入所有基层图书馆馆员均应掌握的应知应会技能范畴。

另一方面，作为基层图书馆参考服务的有机组成，咨询服务必须遵从其基本原则——公益性与公平性原则、便利性与多样性原则、基准性与效益性原则，并在服务与被服务的过程中，充分彰显基层图书馆的职业理念与职业态度。而基层图书馆人在这种由“有知”向“无知”的知识转移过程中，也得以亲身体尝“被人需要”的职业快感。如果我们从这一视角审视基层图书馆的咨询服务，则不难发现，它恰好成为了“智慧与服务”图书馆精神的最佳诠释方式。

3. 咨询服务是基层图书馆公共效能的重要保障

现阶段我国多数基层图书馆受服务理念、经费保障、人员素质等主、客观因素制约，公共效能发挥程度有限，而咨询服务功能的普遍缺失是其中最为突出的表征。这种功能性缺位，导致基层图书馆在所属区域内的公共文化服务体系建设中不能充分发挥其应有的作用，有些地区的基层图书馆甚至有被边缘化的趋势。而与此形成鲜明对照的是，一些经济条件较好的地区却罔顾现实的需要与可能，在很短的时间内，便将一大批功能简单、高耗低能的“分馆”、“图书室”、“书屋”如“雨后春笋”地复制出来，形成了事实上的职责越位。而这种缺位与越位现象的并存，势必严重制约我国公共图书馆事业的健康有序发展。

人无特色不立，事无特色不行。在现代社会各行各业竞争日趋激烈的状况下，失去了咨询服务特色功能的基层图书馆就等于失去了最重要的一重智力保障，并将在今后的发展路程中举步维艰。

二、基层图书馆咨询服务的内容

咨询是人类智力和社会生产力发展到一定阶段的产物。科学技术愈进步,社会的信息量愈大,智力劳动愈发达,就愈要求有一种行业和一大批人员,专门从事有关知识与信息的搜集、整理、分析、研究工作,提出各种可供选择的咨询意见、建议、技术路线和政策方案,供各行业、各系统决策采用。现代咨询业出现于19世纪末,大致可以分为3个层面,即信息咨询、管理咨询和战略咨询,而在每一个层面上又可以从横向细分为不同的业务领域。其中信息咨询处于基础层,图书情报机构提供的咨询服务就属于这个范畴。传统的图书情报机构的咨询服务一般包括两方面的内容,即咨询解答和书目参考,主要是运用图书情报专业知识和检索技能,借助文献信息资料为用户释疑解惑。与之相并的是社会信息咨询,主要是指运用现代技术手段和方法,以信息为基础,以科学为依据,综合运用知识、技术和经验进行咨询、顾问、策划、中介、代理等服务。两者之间业务性质、功能和服务范围不同,组织与运行机制也不同。而不同系统、不同类型的图书馆,基于各自的性质、规模、读者群体、馆员素质,其咨询服务的内容和类型也各有侧重,综而论之,大致包括以下5个内容:

1. 咨询解答

是指图书馆员通过面对面或者电话、信函、传真、网上咨询等方式,针对读者(用户)提出的一般知识性问题,如事实、数据等,经过查阅各种载体的工具书及有关书刊资料等,直接给予答复;或者指引读者自己查阅有关的工具书及其他书刊资料,求得问题的解决。这类咨询服务过程直接、快捷,答案简约、清晰,方法具体、明确,是图书馆咨询服务中最基本、最常见的工作内容。可以概括为3种类型:

(1)导向型咨询。导向型咨询是图书馆咨询服务的最基础层,涉及的问题大多与图书馆自身的设置与服务相关,如图书馆概况、部门设置、规章制度、馆藏资源、服务方式,以及图书馆最新动态、各种讲座、活动等。这类问题都是关于图书馆的常识性问题,随机性强,需要图书馆馆员即时予以回复。许多图书馆是通过设置咨询台或在自己网站上开辟 FAQ 服务来加以解决。

(2)辅导型咨询。辅导型咨询是针对读者在查找资料的过程中因不熟悉检索方法而遇到各种问题时由馆员进行的一对一的专门性辅导。作为图书馆最为"原生态"的咨询服务活动,它已经渗透到图书馆读者服务工作的各个环节,如图书流通部门的导读活动、报刊阅览部门的文献检索方法辅导、电子阅览室的数字资源揭示与检索路径等。

(3)事实型咨询,也可以称为简答型咨询。是图书馆馆员对读者提出的一般性知识方面的具体问题,如经典作家语录、文章诗词典故、人物生卒年月、某人生平简历、具体的历史事件、国民经济统计数据等,通过查阅各种相关参考工具书查找线索或答案,直接给予答复。就其实质而言,前述导向型咨询、辅导型咨询也可以纳入到事实型咨询服务的范畴。这类咨询涉及范围广,随机性强,读者要求明确,往往成为考量某图书馆服务水准与馆员基本素质的"试金石"。

2. 书目参考

书目参考是指读者因专门课题需要而提出的非一般性知识咨询,要求图书馆编制书目或索引甚至专门文献,供读者参考的一种服务工作。它不直接回答读者提问,而是通过编制书目、索引或文献汇编等,向读者介绍一批文献或文献线索,让他们通过参考有关文献,使问题得到解决,所以称为书目参考,或称专题咨询。书目、索引按编辑目的和使用对象分为多科,如推荐性书目、专题性书目、个人著述书目、馆藏目录、联合目录等。而对于一些未经提问或常设的课题,不少图书馆通过编制专题目录、索引与文摘,主动提供文献信息,开展书目情报服务,成为传统参考咨询服务的一项重要内容。而网络参考咨询服务中的"学科导航"、"本馆资源导航"以及书目数据库建设,则是网络环境下的"书目参考"服务。

3. 信息检索

所谓"信息检索",也称"文献信息检索服务",是指图书馆员围绕用户提出的实际需要,以馆藏文献资源和网络信息资源为基础,通过代查代检的方式而展开的有关文献、文献线索及动态进展性情报的检索服务。信息检索按检索手段可分为手工检索和计算机检索(光盘检索、联机检索和网络检索)等;按检索对象可分为文献检索、数据检索和网上信息检索;按检索内容可分为一般课题检索、定题服务检索、科技查新服务、三大索引(SCI、EI、ISTP)检索等。传统的信息检索以文献检索为主要内容,而目前的信息检索则多以数据库检索和网上信息检索为主要内容。"网络导航"、"学科导航"、"学科信息门户"、"特色资源数据库"等的建设与利用,是新时期信息检索的重要工作内容和信息检索资源。

4. 情报研究

所谓"情报研究",也称"情报调研服务"或"决策参考服务",即根据用户的特定需要,为用户搜集、处理、研究和提供情报信息。这是一种高级形式的情报服务,也是一项专业性、学术性、智力性和政策性很强的情报服务。它将搜集的大量的一次文献和二次文献进行分析研究,归纳整理,用综述、述评、专题报告、研究报告、设计方案、预测等形式的研究成果提供给用户。情报研究大体可以分为战略性情报研究和战术性情报研究。前者为用户制定政策、规划和进行决策提供有材料、有数据、有分析、有建议的战略性情报信息;后者为用户的重大项目和课题提供论证性、对策性和方法措施等战术性情报信息。

5. 咨询评价

所谓"咨询评价",也称"信息咨询服务评价",是指对图书馆咨询业务流程、服务规范、质量效益、用户满意度等各个方面,用定性和定量的方法进行评价和测度。咨询评价工作通常针对参考信息源、参考馆员和咨询服务 3 个方面进行,其评价工作主要依据咨询档案和读者的反馈意见。咨询评价必须制定科学、实用的评价标准。其目的是检查发现咨询服务中的问题,促进工作的改进,提高服务的质量,并最终实现图书馆咨询服务活动的良性循环。这是图书馆咨询服务工作中不容忽视的重要环节。

信息咨询服务评价是与信息咨询服务相伴而生的，并在其发展过程中逐步建立起了相对完善的评价标准、评价内容、评价方法，如英国的《公共图书馆参考服务标准》(1969 年)、美国图书馆协会的 ALA/RAED 标准(1979 年)等，一直成为国内外图书馆评价其信息咨询服务工作的一种基本尺度。

就我国目前基层图书馆的具体状况而言，其咨询服务内容的确定，主要取决于：①其于本区域内公共文化服务体系中所应承担的任务与职责；②为实现该任务与职责而已经具备和需要具备的政策条件、人力资源、物力资源等方面的保障状况。两相权衡，其主要内容，大致可以包括以下五个方面：①事实性咨询；②专题性咨询；③决策参考咨询；④地方文献咨询；⑤联合参考咨询。

第二节　基层图书馆咨询服务的方式

传统咨询服务与网络咨询服务是当今图书馆咨询服务工作的两种主要方式。尽管两者在内涵、信息源、服务手段、服务方式、服务内容、服务对象等方面都存在很大的不同，但就其实质而言两者又关系密切——传统咨询服务是网络咨询服务的基础，网络咨询服务是传统咨询服务的继承和发展。如果没有传统咨询服务奠定的良好读者服务基础，就不可能有网络咨询服务所需要的参考信息源和用户底蕴；如果没有与信息时代相适应的网络咨询服务，传统咨询服务也很难适应现代高速度、高知识含量、高信息浓度的用户需求。

就当今国内外图书馆事业发展的总体趋势而言，建立在信息技术、网络技术高速发展基础之上的网络咨询服务方式正在逐步取代传统咨询服务方式而成为咨询服务的主导方式，但就我国基层图书馆的具体情况而言，这种划时代转变的最终完成还需假以时日，目前还处于旧者犹在，而新者未艾的交替并存阶段。

一、传统咨询服务方式

1. 咨询台咨询

在图书馆大厅显眼处设置咨询台，安排专人接受到馆读者的咨询，解答简单问题（导向型、事实性咨询）并引导其接受图书馆的各项专门服务，是一种简捷便利、深受读者欢迎的服务方式。同时，馆员也可以通过这种与读者面对面的直接交流方式，了解第一手的需求信息，宣传图书馆的价值和作用。在许多基层图书馆，咨询台的职责不仅包括接待、引导读者，解答到馆读者口头咨询，还包括接受用户电话咨询以及办理借阅手续等。

2. 阅览室咨询

多数的基层图书馆没有设置专门的咨询服务部门，读者的各项专门性咨询服务（辅导性咨询）通常都是有各个专门的阅览部门，如报刊阅览室、地方文献阅览室、古籍阅览室、专题阅览室、公共信息阅览室、少儿阅览室等负责完成。这种形式的咨询服务，优点是方便读者及时获得有针对性的专业辅导，缺点是馆员碍于各自的工作领域、职责范围以及个人知识素养，往往流于表层而很难深入。

3. 电话咨询

是基层图书馆传统咨询服务中最易于用户从馆外获取图书馆信息及其相关服务的常用方式。其特点是涉及问题广泛，不受时空限制，适用于用户的事实性咨询，可以方便地服务于不能到馆而有急需的用户。但沟通交流要更简洁明快，解答问题要准确及时，对馆员的语言沟通能力、心理素质、职业素养等都有较高的要求。

4. 信函咨询

是一种最为传统的远程咨询服务方式，在地处偏远、通讯设施尚不发达的基层地区，仍为基层公众尤其是中老年读者所偏爱。这类咨询往往事关用户的切身利益，其中也不乏学术性、技术性问题，询问者的期望值较高。由于是一种书面交流，用户的咨询要求相对准确、翔实，多数会附有相关的线索，如时间、地点、人物、时间、载体等，可供馆员按图索骥，同时也要求馆员具有较高的文字表述能力，能够通过信函准确、清晰、礼貌地进行沟通、交流与回复。

5. 剪报服务

是基层图书馆传统咨询服务的常用方式，即根据用户的特定或潜在的需求，将报刊文献中处于稳定、无序、分散的有效信息进行整序、筛选、提炼、加工，然后按专题加工成册，供用户参考利用。其目的在于充分开发馆藏信息资源，以较低的服务成本实现较高的社会效益。主要有两种形式：一是固定专题的剪报服务——围绕本服务区域一定时期内的可能（或潜在）的焦点、热点问题，确定若干主题，进行专项收集、筛选，整理成册，定期提供。这是一种主动型的服务，许多基层馆的立法决策服务就是通过这种方式而完成的。二是自定专题剪报——由用户自定专题信息收集范围及周期的剪报服务。这是一种被动型的咨询服务方式。

6. 书目参考

书目参考是传统咨询服务当中最能凸显图书馆专业特色和技能的服务方式，历为各级各类图书馆所重视。基层图书馆的书目参考工作主要有两类：一是编制推荐性书目。推荐性书目也叫导读书目，它是为配合党和政府在不同时期的中心工作，或针对读者在阅读中普遍感兴趣的专题，主动将有关书刊资料编成目录，介绍给读者。二是编制专题性书目。专题性书目是一种参考性书目，它是根据读者科研或生产的需要，把某一专题、某一学科或某一方面的图书文献编成书目或索引，供读者参考。基层图书馆的书目参考工作要注意调查研究，根据读者的要求来确定选题，做到有的放矢，同时收录文献要注意其信息的准确，编辑方法应科学实用，方便检索。

二、网络咨询服务方式

1. 电子邮件咨询服务

分为 E-mail 及 Web 表单服务两种形式。

（1）E-mail 形式：通常的做法是在图书馆主页上设立一个简单的

电子邮件地址链接。用户提交咨询问题时，只需点击该链接，用户的计算机将立即启动电子邮件软件，待用户写好电子邮件即可通过电子邮件发送给图书馆。而图书馆则需指定专人按时查看电子邮箱中用户提出的问题，并及时将答案通过电子邮件返回给用户。这是最简单也最容易实现的一种网络咨询服务形式。

(2)Web 表单：图书馆主页上的咨询链接直接指向一个表单入口，这个表单包含关于提问人和问题的一些基本信息，如问题的学科、主题、具体内容、用户提问的目的、电子邮件地址等。用户按要求填写表单，然后通过点击“发送”或“呈交”按钮即可将咨询问题发送给相应的图书馆员，图书馆员再将答案发回给用户。

电子邮件咨询服务具有方便快捷、不受时空限制、费用低廉、形式多样、交流互动性强、安全保密性较高等优点。在网络环境中，邮件咨询模式已成为大多数图书馆网页上常见的读者服务内容。公共图书馆的读者群体具有开放性的特点，因而这种方式的提供可以极大地方便广大读者。

2. FAQ 服务

FAQ(Frequently Asked Questions)即常见问题解答，是指图书馆员预先收集、整理经常遇到的问题，建立一个常见问题解答数据库，用户在寻找图书馆员帮助之前，首先参考该数据库中的有关内容。对于多数读者来说，许多简单的事实性信息诸如图书馆的开放时间、资源分布、如何查找本馆数据库和访问网络信息及了解图书馆流通、阅览、办证、换证的具体规定等，是他们共同需要了解的，而图书馆员未雨绸缪，将这些经常性的典型问题进行分类、汇集、解答，发布在图书馆网页上，读者在浏览这些问题时，只要点击想要了解的问题，就会自动显示匹配答案。FAQ 设计得当，可以成为图书馆的使用指南，是一种节约时间和人力、效果显著的有效服务方式。

3. BBS 服务

BBS(Bulletin Board System)即“电子公告板系统”，是 Internet 服务功能的重要组成部分。早期的 BBS 只有信息发布功能，FROM、CGI

等技术顺利解决了人机对话问题,实现了多人异地直接交流。BBS 具有高度的流动性和自由开放性,世界上任何 Internet 用户,都可使用 telnet 协议访问 Internet 上的任何一个 BBS,用户可以采用匿名等方式,自由发表出内心的想法。图书馆 BBS 咨询服务主要包括:图书预约、续借、名著推介等,专题情报服务,信息推荐服务,建立信息公告栏,建立情报咨询讨论组等多项内容。我国公共图书馆中杭州图书馆的“文澜在线”、重庆图书馆的“重图论坛”就是采用的这种服务形式。

4. Real-time 服务

即实时在线服务,是一种即时回答用户提问的服务方式,又称实时交互式服务(Interactive Reference Service,简称 IRS)。它通过网络聊天软件、视频会议软件、即时视像软件、网络寻呼软件等方式,由咨询馆员在网络环境中直接“面对”用户,即时回答用户的各种提问。实时在线咨询的优点是可以使咨询馆员更为直接地了解用户的需求,更为快捷地提供相应服务,既节约用户的时间,也增加咨询服务亲和力,容易形成良好互动。实时在线咨询可以由某一图书馆自己开展,也可以在联合虚拟平台上开展。如长春图书馆、沈阳图书馆等就是在各自图书馆的网站上利用在线 QQ 进行实时咨询服务。而上海图书馆网上联合知识导航站和广东省立中山图书馆联合参考咨询网各成员图书馆则是利用联合虚拟平台开展其在线咨询服务。实时在线咨询有助于提高咨询服务质量,但在技术层面、人员素质、经济支撑等方面都有较高的要求,基层图书馆可以根据自身的条件,选择适宜的方式渐次进行。

5. 电子剪报服务

电子剪报是图书馆利用现代计算机技术,将报刊资料、网络信息和其他信息通过快速电脑排版进行文字加工、管理和利用的一种新的信息服务方式,能实现网络信息传递,满足人们不同信息需求。较之传统剪报服务,它的收集范围更加广泛,不仅能从报纸、杂志、书本上收集原始信息资料,也能从计算机及相关的储存器上收集储存信息,就连广播、电视、电影和录像带等都成了信息搜集的来源资料。电子剪报可以对手抄型、印刷型、缩微型、计算机型、视听型的文献信息资料进行任意的裁剪、综合、分类、提炼，从而形成信息数据库，并利用互联网络这一现代通信手段进行信息服务。

6. 合作数字参考咨询服务

合作数字参考咨询服务也称合作虚拟参考咨询、分布式虚拟参考咨询或协作式虚拟参考咨询服务。它是由多个成员机构联合起来形成的一个数字参考服务网，是“一群独立、自主的图书馆，根据正式或非正式的约定或协议，保证由合作系统的负责人商定的共同的服务”（ALA YEARBOOK，1977）。其宗旨是联合不同国家、不同地区、不同系统的参考服务提供者及他们的各种资源（信息资源、专家资源乃至其他服务资源等），面向更大范围的网络用户提供数字参考服务。合作数字参考咨询服务综合运用了 FAQ、电子邮件和实时交互技术，全面体现了网络环境下参考服务的新特征，弥补了单一机构或单一学科专家无法满足多领域用户的多层次需求的缺憾，为用户提供了更多学科、更长时间的服务，是数字参考咨询发展到一定阶段的产物。合作数字参考咨询服务集中体现了图书馆界同仁长期以来所追求的合作共享精神，因而成为国内外图书馆参考服务公认趋同的主流方向。

第三节　基层图书馆咨询服务的程序

咨询服务不是一个一过性的简单过程，完整意义上的咨询服务，通常要经过咨询接谈、分析研究、文献检索、咨询答复等 4 个主要环节，即咨询馆员答复用户咨询问题所采取的所有步骤的总和及过程。4 个环节构成一个完整的工作程序，每个环节都有相应的具体内容、方法和要求，并自然生成了参考咨询人员的行为规范和准则。

一、咨询接谈

咨询接谈（reference interview）是咨询服务过程的核心和首要步骤，是“在参考服务中有信息需求的用户和信息服务提供者之间进行的一种交互式行为，其目的是对用户的信息需求进行确认和提炼，以使信息服务提供者能有效地满足其信息需求”。[①]

美国著名参考咨询专家威廉．A．卡茨认为，咨询接谈的成功法则可由4个部分组成：①尽可能详细、准确地了解用户提出的信息需求；②了解所需资料的深浅程度和具体数量；③在最短的时间内完成咨询接谈，并获取必要的关键数据；④与提出问题的用户保持良好的关系。

咨询接谈是一种典型的信息交流活动。在传统咨询服务方式中，其交流方式有语言交流与非语言交流两种。非语言交流指通过非语言行为实现信息的表达，这些非语言行为主要包括肢体语言（如面部表情、神态、身体动作、姿势等）、亲近程度（如用户与馆员的身体距离等），甚至包括人员的相貌、衣着、随身携带的物品等。语言在交流过程中只能表达一部分信息，还有大量信息需要甚至只能通过非语言交流来表达。在1996年由RUSA（美国图书馆学会咨询与读者服务学会，Reference and User Services Association）批准公布的《咨询与信息服务职业行为指南》中，明确提出一个优秀的咨询馆员在接谈过程中应该：a．易于接近。包括时刻准备好接待走近的用户，与用户建立第一眼接触，以微笑或开放式身体语言迎接用户的到来，以友好的问候开始与用户的对话等。b．关心用户。在说话和听讲时要面对用户，始终与用户保持视觉接触，根据用户的语言和非语言反应与用户保持舒服的身体距离，通过语言和非语言表示已理解用户的需要等。c．倾听与询问。包括使用适当的语气语调、以容易接受的、真诚的、鼓励的方式与用户交谈，在作出反应前让用户以自己的语言完整描述自己的信息需求等。

而网络咨询中馆员和用户的交流是通过网络来进行的，咨询接谈也因咨询环境的改变而发生了许多的变化，失去了非语言交流（视频除外）和音调的变化（声频除外）等辅助信息，无论是异步咨询还是实时咨询，馆员与接待的远程用户之间是一种基于文本的纯粹意义上的

① 詹德优，杨帆．数字参考服务咨询接谈及其文本分析．图书馆学刊，2004(2)：6－9

信息交流，没有表情、没有身体语言，馆员对用户的了解除了显示在屏幕上的姓名和问题之外，其他一无所知。在此情形下，较之传统咨询服务的咨询接谈，尤为需要注意：①了解和适当使用网络语言，以提高交流速率，丰富交流内容；②多使用礼貌性问候语，营造良好氛围，增强互动意识；③为了准确把握用户的信息需求，应尽可能多向用户了解相关信息，同时要避免侵犯用户的隐私权，引发不必要的误解；④建立及时回复机制，包括自动应答机制和限定返回时限应答机制两种形式；⑤实时咨询尽量使用短句，异步咨询要尽量减少交互次数，以节省用户的时间，提高咨询接谈的时效。

另外值得注意的是，无论是传统咨询服务方式还是网络咨询服务方式，咨询接谈一直都贯穿在整个咨询服务过程中。咨询馆员在遇到新问题或者在进行资料收集中遇到事先没有明确的问题时，都要及时和用户进行接洽沟通，进行确认，以便下一步的工作顺利地进行，避免走弯路。

二、分析研究

咨询接谈后的分析研究是咨询服务的必要环节。在这一环节需要重点解决两方面的问题：

1. 对于咨询问题性质的基本定位

首先是咨询类型的判定，看其是属于事实性咨询还是专题性咨询；其次是检索范围的界定，包括学科范围、时间范围、文献信息类型及文字种类等相关要素的界定。然后再通过初步确定的检索类型与检索范围两者间的交叉定位，最终圈定出一个相对可控的检索维度。其目的是尽可能地缩小检索文献信息资料的范围，提高检索功效，避免盲查盲检，做无用功。

2. 确定咨询问题的检索路径

明确了咨询问题的性质和范围以后，接着就要分析、选择文献信息的检索角度和检索点，即将用户的咨询问题转换成文献信息检索系统可以识读的检索关键词，并据此廓清检索路径。一般的事实性咨询,侧重从时间、地点、人物、事物等方面分析检索角度和选择检索点。而专题性咨询,则大多从类目关系(包括上、下位类关系、同位类关系、相关类关系等)、主题词关系(包括等级关系、参照关系等)等方面考虑检索角度和选择检索点。

应该提及的是,在实际的咨询服务工作中,咨询问题的分析研究会几经反复乃至伴随咨询服务的全过程,原因通常来自两个方面:一是来自用户方面——经常会发生用户修改其初始咨询要求的状况。二是来自咨询问题自身——许多初看似乎很简单的事实性咨询,有可能会演化成为颇为复杂的专题性乃至课题性咨询;而很多看似复杂的专题性咨询,初经检索便会发现因为已经有了前人的充分发掘,该项问题的答案已经唾手可得,成为简单可得的事实性咨询。

咨询问题的分析研究虽有一定的规律可循,但更多的则是要靠咨询馆员自身经验的积累,而这种积累是建诸长期的咨询阅历、深厚的文献熟识度以及娴熟的文献检索技术的基础之上。一名能够驾轻就熟、游刃有余地处理各种咨询问题的咨询馆员是要经过长期的实践磨砺和坚持不懈的自身进取才可以修炼而成,而能否拥有这样的优秀咨询馆员则成为衡量图书馆专业品质的一项重要表征。

三、文献信息检索

文献信息检索是咨询服务的核心环节,它是根据读者提出的咨询问题,在深入调查分析的基础上,制订周密的切实可行的检索计划,选择适宜的检索工具,并按照一定的检索步骤、方法和途径,从大量二次文献(书目、索引、题录、文摘)及原始文献中查找相关文献信息的一种服务方式。

(一)传统咨询服务中的文献检索

1. 文献检索基本步骤和对象

(1)利用检索工具进行检索。检索工具都是依照一定的学科分类和检索需要编制而成的,选择适宜的检索工具可以达到事半功倍的检索效果。选择标准主要有三条:其一是看编者,通常是编者的权威性越高，其所编制的检索工具的编辑质量、选题价值、收录文献的价值也越高，越具有可信度；其二是看内容，是否实用，是否齐全，更新是否及时；其三是看检索方式，揭示是否准确、深入，检索是否简便、多样。

（2）利用自编检索工具进行检索。包括卡片式、书本式及机读型馆藏文献目录、专题文献目录索引及其他各类机检数据库等。馆藏文献资源是解答咨询问题的首要凭借。各类馆藏文献目录集中反映了本馆文献信息收藏或拥有的状况，尤其是分类目录和主题目录，对于咨询问题的检索可以起到指引门径和触类旁通的作用。

（3）直接查阅原始文献。一方面，检索工具通常只能提供检索途径和线索，咨询问题的最终答案，还是要在原始文献中才可以寻得；另一方面，不是所有的咨询问题都有现成的检索工具可以利用，在相当多的情况下，咨询问题的解决，需要直接查阅大量相关的第一手文献方可渐露端倪。

2. 文献检索基本方法和途径

（1）常用检索方法

A. 顺查法——根据咨询问题的性质与需要，从起始年代往后顺时查检资料。这种方法系统性强，查全率、查准率较高，适用于检索对文献信息资料的系统性、全面性要求较高的咨询。

B. 追溯法——也称“回溯法”，以文献著述末尾所附参考文献为线索查找相关资料。这种方法不必利用大量的检索工具，只需利用原始文献所附参考文献即可快速找到答案。其优点是方便快捷，尤其适用于没有适宜检索工具的情况下。缺点是搜集的文献不够全面，容易挂一漏万。

C. 抽查法——根据咨询问题的实际情况和需要，着重查检某个特定时期或时段的文献资料。有些咨询问题针对性强、专指度高，无需进行全面系统的检索，只需选择特定的切入点深入检索即可获得相应答案。事实性咨询多采用此种方法。

D. 排除法——从咨询问题的特殊需要出发，排除那些与咨询问题关碍不大的文献资料，缩小检索范围，提高检索效率。多用于实质性咨询,如查考诗文词句出处等。其排除范围,多着眼于时间、地点、人物、事件、语种及文献类型等。

E. 参引法——不断拓展检索途径,以图发现新线索并加以利用,从事物的关联中求得问题的解决。有些咨询问题线索模糊,按单一检索方式很难得到满意的答案,这时就需要辗转参引、触类旁通,调整检索思路和检索工具,努力从相关事物的蛛丝马迹中寻求问题的答案。

F. 合取法——也称"综合法",即利用各种检索工具,全面系统地查找所需文献资料。这是咨询服务中最常用的检索方法。多数的咨询问题不是仅靠一两种检索工具和方法就可以轻易得到答案的,必须综合运用多种检索工具、采用多种检索方法才可以求得满意的答案。这一检索方法建诸完善的检索工具,并严格按照检索工具规定的程序、途径与标识系统进行检索,方可增强检索广度和深度,以确保获得较高的检全率和检准率。

(2)常用检索途径

不同的检索工具适用于不同的检索途径,必须择其善者而用之。

A. 内容途径——包括分类途径和主题途径。分类途径是按照学科的分类体系进行文献检索,以满足用户有关族性检索的需要,如图书分类目录、文献分类索引等。主题途径是从主题范畴进行相关文献的检索,适合于查找具体的咨询问题,以满足用户有关特性检索的需要,如主题索引、关键词索引、叙词索引、单元词索引等。

B. 著者途径——根据已知著者名称而进行的相关文献检索,能较为准确地回答该著者在文献检索工具中出现的频次和状况,也具有族性检索的特性。但由于与著者相关的文献资料在许多情况下并不一定直接与著者的名称关联,所以通过这种途径所获得的文献资料通常都不够全面。如著者目录、著者索引、机关团体索引等。

C. 号码途径——根据已知文献相关专用号码,如专利号、标准号、科技报告、合同号等,进行专项文献的检索,以满足用户对特种文献的具体需要。这种检索途径简便易行、准确率高,适用于应用类、标准类文献的查询。

D. 其他途径——利用地名索引、动植物名索引、药物名索引、分子式索引等专门途径查找文献资料。这些检索工具,大都专指性很强,常常用来检索自然科学、技术科学类文献资料。

(二)网络咨询服务中的信息检索

网络时代,以网上海量信息资源为依托的虚拟馆藏成为图书馆咨询服务不可或缺的重要参考信息源。而随着网络信息技术的飞速发展,网络的生存环境由数字资源的环境转变为泛在知识的环境,网络的应用平台也从 Web1.0 的应用平台转向了 Web2.0 的应用平台。由此,网络信息检索的应用也随之发生了翻天覆地的变化,呈现出越来越多的多样化和个性化的特色。

1. 网络信息检索的特点

其一,信息检索空间极大扩展。较之传统文献信息检索,网络信息检索空间大大拓宽,其检索范围覆盖了整个互联网,为访问和获取广泛分布在世界各地的成千上万台服务器和主机上的大量信息提供了可能。由于 Internet 是由分布在全球的各个计算机网络组成的一个"网际网",它跨越了地域的界限,真正实现了全球化连接,是一个全球性的网络。其信息资源分布在世界各地的服务器上,各类信息资源通过网络互联,实现了全球范围的共享,可供检索的资源包括大量的主页、多种报纸期刊全文、各种组织机构发布的信息以及原始技术报告、各类数据库等,人们可以随时进行文献、数据、图片等资源的检索,以获取所需的信息。网络信息资源分布及服务的全球化,极大地扩展了网络信息检索的空间和范围。

其二,信息检索手段灵活多样。网上信息种类繁多,因此用户可以根据自己的需要从多种载体、多种角度进行检索。可以利用搜索引擎从网站、网页等各种途径检索自己所需的信息;还可以在专门的数据库检索系统中,利用其所提供的标题、作者、机构、刊名、关键词等检索途径,灵活选择,提高检索效率。而所有的网络信息检索工具都具有交互式作业的特点,能够从用户命令中获取指令,即时响应用户的要求,执行相应操作,并具有良好的信息反馈功能。用户可以在检索过程中及时地调整检索策略以获得良好的检索结果，并能就所遇到的问题获得联机帮助和指导。

其三，信息检索界面互动友好。随着网络和计算机在人们日常生活中的普及应用，网络信息检索已经成为所有用户的必行之举，而大部分的用户又不可能像专业检索人员那样熟练地使用主题词、分类号、逻辑组合等严格的专业查询语言来检索网上的信息资源。由此，互联网上“人—机”互动友好型检索界面应运而生，它对用户屏蔽了各局部网络间的物理差异（包括各主机的硬件平台、操作系统等软件上的差异，客户程序和服务程序版本上的差异，信息的存储方式以及各种不同的网络通信协议的差异等），辅以强大的搜索引擎和方便的帮助支持系统，使用户在使用这些服务时感到明显的系统透明度，只要使用自己所熟悉的检索界面和命令方式输入查询提问，就可实现对各种异构系统数据库的访问和检索。

网络信息检索虽然具有以上诸多优点，但由于互联网是一个松散型虚拟组织，没有一个统一的管理机制，网络上信息发布自由，缺乏严格的审核与筛选，不少信息是半正式或实验性的，信息质量良莠不齐势在难免，并由此大大降低网络信息检索的查准率，这个时候，咨询馆员信息素养程度的高低往往成为最终决定检索结果质量与成效的关键所在。

2. 图书馆网络信息检索的方法

(1) 直接访问信息源

直接通过 IP 地址打开网站或网页；或安装网络实名插件（如3721）可在浏览器的地址栏中直接输入中英文网站名称，直接访问信息源。

这是在互联网上发现、检索信息的原始方法，国外称之为 Surfing（冲浪）。一般是指基于超文本文件结构的信息浏览，即用户在阅读超文本文档时，利用文档中的超链接从一个网页转向另一个相关网页，在顺“链”而行的过程中发现搜索信息，类似于传统文献检索中的“追溯法”，即根据文献后所附的参考文献追溯相关文献，一轮一轮地不断扩大范围。这种方式可以在很短时间内获得大量相关信息，但也可能在“顺链而行”中偏离了检索目标，或迷失于网络所提供的链接，因此搜索的结果可能带有某种偶然性和片面性。

(2)借助网络检索工具查找信息

网络工具是指专业人员基于对网络信息资源的产生、传递与利用机制的广泛了解和对网络信息资源分布状况的熟悉，以及对各种网络信息资源的采集、组织、评价、过滤、控制、检索等手段的全面把握而开发出可供浏览和检索的网站资源主题指南。如著名的 YaHoo！目录(http://www.calis.edu.cn)、CALIS 的重点学科导航库。综合性的主题分类树体系的网络资源指南，如 YaHoo!、WWWVirtual library、The Argus Clearinghouse 等受到普遍欢迎。其主要特点是根据网络信息的主题内容进行分类，并以等级目录的形式组织和表现。而专业性的网络资源指南也很普遍，几乎每一个学科专业、重要课题、研究领域的网络资源指南都可以在互联网上找到。这类网络资源指南类似于传统的文献检索工具，如书目之书目或专题书目。目前国外有学者称之为 Web of Webs 或 Webliography，其任务是方便对互联网信息资源的智能获取。

(3)利用搜索引擎进行信息检索

搜索引擎作为主要的网络检索工具，在网络信息检索中具有重要的地位。搜索引擎能提供给用户进行关键词、词组或自然语言检索的工具。用户提出检索要求，搜索引擎代替用户在数据库中进行检索，并将检索结果提供给用户。它一般具有布尔检索、词组检索、截词检索、字段检索等功能。利用搜索引擎的特点是：省时省力，简单方便，检索速度快、范围广，能及时获取新增信息。缺点是：由于采用计算机软件自动进行信息的加工、处理，其检索软件的智能性不是很高，造成检索的准确性不是很理想，与人们的检索需求及对检索效率的期望有一定差距。

(4)在线数据库查询

访问网络数据库是用户获取学术性信息的最有效方法。网上在线数据库有很多，基层图书馆常用的有超星数字图书馆、龙源期刊网数据库、万方数据库资源系统、中国维普数据库、CNKI 中国期刊网数据库等。查询网络数据库，能够直接获得全文及原始信息，简捷而高效，但由于各数据库收录范围既互有重复又各有侧重，检索文献时可以交互使用。

3. 图书馆网络信息检索的技巧

(1)选择合适的网络检索工具

选择合适的搜索引擎是信息检索至关重要的一步。搜索引擎在查询范围、检索能力、效率等方面各具特色，针对不同的检索目的，可以选择不同的搜索引擎。网站资源主题指南将信息系统地进行归类，可使用户方便地查找到某一大类信息，但其搜索范围较搜索引擎要小许多。而搜索引擎虽然查询较为全面而充分，可以提供全面、广泛的搜索结果，但所提供的信息不像主题指南那样层次结构清晰，显得松散而杂乱。在具体的检索过程中，两者可以交互使用，取长补短，以获取最佳的检索结果。另外，还可以使用 All - in - one 整合型检索，A 即在统一的标准界面下，同一检索词用户只需输入一次即可委托多个搜索引擎查询。WWW 上的信息资源非常庞大，没有一个搜索引擎能够搜索全部网页，同时使用多个搜索引擎能弥补单个搜索引擎数据库容量不足的缺陷。如 NetLocator（ http://nln. com） 能在 Yahoo!、Lycos、Altavista、Webcrowler 等 4 个搜索引擎同时代理用户的检索指令，最大限度地确保文献信息资源的查全率。

(2)采用恰当的检索表达式

多数搜索引擎都提供简单查询和高级查询两种方法，在检索时最好使用高级检索功能，并在使用过程中合理组织检索式，如组合运用布尔逻辑中的逻辑与“AND”、逻辑或“OR”、逻辑非“NOT”等来连接运算分量(检索词)，使用检索结果反馈能控制一个可接受的范围内，最有效地满足检索要求。另外，许多搜索引擎支持短评检索，即用双引号将表达检索需求的词组或短语标出，并将其作为一个整体进行查询，要求必须与双引号中的内容完全匹配才算检索命中，这样能有效提高检索精度。在检索表达式的构造中,可采用把一个短语作为一个整体进行查询的办法,或者采用强制包含或排除特定关键词的办法限定检索范围。

(3)选择合适的检索词

在进行网络信息检索时要尽量选专指词、特定概念或非常用词,避免普通词、泛指概念,但具体情况要具体分析。某些综合概念或范围较广的检索词,如计算机、网络、中国等,会得到数以万计的检索结果反馈,这样的信息提供对用户讲毫无意义。在这种情形下,通常可以使用限定条件、限定词,即利用某些检索工具的检索界面上提供的检索条件、范围选择、参数设定等功能键,通过对资源类型、时间、语种、数量等的限定,缩小检索范围,使检索结果逼近用户需求。而在另外一种情形下,比如检索对象为多姓名的个人著者、更名的机关团体以及具有不同名称的同一事物,这时就需要使用同义词或近义词进行检索,尽可能全面地扩大检索范围,以提高查全率。

四、咨询答复

咨询答复是图书馆员按照既定的服务规范和承诺(包括时限、语种、载体等)向用户揭示检索结果,实现咨询问题与文献信息资源有机联系的最后程序。它要求咨询馆员将收集的文献信息资料,经过鉴别、筛选和整理,采用一定的方式答复用户,揭示查检咨询问题的结果,以最终完成传递知识信息的任务。咨询答复的方式视咨询课题性质及用户需求而定,主要有以下几种形式:

1. 直接提供答案

主要针对事实性咨询。事实性咨询一般有对口的检索工具可供检索,而且多为资料型工具书或数值型、术语型及全文型数据库,因而往往当时就可以答复,为用户提供具体文献信息资料。有的事实性咨询虽无对口的检索工具可供查检,但通过翻阅普通文献信息资料或搜索一般网站往往也能找到答案,因而也可以向用户直接提供对应性资料。

2. 提供专题书目、索引等二次文献

专题性咨询涉及范围较广、层面较多，相关的文献信息资料也较分散、宽泛，通常需要利用多种工具书和书目型数据库来查检文献信息线索，在此种情形下，往往需要图书馆员编制有针对性的专题文献目录索引，向用户提供文献资料线索，帮助其获取所需的文献信息资料。

3. 提供原始文献资料

对于一些有明确目标、专指性的咨询问题，图书馆员可以根据用户的需要直接提供原始文献资料，包括专著、报刊论文、学位论文、会议论文、专利、标准、报告、汇编等的全部或部分内容。这类咨询服务，通常被称作"文献提供"，也是基层图书馆经常会遇到的问题。在馆藏资源有限，不能满足用户需求的情况下，可以通过联合参考服务系统来予以解决。

4. 报告检索过程

基层图书馆遇到的咨询问题千差万别，而由于主客观等多方面因素制约，不是所有的咨询问题都能有一个圆满的结果。从某种角度说，咨询服务永远都会是一种带有缺憾的服务。在这种情况下，图书馆员在答复咨询时务必要做好两件事：其一是向用户说明原委，赢得用户理解；其二是要将检索过程（包括检索工具、检索途径、检索语言等）尽量详细地报告给用户，供其再行检索时参考。

图书馆的咨询服务不同于其他社会性咨询服务，它是一种基于文献信息的参考性服务，其咨询答复必须要秉持客观性原则，即所提供的答案，必须来自有关的权威检索工具或直接查阅原始文献资料，如果几种答案不一致时，要将不同答案一并提交用户，任其自选，切忌主观臆测、估计和想象。同时，所提供的资料一定要注明出处，以便用户进一步查阅或引用。并且要注意信息反馈，了解用户根据已提供的文献信息资料是否解决了问题，解决了哪些问题，还有哪些问题没有解决。必要时还可以再次查检，尽可能让用户满意。

上述咨询服务的 4 个层级只是就咨询服务的一般流程而言，在不同的咨询服务方式中，这4个流程的具体要求和表现还存在着较大的差异，比如事实性咨询，其全部流程可能在几分钟内就已全部完成；一般专题性咨询的完成，少则要两三天，多则要两三个月；而定题跟踪服务，也许要持续一年乃至数年。

第四节　地方文献咨询

一、地方文献的界定与特征

（一）地方文献的界定

地方文献是地方的百科全书，是记录地域知识，报道地域内人们活动信息的各种载体的集合，是某一地域自然现象和社会现象的记录，是其历史资料和现实资料的总和，是地方文化的历史积淀和社会现实的反映。它能较全面地反映地方自然环境与社会环境的沿革和发展情况，具有资政、励志、存史备查和教育的作用，在地方的社会发展、经济建设、文化生活、科学研究中起着非常重要的作用。

对于地方文献的界定，图书馆界存在着"广义"与"狭义"两种不同的划分方法。

"广义"的观点认为地方文献是指有关本地方的一切资料，包括地方史料、地方人物与著述、地方出版物3个部分。这种观点以杜定友先生为代表。杜定友在1957年为文化部社会文化事业管理局、北京大学、武汉大学等6个单位在南京联合举办的第一届全国省市图书馆工作人员进修班准备的《地方文献的搜集整理与利用》讲稿中，明确指出，"地方文献是指有关本地方的一切资料，表现于各种记载形式的，如：图书、报纸、图片、照片、影片、画片、唱片、拓片、表格、传单、票据、文告、手稿、印模，等等"，"包括三部分：史料、人物、出版"。

"狭义"的观点认为地方文献仅指内容涉及该地区的文献。如金沛霖认为："地方人士著作和地方出版物，内容上无地方特色的，则不应作为地方文献处理”。[①] 而骆伟在《地方文献概论》一书中则将地方文献定义为：“地方文献是反映特定区域内一切自然现象和社会现象以及群体活动方式的记录，凡在内容上涉及该区域并具有一定价值的文献信息载体，均属地方文献。”[②]

地方文献因其内容具有地区性和文献类型复杂的特点，在分类方面，依照不同的划分标准，可以分为不同的类型，主要有 3 种分类方式：

其一，按照《中图法》等分类方法，结合地方文献的特性而进行分类。如开封市图书馆编制的《开封市图书馆地方文献分类法》是在《中国图书馆分类法》和《中小型图书馆分类法》的基础上稍作修订而成，适当增添了一些具有本地特点的类目名称。如改 K3 亚洲史、K90 地理学、K91 世界地理为 K3 专志、部门志，K90 开封地理，K91 开封市地理。如《广东地方文献分类表》则是杜定友根据广东地方特点，把《中小型图书馆图书分类表初稿》加以变通编制而成，分为史料、人物、出版物三部分，如 O 为广东省史料，1—7 为各县市史料，8 为人物，9 为出版物。而《北京地方文献分类表》则是首都图书馆根据北京地区地方文献的具体状况而编制的地方文献专用分类表。这些分类方法突出了地方文献分类的地方性特性，适宜于本地的文献使用环境，但其缺陷是不利于资源的共建共享。

《中图法》是我国的一部具有代表性的大型综合性分类法，目前已普遍应用于全国各类型的图书馆，国内主要大型书目、检索刊物、机读数据库以及《中国国家标准书目》等都使用《中图法》分类号。而《中图法》（第四版）修订后，提高了标引地方文献的效果，满足了分类体系不断展开和扩充的需要，为全国文献统一分类编目、实现书目数据共享创造了条件，有利于地方文献工作规范化、科学化。

其二是按载体形式，可分为：原始材料，如甲骨、金石、简牍、简帛等；纸质材料，如印刷品、写本、抄本、书画、静电复印件等；感光材料，

---

① 金沛霖主编. 图书馆地方文献工作. 北京图书馆出版社，2000：7，3，31，141

② 骆伟. 地方文献概论. 武汉大学信息管理学院印，2003

如幻灯片、缩微片、电影片等；磁性材料，如磁带、磁盘、磁卡等；激光材料，如光盘、光磁盘等；网络型文献。

其三是按著述形式，可分为地方志，地方史论著，地方地理，地方年谱、家谱、族谱，地方地图、图片，地方文件、告示、传单，地方传记，地方墓志、碑、拓本，地方文物古迹介绍，地方书目，地方纪录电影、电视、报刊，地方讲话录音，地方印章、票据、表格，地方丛书，地方辞书、资料汇编，地方笔记杂著，地方档案等。

对于地方文献的界定，直接关乎地方文献的收集、保存与利用。由于图书馆的级次、性质与任务不同，收藏地方文献的范围和重点也各不同。对于基层图书馆来说，应根据本区域的具体状况以及本馆的性质、任务、服务对象，有重点有区别地予以收藏。既不可一味追求大而全，同时也要注意地方文献知识内容的系统性和完整性。

另外，特别值得基层图书馆关注的是网络地方文献资源。

我国网络地方文献资源主要分布在包括收藏、整理以及产生单位在内的地方性网站中。收藏和整理地方文献信息的单位主要包括公共图书馆、部分地方高校图书馆、档案馆、地方志机构。整理机构网站主要是综合性的门户网站，如地方信息门户、地方文化信息门户、地方新闻媒体网站等。产生机构网站包括两类：一类是综合信息网站，主要有政府、科技、统计信息网站；另一类是行业性网站，如文化、教育、科研、工业、农业、统计、气象等。

网络地方文献资源按记录形式，可分为文字、图像、音频、视频、多媒体文献资源。其中，以文字形式存在的地方文献信息数量最多，包括书目数据库、专题数据库、地方政府文献资料、地方报刊等；以图像形式出现的地方文献多为旅游资源中的风景名胜、地方地图、文物资源、人物图片、自然资源数据库和对印本文献的图像化处理等；以音频形式出现的地方文献资源主要有地方音乐、戏曲等；以视频形式出现的地方文献主要有风景名胜、文物资源、戏曲资源、视频新闻等。[①] 而

① 魏争光. 网络地方文献资源研究. 武汉大学硕士学位论文，2005：10，28

在具体的地方文献信息资源数据库建设中，集多种记录格式资源为一体的多媒体资源库，因其集中体现了网络文献在存取方面的巨大优势，尤为受到用户的青睐。

随着计算机技术、通信技术、网络技术、多媒体技术和高密度存储技术的飞速发展，网络信息资源变得越来越丰富，以网络为载体的地方文献信息量也正以极快的速度不断增长，正在成为地方文献体系中一个不可忽视的重要组成部分。

（二）地方文献的特征

1. 地方性

是地方文献的本质特征。指地方文献具有显著地方特色，反映某一区域的地理位置、地形地貌、山川河流、气候灾异、语言文字、风俗民情、名胜古迹、经济生活等多方面的历史和现状。而由于地方文献多由熟悉本地状况的人士或机构编撰，往往成为记载当地某一特定事物的第一手材料，具有详细、准确、真实的独有特性，因而拥有了独一无二的权威作用。

2. 多样性

表现在内容多样性与形式的多样性两个方面。地方文献内容丰富多样，包括天、地、人、事、物。如全面报道和反映某一地域自然现象和社会现象各个方面的资料——综合性志书、年鉴等；从历史的角度反映和记述某一地域的政治、经济、文化状况的资料——文史资料等；反映某一地域的形象资料——图片、名胜古迹等；某一地域历代各界重要人物资料——传记、著作及研究等。地方文献形式多样。按出版形式分为图书、连续出版物、档案、实物资料及其他资料，按著述形式分为族谱、丛书、工具书、图录、笔记、碑志等，按时代分为古代、近代、现代，按载体形式分为印刷型、视听型文献。

3. 史料性

地方文献是我国历史文献系统的重要组成部分，起到存史、资政、励志的作用，因而具有相当高的史料价值和学术价值。地方文献既包括公开出版物，也包括非正式出版物（内部资料）；可以是成册的著述，也可以是零星的散页；可以是日记、手稿，也可以是方志、族谱；可以是图画、相簿，也可以是磁带、光盘等。总之，一切反映地方人物、历史、物产、风貌、习俗等方面的资料，只要可以起到“存史、资政、励志”的作用，都可以包含在其中。因此其史料价值之丰富，是其他文献所无法比拟的。

4. 系统性

就时间跨度而言，地方文献的不断产生是一种客观存在的社会现象，是某一地区在其漫长的社会历史发展过程中所形成的物质和精神成果的总和，因而也就具有了连续性与系统性的特征。突出地表现在地方史志的编纂方面。过去有历朝历代编纂的各种府志、厅志、县志、风土志、人物志等，现在有各地政府及有关机构组织编纂的省志、市志、县志，乃至年鉴、专业史志、地方党史、工运史、水利史、交通志、教育志、文化志、文化史等，并因此而成为地方文献中的最主要部分。

二、地方文献咨询服务的特点

1. 咨询服务对象与需求的多样化

以往基层图书馆的地方文献服务对象以知识文化层次较高的中老年读者为主，在咨询内容上也主要集中于查询记载本地区政治、经济、文化等各方面历史沿革状况的文献典籍，服务对象与需求均较为单一、集中。这也导致了一些地方的图书馆的地方文献室成为了特藏室，甚或“贵宾室”，少有普通读者光顾。

而随着地方经济建设步伐不断加快，尤其各级领导决策参考的需要，地方工农业发展的市场需要，城镇规划改造，风景名胜、历史文化名胜、人文景观的修复和保护工作的开展，以及对外文化交流和旅游的需要，尤其是近年来开展的公共文化服务体系建设，极大地促动了社会公众对于地区性公共文化信息的需求，这一切，都使得社会查阅地方文献的需求日益增长，服务对象也呈现出多层面、多方向的趋势，出现了决策参考型用户、科研型用户、学习型用户、休闲型用户以及媒体性用户等不同需求、不同类型的用户群体。

2. 咨询服务内容与手段的多样化

咨询服务对象与需求的多样化，必然要求辅以与之相应的服务内容与服务手段。现代通信技术的发展，电话、计算机、宽带网的相继出现以及在图书馆的普遍运用，改变了传统地方文献信息源的结构及使用方式，使图书馆得以突破传统的以人脑为主的地方文献咨询服务模式。电话的出现使图书馆随之产生电话咨询；计算机的出现使图书馆实现了微机管理，并开始实现网上书目查询与网上咨询；而宽带互联网在基层图书馆的普遍应用，则最终使人们一直追求的高效率、高速度、高发展、互动式的地方文献咨询服务模式成为可能，并由此而带动了一批地方文献数字化服务平台的建立，如地方文献书目数据库、地方文献专题数据库、地方文献全文数据、地方文献图片数据库、地方文献多媒体数据库等，这些都使基层图书馆地方文献的咨询服务手段发生了质的、根本的变化，呈多样化、现代化的发展趋势。

3. 联合参考咨询服务成为趋势

随着社会各界对地方文献所含价值认识的不断深入，各地区除省市级公共图书馆收藏有地方文献外，各区县级也加大了对地方文献收藏的投入，注意收藏反映本地区的各种文献资料，有些地方的政府部门还专门设置方志馆，用于地方文献的收集、开发与利用，同时，地区性的省市档案馆、社科院、各大专院校等单位都已逐步把所收藏的反映本地区的文献向社会公众开放。在此情形下，加强横向联合，打破各自为政、自我封闭的条块束缚，实现各地地方文献的文献资源、人力资源的共享，成为当下地方文献咨询服务的基本趋势。这种联合参考服务模式以网络为依托，以地区公共图书馆为龙头，联合本地区地方文献收藏及研究机构，并组织本地区各方面的专家学者，采取集中式协作咨询方式与分布式协作咨询方式，不仅大大地满足了不同用户的不同需求，而且还充分利用兄弟馆的馆藏及本地区的人力资源，弥补了图书馆自身在这些方面的不足，各取所长，互补所短，发挥了资源的最大效能。

三、地方文献咨询服务的内容

1. 为社会公众提供地方公共信息服务

地方文献的内容包罗万象，既有当地政治、经济、社会、文化、历史等各个层面的翔实资料，也有衣食住行等各种日常生活实用信息，这些资料和信息最为贴近地方百姓的实际生活，最为公众所需要，因而通过即时答复、信息推送及专题讲座等方式为公众提供全方位的地方公共信息服务，是基层图书馆地方文献咨询服务的首要任务。

2. 为地方政府部门提供决策依据

地方文献详细记载了本地的自然资源、地理、人口、社会结构、文化风俗、城乡建设及产业发展等各方面的历史沿革和现实状况，如实地反映了地方各项事业的强项与弱项及其原因，它能帮助地方当政者着眼于整体，紧抓影响全局、影响久远的根本措施，因地制宜，科学决策，避免全局上的短期行为和部门决策上的孤立行为，因而历来是地方各级政府机构制定政策、规划，进行工作决策的重要依据。而为各级政府定期提供各项有针对性的地方文献信息资料，也是基层图书馆参考服务的一项传统的重要工作。

3. 为当地经济建设提供参考服务

地方文献对于认识一个地区社会、经济、科技、文化等基本特点，寻求与经济发展需要相一致的地域发展战略是十分重要的。大到地区的宏观经济决策、发展规划、开发地方资源、规划人文旅游、发掘地方特色，小到撰写论文、工作联系与就业、家庭投资指南等，许多经济活动都离不开地方文献。服务当地经济建设也是地方文献咨询服务的主要工作内容之一。

4. 为当地精神文明建设服务

地方文献中记载着本地的富饶资源、灿烂文化、杰出人物，以及重要历史事件，这些资料真实、生动、具体，极具感染力和说服力，是对青少年乃至广大民众进行爱祖国、爱家乡、继承革命传统教育的最为生动的教材。地方文献咨询服务的一项重要内容，就是为增强区域群体的凝聚力、向心力，弘扬健康向上的人文精神，营造和谐社会氛围而服务。

5. 为当地的编史修志服务

地方文献是地方之百科全书，是某一地区的历史记录，经过历代官府、学者不断记载、修撰，使得这一地区的历史发展完整地记录并流传下来。所以，它是人们了解地域历史变迁、查询历史资料不可多得的珍贵文献。没有地方文献，编史修志几乎是不可想象的。20 世纪 80 年代中、后期，全国出现了修志热，大量的修志人员涌入图书馆，使各地图书馆应接不暇，为编史修志提供咨询成为一段时期内地方文献咨询服务的主要内容。

6. 为保护地方非物质文化遗产服务

中国各地区有着丰厚的非物质文化土壤，孕育着丰富多彩的非物质文化。随着我国申遗工作的开展，保护非物质文化遗产引起了全社会的重视。对于发掘、收集当地非物质文化遗产，公共图书馆有着得天独厚的便利条件。公共图书馆系通过文字、图片、录音、录像、数字化多媒体等各种方式，对地区非物质文化遗产的文献信息进行真实、系统和全面的记录并有效地组织与管理、利用。如 2003 年辽宁省图书馆为“一宫两陵（沈阳故宫、沈阳北陵、沈阳东陵）”申报世界文化遗产提供信息服务，使申报档案更加完善丰富，更具有说服力，为沈阳市“一宫两陵”成功申报世界文化遗产作出了应有的贡献。

四、地方文献咨询服务的方式

（一）按服务形式区分

1. 传统咨询服务

基层图书馆地方文献传统咨询服务是以地方文献室（专题文献室）为依托而展开的。我国的公共图书馆，无论省、地、市、县级馆，大都设置有专门的地方文献部或地方文献阅览室，并配有专藏书库。有些省、市图书馆为了推动和促进全省公共图书馆地方文献工作的开展，还组建了地区性的地方文献工作协调网络。而地方文献室的功能是多重的,大多实行从地方文献的收集、加工整理、典藏保管、开发利用到提供借阅、咨询、专题服务的一系列业务程序的“一条龙”管理。通过阅览室,工作人员既可以为用户提供地方报刊及图书的阅览服务,同时也承担着解答用户咨询(包括电话咨询、信函咨询等),负责专题文献查询等专项服务工作。

2. 虚拟咨询服务

基层图书馆地方文献虚拟咨询服务是以互联网为依托而展开的。以网络为依托,提供地方文献信息服务,其服务内容与地方文献阅览室大致相当,只是手段有所不同。图书馆可以顺应用户的需求,充分利用现代化的技术手段,提供诸如地方文献电子邮件咨询、地方文献网上专题咨询、地方文献联机信息咨询、远程视频咨询等多种形式的虚拟咨询服务。而用户通过图书馆网站,也可以直接浏览有关地方文献资源,包括地方文献网上书目数据库、各种地方文献专题数据库、全文数据库、图片库等。通过网络提供咨询服务其优点是省时、省力、便利、快捷,用户享受着现代化技术的同时,也获得信息的满足感。

(二)按咨询问题性质区分

1. 事实性咨询

也称一般性咨询,是就读者从地方文献某一具体事实所提出的问题进行相关辅导或直接予以解答,比如查找某个地方人物、某个民间社团、某家老字号或某项专门数据等,这类问题需求的答案明确而具体,解答过程一般比较简单。事实性咨询是基层图书馆地方文献咨询服务中使用频率最高的一种咨询方式。

事实性咨询又可以细分为两种形式:

(1)导引型咨询。为用户指示各种有关地方文献书目,如推荐性书目、专题性书目、广告性书目等,帮助用户对所要查找的内容有一个初步的检索方向,以快捷的方式入手,查找所需资料。

(2)数据型咨询。专业馆员通过查阅地方文献资料参考工具书或数据库,对用户所提出的有关事实和数据的需求直接给予解答。

2. 专题性咨询

专题性咨询是围绕地方文献的某一特定主题或特定需要而展开的专项咨询服务，其咨询内容年度跨度大，涉及的学科门类多，需要检索的文献资料量大，范围广。专题性咨询服务依托于丰富的参考信息源及具有较高咨询业务水准的专业馆员，其实用性强，服务效果突出。

专题性咨询也可以分为两类：

(1)资料型服务。包括定题和定向服务。这是情报信息服务在地方文献工作中的应用。定题服务是针对一定研究课题而向用户提供的服务，应该是一种被动的服务方式。定向服务则是针对一定的具有共性要求用户群而提供的服务，应该是一种主动服务，进行这样的服务应事先对用户群进行调查，了解需求，有针对性地提供一批文献。

(2)研究型咨询。即集课题分析、研究、检索、编辑、加工等于一体的地方文献信息咨询服务。包括科研咨询和决策咨询，二者都是深化地方文献信息咨询服务的重要方式。地方文献的科研咨询包括有关地方的科研进展咨询、科研项目调查、科技动态跟踪和学科资源导航等服务。决策咨询则是充分利用丰富的地方文献资源，为本地区各级领导的科学决策提供高效和优质的信息服务。决策咨询可以面向科研决策管理部门和地方政府的战略情报研究工作，重点围绕某一领域深入开展系列专题研究，定期提供综述性调研报告和参考资料 。

(三)按服务层次区分

1. 直接服务——包括了前述事实性咨询、专题性咨询等各种咨询方式。

2. 间接服务——包括编制专题书目索引与制作专题资料汇编、专题数据库。

编制地方文献书目索引是基层图书馆地方文献咨询服务工作的一项重要内容。地方文献的内容包罗万象，涉及文学艺术、历史学、民俗学、经济学、宗教等各个领域，相关材料广泛而分散，而地方文献书目的任务就在于将这些分散的材料进行整理加工并予以全面揭示，进而为编史修志、解答咨询、进行地方文献展览以及相关科研等提供最基础的参考作用。

与之相类的是地方文献索引。地方文献不仅包括公开出版物，还包括了大量的非公开出版物和非书资料。此外，社会上还随时产生着大量有关地方文献的动态信息，将这些繁杂、重复的信息设定一定的条件限制（如地域、时间），将其系统组织、整理才能解决由于信息的多样性、重复性造成受众在利用有效信息时产生困难的问题。

编制地方文献索引可以简明而全面地揭示地方文献所包含的所有重要主题或特征信息，帮助用户有效地确定关于某一主题有哪些地方文献及其出处，同时通过从多种角度标引地方文献，为用户提供多种检索途径，提高检索效率。另外，地方文献索引还可以用于地方辞书编纂、地方文献考证、地方文献鉴别、地方古籍校勘、地方古籍整理等，以及用作语言学、目录学、文化史、科学史、文献计量学、科学计量学等研究的工具。

建立"地方文献数据库"是人们在网络上实现信息资源共享的需要。在信息社会的今天，实现文献资源的数字化，并使之成为网络上的 部分是社会发展的必然。建立地方文献信息数据库，把各地地方文献资料信息上网，实现资源共享，互通有无，既可方便用户使用又提高了地方文献的利用率，只有提供独特的信息资源，才能充分体现个体图书馆存在的价值，在信息化社会中发挥出独具特色的重要作用。早在20世纪90年代中期，一些公共图书馆就已开始建立揭示本馆特色地方文献资源的数据库。如湖南图书馆的"地方名人库"，首都图书馆的"地方文献数据库"，辽宁省图书馆的"辽宁近代作家作品资料数据库"、"东北图片数据库"等。

基层图书馆应根据自己的特点和当地数据库建设的现状以及有关部门的规划、协调，来规范地方特色数据库的建设，选择选用率高，有一定学术和史料价值的文献，分阶段、分步骤地建立类型齐全的数据库，如书目数据库、专题数据库、报刊索引数据库、文摘数据库、全文数据库、照片数据库、拓片数据库等，以便向读者提供多层次、多样化的服务。

第五节 决策参考咨询

一、公共图书馆决策参考咨询的现状

所谓公共图书馆决策参考服务，是公共图书馆发挥馆藏资源和信息服务人力资源优势，为地区各级党、政领导决策提供全面、及时、准确、有效的具有参考价值的相关资料和信息的一种具有特殊意义的信息服务。它是基层图书馆传统参考服务工作的重要组成，在一定时期和一定地区内，甚至成为了核心内容。

公共图书馆为党政领导机构提供决策参考服务渊源已久。1955年7月，文化部下发了《关于加强与改进公共图书馆工作的指示》，将公共图书馆定义为"是以书刊对人民进行爱国主义与社会主义教育的文化事业机构；党和政府进行宣传教育工作的有力助手"，同时明确规定了公共图书馆的服务对象：一是"广大人民"，二是"党和政府机关、科学文教机关、团体"。"党和政府机关"被单独列出，成为"重点服务"的对象。[①] 1983年全国社科情报工作规划会议和1984年全国社会科学图书资料情报"七五"规划会议召开，进而明确要求"公共图书馆必须围绕社会主义四化建设和两个文明建设的需要，为党政领导机关的决策服务，为推动科研工作的发展服务"。由此，我国各级公共图书馆陆续开展了不同形式和内容的主要针对所在区域党政领导机构的决策参考服务工作。

2010年11月，一份来自国家图书馆的问卷调查表明，在参与调查的30家公共图书馆（包括直辖市公共图书馆）中，有26家公共图书馆开展了决策参考咨询服务工作，占到省级公共图书馆的86.7%。有14家图书馆制作了相关的信息产品，例如辽宁、山东、江西等省级图书馆开发了专为立法决策服务的数字化信息服务平台。[②] 这样的调查结

① 文化部. 关于加强与改进公共图书馆工作的指示. 文社图字第52号，1955

② 立法决策服务将成图书馆工作亮点. 2010－12－30. 中国文化传媒网. http://www.ccdy.cn/xinwen/content/2010－12/30/content_739274.htm

果，也为另外一项来之郑州大学信息管理系的调查所印证。调查者于2010年12月至2011年2月之间，以我国国家图书馆、各省、直辖市、自治区公共图书馆、个别开展信息服务较早的省会图书馆以及随机挑选的县市图书馆为调查对象，对我国40多家公共图书馆进行了有关开展知识服务现状的调查。结果表明，参与调查的对象中"有85.40%的公共图书馆已经开展了面向决策的知识服务，并且将其作为公共图书馆长期开展的服务的一种，作为其发挥资源优势、全面提升自身竞争实力的一种手段"。[①] 迄今还没有一项针对我国地、县两级公共图书馆开展决策参考服务实际状况的全面统计，但通过实地走访和观察，不难看到，在实际的工作当中，我国地市级馆由于馆藏资源和人力资源相对完善，开展决策参考服务工作的也较为普遍。而县级馆由于所处区域及自身条件限制，其决策参考服务展开的层面和深度尚有不足，但或多或少均会有所涉及，这既导源于地方领导机构的实际需求，同时也与公共图书馆和当地行政主管部门之间的天然隶属关系不无关联。

近些年来，各地公共图书馆转变观念、创新服务，加大为本地经济发展和社会进步提供精神动力和智力支持的力度，而积极为当地的"两会"提供形式多样的参考服务，则成为其中突出的举措。每年的1至3月，各地公共图书馆为当地"两会"提供服务的消息频繁见诸报端，成为一时社会关注的热点。

二、决策参考咨询的特点

随着我国科学决策、民主决策、依法决策的不断推进，各级政府决策者要作出正确的决策，需要掌握大量准确的、全面的决策信息。我国经济的高速发展以及各项事业改革的不断深化，新的问题、新的情况不断出现，这在一定程度上增加了决策的复杂性和困难性，领导决策需求也相应呈现出新的变化、新的趋势与新的特征：其一，各级政府

---

① 幸娅.面向决策的公共图书馆知识服务研究.郑州大学硕士学位论文，2011：23
另注：国家图书馆不应包含在公共图书馆范畴。

领导的信息素养不断提高，利用信息手段科学决策、指导工作、推动落实已成为其重要的施政方式之一；其二，政府决策对信息需求层次提高，不但需要一次、二次信息，而且更需要综合分析类、预测类、科研报告类、对策建议类、方案类等三次信息；其三，政府调控经济社会发展的频度加快，由原来的半年、季度，到现在的每月及不定期调度，决策服务周期大大缩短。

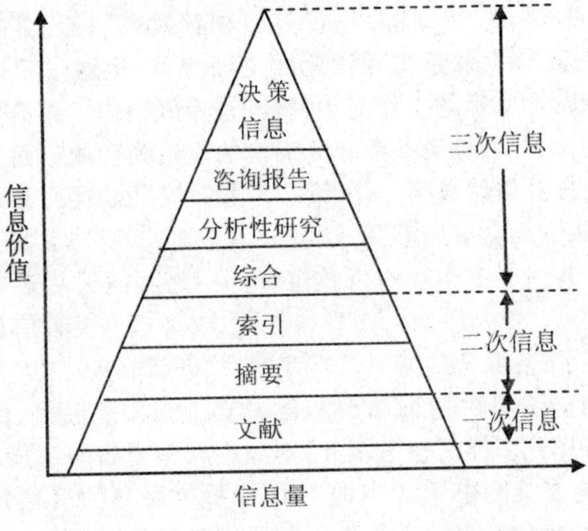

领导决策信息级次划分及文献类型

各级党政领导对于决策信息的需求，大致包括以下 7 个方面：①知识性信息，即有关决策的科学原理、思想方法、分析工具方面的著作、文献。②政策性信息，即当前各种政策的动态、实际执行情况和政策的空白点、交互点、梗阻点信息，已制定的法律法规及在执行中出现的新情况新问题等。③宏观性、战略性信息，即党和国家的大政方针、经济社会发展的战略目标、当前改革方向、国际政治动向等。④综合性信息。主要是国情、省情、地情资料。如反映各地工业、农业、商业、金融、科学、文化、教育、卫生、就业、社会保障等信息，而且所提供的信息要经过综合、归纳、分析，能反映事物的本质和规律。⑤典型性信息。要选择有代表性、典型性，能够举一反三、触类旁通、反映事物之间内部联系及规律的信息，如各类决策案例。⑥预测性信息。能够预测某些事物在一定时期内将要发生的变化、发展，或预测某些新情况的信息。⑦反馈性信息。即政策和计划执行过程中出现的问题、群众反应和国内外的评价、建议等。①

为政府决策提供信息服务有一个完善的信息决策咨询系统，一般来讲由政策研究室、决策咨询专家委员会、专业商业咨询机构等组成，各信息服务机构，各司其职，各负其责，各自发挥所长。而公共图书馆为政府决策提供信息服务，无论在方式上还是在内容上，都与专职的决策咨询机构有所区别，其作用主要是起到"文献支撑"的作用，而不是也不可能代替这些机构的信息服务。因此，公共图书馆在为政府决策提供信息服务时，应当找准切入点，充分发挥自身的文献与人力资源优势，在不同层面、角度、方式上，提供及时、持续、相应的信息咨询服务。

其一，在信息收集、分析选择过程中，围绕政府决策信息的需求特点，按照信息提供针对性、及时性、准确性、预见性、适用性、系统性、计划性、规范性原则要求，提高决策信息质量，增强信息服务的针对性和实效性。

其二，在信息内容上要突出重点，及时挖掘国内发达城市对地方有借鉴和参考价值的新思路、新举措，及时反映辖区内各地经济社会发展面临的新情况、新矛盾、新问题。

其三，在信息服务形式上，要利用信息弹性规律，以激发领导阅读兴趣、节约领导阅读成本为原则，尽量浓缩篇幅。

其四，在信息渠道上，要善于获取各方课题研究成果，善于将国内外机构、专家前瞻性、综合性的研究成果转化为决策信息，增强信息内涵的厚度与深度。

① 黄勇，刘加夫．构建决策信息系统开展决策信息服务———新时期党校图书馆创新发展的思考．江西图书馆学刊，2007(4)：73

三、决策参考咨询的模式

目前我国公共图书馆决策参考服务主要有以下6种模式：

1. 传统信息服务模式

即按照有关政府领导或机构的某一具体文献信息需求，如某本（类）书、某篇（类）文章或某种专项材料，通过检索馆藏文献及网络文献（包括全文数据库），为其提供对应的原始文献。这是基层图书馆最为常见的一种服务方式，其特点是检索过程相对简单，但专指性强，时限紧迫，对应基层图书馆的应变能力是一种考验。

2. 专题信息服务模式

即图书馆就政府领导关注的专题进行课题跟踪与定题服务，经过课题的论证、课题的研究以及课题的鉴定阶段，利用专业馆员的学科背景、熟练的信息检索技能，通过撰写文献综述、专题研究报告等方式为决策者提供决策知识信息服务。这是一种较为深层次的信息服务，对图书馆的馆藏资源、政策水准、人员素质有较高的要求，大多为省级公共馆及部分条件较好的地市级馆所采用。

3. 网络咨询服务模式

即利用先进的信息技术如QQ、邮件、网络联合咨询平台等方式与有关领导机构进行互动交流，及时了解其决策需求的变化以及信息的更新情况，并及时解答其提出的各项咨询问题。这是一种现代咨询服务模式，通常适用于经济较发达、电子政务较成熟的地区。

4. 决策参考文献编纂服务

通过编纂内部专刊、专题剪（简）报、专题文摘等决策参考文献为各有关领导机构提供定期专项信息服务。这种模式是目前国内公共图书馆决策参考服务中历史最悠久、范围最广泛的一种模式。如辽宁省图书馆的《领导干部书架》、吉林省图书馆的《信息汇要》《决策参考》、河南省图书馆的《省长快递》、广东省立中山图书馆的《决策内参》、山东省图书馆的《决策信息参考》《议政信息》、宁夏图书馆的《市政参考》、重庆图书馆的《西部开发》、苏州图书馆的《信息导航》决策版、丹东市图书馆的《农业决策信息参考》《他山之石》、广州图书馆的《领导决策参考》、济南图书馆的《两会信息汇编》等。

5. 数字化信息平台服务模式

"国家图书馆立法决策服务平台"于2008年12月推出，该平台以中央国家机关在图书文献信息方面的需求为基本服务内容，以国家图书馆丰富的数字资源和在信息服务方面的经验特长为依托，面向网络环境，对信息进行加工、组织、梳理、传播，并且实现了网络检索、全文利用，为用户轻松、准确、快捷地获得全面、系统的信息提供了保障。部分省级公共图书馆，如辽宁、山东、江西、贵州等馆也相继开发了专为立法决策服务的数字化信息服务平台。以此为契机，2010年12月16日，在国家图书馆召开了"全国公共图书馆立法决策服务研讨会"，达成了"全国公共图书馆立法决策服务合作共识"，其中第二条明确提出要"发挥国家图书馆文献信息资源保障中心作用，依托'国家数字图书馆推广工程'，共建全国省级公共图书馆立法决策服务协作平台，共享国家图书馆和各省级公共图书馆的丰富馆藏和数字资源建设成果，为中央与地方政府的立法决策服务工作提供全方位信息保障；发挥各馆优势，积极开展馆际间立法决策服务的协作与服务，推进'两会'等立法决策服务品牌项目的合作和共享，扩大图书馆立法决策服务的影响力"。[①] 这为各地公共图书馆立法决策数字化信息服务平台的建设和发展奠定了良好的基础。

6. "两会"服务模式

这是一种综合性服务模式，其基本内容包括：根据社会热点难点问题编辑整理文献资料，发放读者证、免费读书卡，为代表现场查找资料，借阅最新图书期刊，文献复印相关信息，现场调查代表委员关注热点问题，填写反馈信息表格，图书馆内部文献信息支撑保障等。

四、基层图书馆决策参考咨询的方向

2012年5月1日《公共图书馆服务规范》正式颁布实施，明确提

① 全国公共图书馆立法决策服务合作共识. 国家图书馆学刊，2011(1)：93

出公共图书馆基本服务“是保障和满足公众的基本文化需求的服务，包括为读者免费提供多语种、多种载体的文献的借阅服务和一般性的咨询服务，组织各类读者活动以及其他公益性服务”。并没有像以往一样将为党政领导机关服务列为基本服务内容，而仅在“个性化服务”中提到“公共图书馆可为个人、企事业机构及政府部门提供多样化的、灵活的、有针对性的服务”。同样，新近的《中华人民共和国公共图书馆法（征求意见稿）》中，仅在第十三条“国家图书馆的职能”部分（第四项）明确提出“为全国人大、中央国家机关提供立法决策服务”，而在第十七条“公共图书馆的职能”所列出的 8 项基本职能中则没有相关的条款。①

在新的历史时期，作为公共文化服务体系的重要组成部分，公共图书馆服务必须彰显公益性、基本性、均等性和便利性的基本原则，保障所有社会公众的基本文化权益，其基本服务对象包括所有社会公众，除“应当注重培养少年儿童的阅读习惯，并努力满足残疾人、老年人、进城务工者、农村和偏远地区公众等的特殊需求”外，没有任何个人和机构团体可以凌驾于他人而享受特殊的服务和关照。这是一种具有划时代意义的伟大进步，是我国的民主化进程在公共图书馆服务领域的真实体现。

在这样的背景下，决策参考服务之于公共图书馆，尤其基层公共图书馆，究竟应当置于怎样一种位置更为恰当，这是亟须业界认真思考的问题。

个人认为，公共图书馆开展面向党政领导机关的决策参考服务有其特殊的历史原因，是在特定历史时期的一种必然的选择，有其特定

---

① 《中华人民共和国公共图书馆法（征求意见稿）》第十七条（公共图书馆的职能）公共图书馆具有以下基本职能：（一）文献信息资源收集、整理、保存、揭示，并提供公众利用；（二）收集地方文献，传承地域文化；（三）开展面向少年儿童、老年人、残疾人等特殊人群的服务；（四）为公众提供政府公开信息及其他公共信息服务；（五）开展各类阅读活动，为全民终身教育提供条件和支持；（六）开展公益性培训，进一步提高公众获取知识和利用信息的能力；（七）与其他图书馆及文化教育机构合作，促进资源共享和地方文化发展；（八）其他应当由公共图书馆履行的职能。

时期存在的合理性。在新的历史时期，公共图书馆的主要精力和首要职责是为社会公众服务，保障其基本文化权益，在完成这一首要任务的前提下，可以适时、适量、适度地开展相应的决策参考服务，以最经济的投入赢得最大的社会效益，切忌盲目跟风、罔顾需求、低效高耗。从这一角度说，对于基层图书馆来说，决策参考服务的进行存在着或然性。

第六节　联合参考咨询

一、联合参考咨询的基本内涵

1. 概念与特点

联合参考咨询也称联合数字参考咨询服务、合作数字参考咨询服务或协作数字参考咨询服务，是由多家成员馆或咨询机构，依据一定的协议建立起来的协作关系，充分利用各成员单位的设备优势、特色信息资源优势和人才优势，协调服务时间，联合起来为用户提供全天候在线参考咨询服务的一种方式。其共同目标是希望能够提供一种更有效益、更方便快捷的服务方式，以全面提升图书馆的参考服务工作，让任何人可以在任何时间以及任何地点通过任何图书馆的服务终端向咨询馆员提出任何问题，并及时得到满意的答复。

与图书馆开展的虚拟参考咨询服务相比较，联合参考咨询服务优势明显，特点突出，更适合现代社会对信息资源的需求。主要表现在：

信息资源共享——参考信息源不再局限于本馆资源，而是集各成员馆的馆藏资源与网络资源于一体，最大限度地实现了信息资源及学科领域的优势互补。

人力资源共享——承担咨询问题解答工作的不再局限于本馆馆员，而是由各成员单位中的参考咨询员及学科专家所共同组成的庞大的咨询团队。

设备资源共享——可以充分利用各成员馆的设备资源优势，避免资源的重复建设与浪费，节约各成员馆的建设经费，实现设备资源效益最大化。

服务对象扩大——不再局限于本馆、本地读者，而是可以面向全球互联网用户。

服务时效提升——在服务时间上可以实现每周 7 天每天 24 小时全天候实时在线咨询服务。

服务质量增强——由于集合了各成员单位的信息资源和人力资源，可以从容地应对各种复杂的咨询问题，参考咨询服务的质量得以全面提升。

2. 发展状况

联合参考咨询的出现，是以互联网为依托的虚拟参考咨询服务发展的必然趋势。

较早出现的联合参考咨询服务项目是英国公共图书馆网联盟(EARL)在 1997 年启用的"Ask A Librarian" 合作虚拟参考咨询服务。其服务宗旨是促进英国公共图书馆通过网络提供高质量的服务，其工作机制是采用各成员馆轮流值班制，规定某一天由某一个成员馆来负责解答用户的咨询问题，当用户通过 Ask a Librarian 咨询平台的界面填写并提交提问表单后，系统会自动按照用户地域、年龄、问题等将提问以 E-mail 等方式转发给当天值班的成员馆，由该成员馆在规定的时间内给予解答，并由其将解答以 E-mail 等方式传给用户。2001 年 10 月 1 日起，该服务开始由东英格兰的一个合作性的图书馆资源共享实体——CoEast 继续提供，后来加入美国的 CDRS 系统，成为它的成员。[①]

在联合参考咨询服务方面成就最为突出的是美国。1998 年美国教育部国家教育图书馆和 ERIC(美国教育部教育资源信息中心)启动了专为支持和推进美国中小学生教育设立的全国性的合作数字参考咨询台 vRD(Virtual Reference Desk)。是年 6 月美国国会图书馆提出了建立和开展合作数字参考服务的建议方案，标志着美国 CDRS

① 王俭敏，默秀红. 国内外合作虚拟参考咨询服务系统及其服务模式研究. 情报科学，2007(7):1030 - 1038

(Collaborative Digital Reference Service)的诞生。2002 年 1 月,美国国会图书馆与 OCLC 合作又推出了全球性合作的数字参考咨询系统 QuestionPoint。该系统内,建有一个汇集了 4000 余条常用咨询问题的知识库,还有一个由系统按照学科优势、地理优势、咨询馆员优势等建立起的各成员馆的详细档案库。该服务引进各种先进技术,可以通过视频会议、可视电话会议、网络电视等多种手段为用户提供咨询服务,提高了咨询服务的质量和效率。

QuestionPoint 提供 3 种版本的服务方式供成员馆进行选择。

(1)本地及全球模块(标准版)。使用此项功能的图书馆,用户可以打开该图书馆的网址,直接填写 Web 表单、进行文本交谈或 E-mail 提问。对于做出回答的提问,各成员馆将创建本地知识库。同时,还可进入其他成员馆共同创建的全球知识总库进行检索。另外,该版本的服务还提供将本馆不能解答的问题转至本地其他成员馆或直接转至全球参考咨询机构进行解答。请求管理器根据最优匹配的原则,从成员馆档案中选出最适合回答该问题的成员馆,将问题转发过去由该馆来回答。

(2)本地及全球模块(加强版)。它除了提供标准版的所有功能外还提供可视及可听的界面,并可同步浏览数据库及网页。

(3)全球模块功能。该模块没有图书馆用户界面,它提交与收到问题是通过其他使用 QuestionPoint 的本地及全球模块服务机构代为实现,用户使用时可登陆全球参考咨询知识库。该服务版本不是直接针对虚拟参考咨询用户,而主要为参与此模块的图书馆服务,是图书馆对图书馆间的服务。①

到目前为止,已有超过 20 个国家的 1000 多个图情机构参与了其中,北京大学图书馆和清华大学图书馆已率先加入该系统,并组成国

---

① 黄敏,林皓明,杨宗英.分布式联合虚拟参考咨询系统的建设.高校图书馆工作,2003(6):18－20

内合作组织——CALIS Group。①

受国外合作虚拟参考咨询服务发展和国内数字图书馆工程建设的影响，近几年来，我国合作虚拟参考咨询服务取得了一定的进展。目前国内开展合作虚拟参考咨询服务的主要有：全国图书馆信息咨询协作网（国家图书馆信息咨询中心主办）、网上联合知识导航站（由上海图书馆牵头）、国家科学数字图书馆分布式参考咨询服务系统（中国科学院文献情报中心、上海图书馆、中国科学院成都文献情报中心联合开发）、CVRS 项目（CALIS 分布式联合虚拟参考咨询系统）、中国高等教育文献保障系统（China Academic Library & Information System，CALIS）、联合参考咨询系统（广东省立中山图书馆和世纪超星公司合作组建）、国家科技图书文献中心（NSTL）等。

二、联合参考咨询的服务模式

1. 垂直分层模式

垂直分层咨询服务活动包含两个层级，即用户与本地图书馆的交互、本地图书馆与合作咨询组织的交互。这种模式的特点是终端用户所有的问题提交和答案传递都必须通过本地馆实现，用户不能直接实现与合作咨询组织的交互活动。该模式的核心是问答系统以及与其他成员的合作任务分配系统，其典型是 QuestionPoint。垂直分层模式的优势主要体现在对系统和成员的管理方面，各成员馆可以根据自己的具体情况选择不同层级的服务。国内的国家科学数字图书馆科学参考咨询台采用的也是垂直分层联盟模式，但只形成了中心调度系统和合作馆之间的两层分布式架构，且是中科院各图书馆内部联盟，无法形成更大的联盟组织。

2. 平行模式

平行咨询服务模式是在分布式的网络咨询环境中，用户通过合作咨询组织的统一用户界面提问，提问依据一定的原则分配给成员馆

① 袁红军. 国内外合作式数字参考咨询服务项目比较分析. 情报理论与实践，2007(1)：76－79

(专家)进行解答。各成员之间可以进行文字、音频、视频等实时交互。平行模式相当于将某一个区域内的 DRS 集成在一个网络平台上,为用户提供一个信息传递渠道。轮值的成员馆或参考馆员会面对来自不同地区、不同领域的咨询问题,不可能完全应付自如。即使系统允许终端用户自主选择咨询人员,也同样会存在可供选择的咨询人员有限,以及咨询者与被咨询者之间因文化背景差异等原因而造成的理解误区而延误时间、降低咨询质量。并且这种全凭自愿、自觉维系的虚拟组织,大多缺乏有效的协调机制和严格的行为准则,管理较为松散,服务质量无法得到保障。①

其代表是英国公共图书馆全国网络化项目 EARL 推出的 Ask A Librarian。我国的多数联合参考咨询系统,如全国图书馆信息咨询协作网、上海图书馆网上知识导航站、联合参考咨询与文献传递网、北京高校图书馆参考咨询系统、湖南省文献信息资源共建共享协作网联合在线咨询、浙江省联合知识导航网等大都采用的是这种服务模式。

3. 混合多元化模式

在混合多元模式中,用户既可以向咨询中心提问,由咨询馆员直接予以解答;也可以向本地成员馆提问,由本地成员馆咨询馆员解答。成员馆不能解答的问题,则由管理中心依据特定规则将用户所提问题转发给最适合的成员馆进行解答。如仍旧无法解答,则由咨询中心的咨询专家对该咨询问题予以专门建议或解答。混合多元模式集前述两种服务模式之长于一身,最大限度地发挥了联合参考咨询服务的特点。其代表是由美国教育部所属的教育资源信息中心开发、美国教育部国家教育图书馆资助、白宫科学技术政策办公室支持的数字参考咨询项目 VRD(Virtual Reference Desk)。VRD 既是图书馆的分布式的联盟,又是图书馆的集成 DRS 的索引型网关,而且中心系统还配备信息专家,专门回答那些任何成员都无法回答的问题。而国内的 CALIS 二期项目 CVRS(Collaborative Virtual Reference Services)采用的也是类

① 张喜年.合作数字参考咨询服务模式探讨.图书馆论坛,2006(3):275

似的模式。CVRS 无论是中心系统还是本地系统均设有咨询台,各级咨询台既可独立运作,通过本单位局域网提供虚拟参考咨询服务,也可通过互联网与中心系统的调度机制一起运作,与其他学校一起提供联合虚拟参考咨询服务,从而降低了由于分散模式而导致的管理不力的弊端。

三、"网上联合知识导航站"

"网上联合知识导航站"是由上海市中心图书馆于 2001 年,在初步实现了上海市文献资源共建共享的基础上,联合上海地区各公共、科研、高校等图书馆及其相关机构,为适应世界图情事业发展新趋势,面向现代化、面向世界、面向未来,率先在国内推出的一项旨在向各专业技术和研究人员提供高质量的专业参考及知识导航的新型服务项目。

导航站以各类图书馆和科研机构等的馆藏资源为基础,以因特网的丰富信息资源和各种信息搜寻技术为依托,以来自上海、全国各地以及海外图情界的资深参考馆员和行业专家为网上知识导航员,通过加强特色馆藏资源和网络信息资源的开发和利用,实现各类图书馆网上参考咨询服务的优势互补,充分发挥图书馆在知识经济社会中为各行业服务的知识导航作用。

目前该导航站拥有自然科学各专业领域的咨询馆员 41 位,社会科学各专业领域的咨询馆员 55 位。参与的成员馆有:上海社会科学院、香港信息网上服务中心、澳门信息网上服务中心、新加坡国家图书馆、美国纽约皇后图书馆、浙江图书馆、宁波市图书馆、嘉兴市图书馆、金陵图书馆、扬州市图书馆、无锡图书馆、苏州图书馆、镇江市图书馆、常州图书馆、连云港图书馆、太仓图书馆等 16 家。

该导航站管理中心设在上海图书馆用户服务中心,由其负责问题的统一分配和协调,并负责管理用户问题及问题数据库的建立。其主要服务内容是"提供事实性问题的简短回答以及专业研究的各种线索和导航”,[①]用户无须登录系统就能直接使用。目前设有专家咨询、合作馆咨询、地方文献咨询、家谱咨询、中小企业服务、房地产咨询、新加坡咨询、市民数字阅读推广活动咨询等服务项目。

其咨询服务主要采用E-mail方式,并结合表单和少量事实咨询来回答用户的问题,咨询专家一般在2个工作日内会对用户的提问进行答复。网上列出了咨询专家的简历、专业领域、照片等信息,用户可以采用E-mail的方式进行咨询。用户在统一界面下也可以自行指定其中的某一位咨询专家,以表单形式进行提问获取解答。在用户与专家的问答交互活动中,上海图书馆中心数据库也能收到提问与解答的相关信息,并可对提问与解答进行监控管理,同时提供已有问答数据库供用户参考。

该导航站“不提供扫描、复印、邮寄等各种原始文献传递服务”,[②]对于基层图书馆及其用户的利用而言,有其局限性。

四、“全国图书馆参考咨询联盟”系统

“全国图书馆参考咨询联盟”系统是由我国各类型图书馆自愿参加的公益性组织和技术平台,其宗旨是以数字图书馆馆藏资源为基础,以因特网的丰富信息资源和各种信息搜寻技术为依托,为社会提供免费的网上参考咨询和文献远程传递服务。[③] 该系统的前身是2005年由广东省立中山图书馆牵头,联合全国16个省市的40多家公共图书馆合作建立的文献远程传递系统——联合参考咨询网,2008年将系统进行升级,对实时咨询模块功能进行了完善,升级后的系统即是联合参考咨询与文献传递网系统,每天咨询数量都保持在1000次以上,深受用户的好评,是文化部实现全国文化信息资源共享的手段之一,2007年曾荣获我国政府文化服务类最高奖项——文化部“群星

① 网上联合知识导航站《服务公约》. http://zsdh. library. sh. cn:8080/

② 网上联合知识导航站《用户须知》. http://zsdh. library. sh. cn:8080/

③ 《全国图书馆参考咨询联盟章程》(草案). http://www. ucdrs. net/admin/union/rule. jsp

奖”。

“全国图书馆参考咨询联盟”拥有我国目前最大规模的中文数字化资源库群：电子图书 120 万种，期刊论文 4000 多万篇，博硕士论文 300 万篇，会议论文 30 万篇，外文期刊论文 500 万篇，国家标准和行业标准 7 万件，专利说明书 86 万件，以及全国公共图书馆建立的规模庞大的地方文献数据库和特色资源库。[①] 现有包括公共图书馆、高校图书馆、科研图书馆各系统成员馆共 81 家，覆盖了全国 26 个省市（包括澳门），其中尤以广东最多，达 39 家。其自主开发并于 2008 年 3 月投入运行的“联合参考咨询与文献传递网”系统采用中心服务器管理模式，加盟图书馆无须再购买服务器和软件，只需在网站登录，就可获得远程坐席馆员的所有权限。

“全国图书馆参考咨询联盟”系统在功能结构上分为 5 个层次：

（1）资源层。指参加合作的成员馆建立包括各种印刷型资源（图书、期刊等）、电子资源（电子期刊、数据库等数字资源）、各种自建及引进的特色数据库等，是实现共享的基础。

（2）加工层。在资源层的基础上，建立馆藏书目数据库、文摘数据库、索引库等，使用户可以方便地找到所需的图书文献的收藏情况，以达到图书馆之间的“共知”，为共享创造条件。

（3）服务层。利用自己的馆藏及共享的国内外资源，开展网上实时参考咨询、文献传递等共享活动。

（4）技术层。服务于各层次，是共享体系的支撑。包括数据库技术、网络技术、搜索引擎技术及各种标准接口等，也包括文献采集、加工、交换等方面的标准及规范。

（5）管理层。服务各个层次，是共享体系的组织保证。通过制订资源建设规划，统一实施平台建设，制订服务规范及考核方法，分别服务于资源层、技术层、加工层、服务层。通过有效的组织管理和运行机

---

① 《全国图书馆参考咨询联盟服务指南》. http://www.ucdrs.net/admin/union/index.do

制保证共享体系的实施。①

“全国图书馆参考咨询联盟”系统由读者和咨询专家两个前后台界面组成。读者界面有注册、登录、档案管理、表单咨询、实时咨询等基本功能，咨询专家界面有注册、登录、解答咨询、转移咨询、实时咨询、联机检索等一系列功能，可以完成从读者提问、专家解答、建立咨询档案到业务统计等日常管理工作。

“全国图书馆参考咨询联盟”系统采用电子邮件、文件推送、在线浏览、文献传递等方式进行服务，通过该系统，各馆可以把大量被局限在馆内局域网使用的电子文献，以合理利用的方式远程免费提供给读者使用，从而真正实现我国公共图书馆资源共享的目标。在全国范围内，任何读者在“全国图书馆参考咨询联盟”系统注册和登录，就可以得到全国公共图书馆的相关服务。

五、基层图书馆与联合参考咨询

参考信息资源匮乏，馆员参考服务素质偏低，是制约基层图书馆咨询服务工作广泛深入展开的关键因素，而联合参考服务模式适应了网络条件下用户的信息需求和利用图书馆方式的变化，实现了信息资源、人力资源、设备资源的高度共享，特别是“网上联合知识导航站”及“全国图书馆参考咨询联盟”系统的出现，为基层图书馆改善或缓解其困顿状况提供了可能。

首先，联合参考咨询模式突破了传统的馆际合作格局，实现全国范围的“读者共享”、“馆员共享”、“数字资源共享”和“网络共享”。利用网络的传递和交互功能将各图书馆和咨询机构的信息资源结为一个整体，为用户提供全天候参考咨询服务，不再是过去那种以单个图书馆和咨询机构为中心的运作模式，而是在网络环境下的整体运作模式。

其次，联合参考咨询模式摆脱了以往“自给自足”的传统服务模

① 莫少强. 公共图书馆联合参考咨询与文献传递服务. 见：国家图书馆编. 中国图书馆年鉴 2007. 国家图书馆出版社，2008：92－98

式，合作各方通过共享资源库、用户库和咨询顾问库，避免了资源的重复建设。在减轻各方人力、物力压力的同时，也大大提高了信息资源的利用率，咨询服务的质量也会因此而逐步提升。

最后，通过参加联合参考咨询，基层图书馆可以借此培养和锻炼出一大批能够在网络环境下开展参考咨询服务的专业人才和队伍，以适应我国公共图书馆网络化、数字化的发展趋势。

当然，共享是联合参考咨询服务模式的基础，要想做到人为我用，必须做到我能为人所用，获取与付出是对等的。因此，基层图书馆要努力完善其资源结构，构建具有地方特色的文献信息资源库，为我国公共图书馆文献信息资源建设作出自己应有的贡献。

第五章　参考服务之业务辅导

第一节　业务辅导的含义与状况

一、业务辅导的含义

图书馆的业务辅导，“是指一个地区或一个系统中的大型图书馆或中心图书馆对本地区或本系统所属的中小型图书馆在贯彻方针任务、改进业务技术方法、培训专业干部等方面进行的辅导和帮助，并采用各种形式，组织基层图书馆相互学习，交流经验，研讨业务问题，以促进网络的发展、巩固与提高”。[①] 这是十年前王学熙主编的《图书馆业务研究与业务辅导》一书中对于图书馆业务辅导工作的基本定义，这一定义至今仍被业界所沿用。而十年来，我国的公共图书馆事业无论是外部社会环境、政策环境，还是内部管理机制、职业理念，都发生了前所未有的深刻变化，作为公共图书馆工作的有机组成，随着时代的变迁，业务辅导的内涵，包括服务对象、服务原则、服务内容、服务方式及其作用，也必然会随之发生变化，亟须业界予以归纳与总结。

我国公共图书馆系统，是按照地方行政区划，实行省、市、区(县)三级管理体制，各级图书馆在行政和业务上互不统属，无法实行逐级负责的管理模式，而逐级而行的业务辅导工作也就成为我国各级公共图书馆整合人力物力资源，统一服务规范，进而协作共进，提升整体服务效能的一种具有中国特色的特殊工作形式。

在我国公共图书馆现有的三级业务辅导体系中，从省级图书馆、地级图书馆，到县(区)图书馆，不论其规模大小，都必须承担对下级公共图书馆的基层图书馆的辅导任务。省、市、县图书馆的业务辅导工

---

① 王学熙. 图书馆业务研究与业务辅导. 北京图书馆出版社，2000：3

作，又因其所处地位不同，各自具有不同的辅导对象和辅导特点。

省级图书馆是全省业务辅导的中心，它的辅导对象主要是市级馆，在一些省份，县级馆也是其辅导对象。其辅导主要以宏观指导为主，可协助市县级馆制定发展方向，规划建设方案等，也可针对个别地区的具体情况，进行重点辅导。

市级馆在公共图书馆业务辅导工作体系中起着承上启下的作用，它既是省馆的辅导对象，接受省馆的宏观业务指导，同时又承担着对县级馆具体业务的辅导工作。

县级馆的业务辅导工作尤为特殊。它既是省、市级馆的辅导的对象，同时作为现有公共图书馆体系的末端，与基层服务站点一级基层百姓保持着最为直接和密切的联系，是联系基层图书馆服务站、点（室）的枢纽，从某种程度上说，县级图书馆业务辅导工作进展如何，关乎整个公共图书馆服务体系乃至公共文化服务体系建设的成败，因而尤为值得关注。而本书对于图书馆业务辅导工作的讨论，也主要是围绕着县级图书馆及其业务辅导的作用、原则、内容、方式等而展开的。

二、业务辅导的状况

业务辅导之于中国图书馆事业，渊源有自。中华图书馆协会创办伊始（1925 年），即以培养图书馆专业人才为使命，专门设立图书馆教育委员会，其培养图书馆专业人才的途径，一为设立正规图书馆学校，如文华图书馆专科学校；另一条途径就是以培养中小型图书馆干部或提高图书馆工作者理论技术水平为目的的讲习会、短期训练班、函授学校，如 1925 年 7 月协会联合国立东南亚大学、中华职业教育社等举办暑期学校，其中图书馆学组学时一个月，课程包括图书馆学术史、图书馆行政管理、儿童图书馆、学校图书馆、分类法、编目法、目录学、参考部、图书馆选购法、图书馆流通法等，刘国钧、李小缘、杜定友、洪有丰等均参与授课，成为一时之盛事。

建国以来，伴随着我国图书馆事业的发展，业务辅导工作也在不断发展和完善，基本形成了按系统分工，按地域包干，多层次的，以巡回辅导、阵地辅导、经验交流、学术研讨、调查研究为手段，以业务培训为重点的具有中国特色的业务辅导模式。

在过往的六十余年，除去“文革”十年，公共图书馆的业务辅导工作伴随中国图书馆事业的发展，经历了4个阶段。在不同的发展阶段，其业务辅导的主要对象、作用、原则不同，因而所采用的内容与方法也各有不同。

1. 兴起阶段(1949年—1966年)

建国初期，我国的图书馆事业经历了一个恢复、整顿和发展过程，至50年代中期，我国独立建制的图书馆约有百余所，大多数省市图书馆的辅导部门等都是在这个时期开始设置的，起初称“推广组”、“推广辅导组”等，主要是面向本地区各系统各类型图书馆(室)以及市郊农村公社大队，帮助其建立图书馆流动站。为了推动公共图书馆事业的快速发展，文化部在1955年颁发了《关于加强与改进公共图书馆工作的指示》，其中明确提出公共图书馆三大主要任务之一是“对本地区规模较小的公共图书馆、文化馆(站)、图书室、工矿企业、机关团体的图书室及其他图书馆(室)进行业务辅导，以促进本地区图书馆事业的巩固和发展”。同时要求“各公共图书馆应一律进行”。1956年的“全国图书馆工作会议”重申了这一工作。1957年召开的全国文博图工作座谈会再次强调“各级公共图书馆都应当加强对基层图书馆(室)的辅导工作”。1958年全国总工会发布建立工会图书馆的指示，促进了工会系统图书馆(室)的发展，省市县公共图书馆，特别是市、县馆，都以工会图书馆(室)作为业务辅导工作的重点，对于这一系统图书馆事业的建设和巩固起到很大的作用。其时，我国中小学教育事业及其图书馆也有了较大的恢复和发展，市、县公共图书馆与中小学图书馆也保持了密切的业务联系。由此，公共图书馆业务辅导工作开始走上正轨。进入20世纪60年代，各省市图书馆都建立了研究辅导部，专门负责本地区各系统图书馆(室)的业务辅导工作。

2. 发展阶段(“文革”后—90年代初)

“文革”结束后，全国科技信息工作率先走入正轨，许多公共图书馆一度同科委、科技信息所合作，把科研单位、工厂企业的科技资料室作为业务辅导的重点，而广大农村的图书馆事业仍然是薄弱的环节。

1980年5月中共中央书记处讨论并通过《图书馆工作汇报提纲》，图书馆事业的建设与发展被提到了党和国家的重要议事日程，我国图书馆事业由此进入了一个健康发展的新阶段，形成完整的公共图书馆体系，无论是省、市、县图书馆建设，还是农村乡镇图书馆（室）建设，都发展迅速，成绩巨大。各地公共图书馆的业务辅导工作也随之深入展开。1983年随着我国行政区划管理体制的改革，不少省（市）取消了"地区"一级行政管理机构，实行新的"市管县"行政管理体制，使原有一大批地级市图书馆承担起了对县级图书馆的辅导任务，使原有的省辖市图书馆辅导工作的重点从对本市基层图书馆的辅导，转移到对县级图书馆的辅导上，从而形成了省、市（地）、县三级业务辅导体系。尤其是对市（地）、县（区）两级公共图书馆的业务辅导工作的性质和任务，业界有了较以往更为清晰的认识。明确业务辅导的性质——"具有对本地区、本系统基层图书馆在贯彻方针任务和业务技术方面进行指导和帮助的职能。业务辅导工作又是图书馆事业组织工作的重要组成部分，它负有协助有关行政主管部门组建图书馆网的职责。同时，业务辅导工作又具有专业教育性，它在培养、提高在职工作人员业务水平和工作能力等方面起着重要作用"。并进而归纳出市（地）、县（区）两级公共图书馆业务辅导工作的5项基本任务：①积极宣传、贯彻党和国家有关图书馆事业的方针、政策、法令、条例。协助文化主管部门制订本地区图书馆事业发展规划，促进图书馆事业的发展。②对本地区的基层图书馆（室）进行业务辅导。以国家和各级政府主管部门颁布的标准、条例为准则，帮助、促进基层馆（室）业务管理的科学化、规范化和标准化。③在有关部门的领导与支持下，组织本地区图书馆间的协作协调，建立、健全图书馆网。④对本地区图书馆（室）工作人员进行业务培训。⑤开展和组织图书馆业务理论和技术方法的研究。根据本地区的实际需要，有针对性地搜集、整理、保管、利用图书馆学专业书刊资料。①

实事求是地讲,这一阶段应该是我国公共图书馆业务辅导工作最富成效的时期,许多业务辅导的成功经验都是在这一时期积累下来的,而有关公共图书馆业务辅导的基本模式、基本内容、基本方法等也大都是在这个时期逐步形成并臻于完善。

3. 转型阶段(90 年代初—21 世纪初)

这一时期,公共图书馆面临着两种深刻的变革:一是来自社会环境的变革,即从计划经济向市场经济的转变;二是来自图书馆内部发展的变革,即从传统图书馆向现代化图书馆(电子图书馆、数字图书馆、虚拟图书馆)的转变。这两个转变都对公共图书馆及其业务辅导工作产生深刻的影响。经费短缺,地区发展不平衡,人员素质偏低,成为影响公共图书馆事业发展的三大瓶颈,此前兴建的大批乡镇图书馆(室)在短时间内纷纷闭馆乃至消失。许多市县级馆的业务辅导部门形同虚设,辅导工作处于"无事辅"、"无经费去辅"的状况。② 尤其是中西部地区,许多县级图书馆常年处于经费短缺、无钱购书的困窘状况,自身生存都成问题,遑论业务辅导。在这样的情形下,1996 年 7 月在国家图书馆(原北京图书馆)召开了全国"图书馆辅导工作研讨会",提出辅导工作的"三十二字"方针,"同行相助,以学会友;按需定题,选题参加;自负盈亏,经费自助;能者为师,教学相长"。③ 同时明确了辅导工作的 4 项基本原则,即注重前瞻性、注重现实要求、注意理论与实践的结合应用、注意辅导与研究相结合。进而对辅导工作的内容作出要求:"辅导内容似可分为两大板块,第一部分为图书馆改革,包括体制改革和业务改革。另一部分是图书馆的业务方法与技术手段。"④这次会议的召开,对这一时期公共图书馆,尤其是省级公共图

① "华北图协"图书馆业务辅导工作研讨班. 关于图书馆业务辅导工作细则的若干建议

② 彭小莉. 关于市、县图书馆业务辅导工作的几点思考. 图书馆,2001(3):70

③ 周和平. 履行国家图书馆职能 努力开展辅导工作. 北京图书馆馆刊,1996(4):6

④ 王绪芳. 关于开展辅导工作的设想. 北京图书馆馆刊,1996(4):11 - 14

书馆业务辅导工作的展开起到了积极的推动作用。

4. 繁荣阶段(21 世纪初—)

21 世纪初,国家高度重视文化建设,作出一系列重大部署,分别下发了《关于进一步加强基层文化建设的指导意见》《关于进一步加强农村文化建设的意见》《关于深化文化体制改革的若干意见》《国家"十一五"时期文化发展规划纲要》《关于进一步加强公共文化服务体系建设的若干意见》等一系列文件,不同方面对发展公益性文化事业、构建公共文化服务体系提出了具体要求。2007 年 6 月,中共中央政治局召开会议,专门研究加强公共文化服务体系建设,明确提出了覆盖全社会的公共文化服务体系的基本框架,提出了构建公共文化服务体系的根本目的在于实现和保障公众的基本文化权利,满足公众的基本文化需求。2007 年 10 月,在党的十七大报告中更是突出强调了加强文化建设、提高国家文化软实力的重要性,强调要兴起社会主义文化建设新高潮,推动社会主义文化大发展大繁荣。这一系列方针政策的出台,使得我国图书馆事业发展的社会环境、政策环境、保障程度出现了前所未有的变化,而以此为契机,我国的图书馆事业进入了快速发展的良好时期,尤其县级基层图书馆,以及乡镇、村图书馆(室)建设取得突破性进展。截至 2010 年底,全国共有县级公共图书馆 2512 个,乡镇(街道)文化站40 118个,村文化室283 752个,社区文化活动中心99 521个。与此同时,与文化系统相邻的新闻出版、工会、科协等其他系统也开展了声势浩大的基层公共文化设施建设,各种"农家书屋"、"职工书屋"、"科普书屋"、"惠民书屋"如雨后春笋般涌现在广大的基层农村。尤其是"农家书屋",截至 2011 年 10 月底,全国 64 万个行政村中已有 40 多万个建立了农家书屋,预计到 2012 年,这项工程将基本竣工。①

而与公共图书馆事业快速发展不相适应的,则是基层图书馆(室)从业人员专业素质、信息素养偏低,难以适应信息时代图书馆事业的

① 孟军,张昆平. 农家书屋建设五年成就辉煌. 农民日报,2011 - 12 - 09. http://news.xinmin.cn/rollnews/2011/12/09/12935421.html

发展要求。由此,尽快提高基层图书馆从业人员的基本素质,成为新时期公共图书馆业务辅导工作的重中之重。2010 年 9 月,文化部出台《关于开展全国基层文化队伍培训工作的意见》,提出在“十二五”期间,全面实施“全国基层文化培训项目”,争取用五年的时间,对现有24.27 万县乡专职文化队伍和 366.85 万左右的业余文化队伍进行系统培训,使专兼职结合的基层文化队伍素质显著提高,并逐步建立基层文化队伍培训长效机制,建立健全覆盖全国的基层文化队伍培训网络及网络远程服务平台,推动培训工作科学化、系统化、常态化。同时,培训工作与深化公益性文化事业单位人事制度改革相结合,推进基层文化培训规范化建设,实行培训合格上岗制度,加强岗位管理,逐步提高公共文化队伍整体素质。① 而以此为契机,我国公共图书馆特别是基层图书馆的业务辅导工作必将掀起一个新的高潮,进而有效地推动我国基层公共图书馆事业持续、稳定、健康地发展。

第二节　业务辅导的作用与原则

一、基层图书馆业务辅导的作用

1. 业务辅导是一定时期内推动地区图书馆事业发展的特有方式

公共图书馆的业务辅导是为了适应中国图书馆事业的发展需要而产生的,有其特定的历史原因和社会背景。在我国,各级各类图书馆分属于不同的政府主管部门或单位,在各个图书馆之间没有纵横的组织关系,这种体制障碍的长期存在,不可避免地造成图书馆活动社会化要求与图书馆工作各自为战实际状况之间的矛盾产生,因而在相当程度上成为制约我国图书馆事业发展和功能发挥的最大障碍。而业务辅导工作的适时出现,在相当程度上缓解了这一矛盾,成为特定历史时期协调不同类系馆际关系、推动地区图书馆事业发展的特殊方式。1955 年 7 月,文化部发布《关于加强和改进公共图书馆的指示》,

---

① 杨志今. 公共图书馆业务培训指导纲要序言. 北京师范大学出版社,2012

明确规定各级公共图书馆“对本地区规模较小的公共图书馆、文化馆(站)、图书室、工矿企业、机关团体的图书室及其他图书馆(室)进行业务辅导,以促进本地区图书馆事业的巩固和发展”。业务辅导成为公共图书馆三大基本职责之一,并由此形成了我国图书馆管理体制中的一种独特现象,即辅导工作实际上成为图书馆事业管理的一个特殊组成部分。因此,从某种程度上说,也正是现行图书馆事业管理体制的这种特殊性,决定了业务辅导工作存在和发展的必要性。几十年来,各级公共图书馆业务辅导工作的重要任务之一,就是协助各级政府部门推进本地区图书馆事业的建设,研究、制订本地区的图书馆事业的发展规划和近期目标,协助当地文化主管部门制定本地区图书馆的有关业务工作的规范和条例以及有关政策法规,以及基层图书馆的改革措施与实施方案。[①] 尽管在不同的历史时期,对于各级公共图书馆业务辅导工作的要求也不尽相同,但其主旨精神并没有实质的变化。直至2009年文化部组织的全国第四次公共图书馆评估,其省、地、县三级馆评估细则中还仍旧保留着“配合政府主管部门开展社区、乡镇图书馆(室)建设工作”、“完成对本地区各级公共图书馆事业建设的综合性和专题性报告”、“对全地区公共图书馆的业务统计数据和动态信息的掌握程度”等相关评估要求。

2. 业务辅导是维系地区图书馆业务规范化、标准化的必要手段

没有规矩,不成方圆。整齐划一的服务规范、业务标准,既是图书馆工作得以正常开展的内在要求,同时也是整合系统资源,建立共享服务平台,进而提升区域内整体服务水平,增强行业凝聚力、竞争力的必要手段。在现有复杂的馆际关系中,业务辅导成为达成这一目的重要手段。在广大基层地区,图书馆业务的规范化、标准化,大都是通过业务辅导这一方式来实现的。比如莱州市图书馆,早在90年代就建立了一整套基层辅导的业务规范和标准要求,如《乡镇图书馆工作条例》《乡镇图书馆验收标准》《农村图书室检查评分办法》《乡镇图书馆

---

① 董隽,唐红安.21世纪业务辅导工作的新使命.图书馆建设,2002(2):85

图书分类表》《厂矿图书馆图书分类表》《中学图书馆图书分类表》等，并在全市125处乡村图书馆，实行了图书分类法、藏书排架、图书著录标准、卡片式读者目录、借阅手续、各种账册、统计口径等方面的“七统一”，从而使该市的乡村图书馆业务建设和管理工作日趋规范，做到了“工作有计划，采购按比例，入藏有登记，借阅有手续，注销有根据”。①

3. 业务辅导是地区图书馆从业人员岗位培训的组织者、管理者

对区域内基层图书馆（室）从业人员进行岗位职业培训，是公共图书馆尤其是市、县图书馆业务辅导的重要内容。20世纪50年代以来，我国市、县图书馆长期坚持举办针对不同对象、不同类型的业务培训班。80年代初至90年代末，市、县图书馆普遍举办图书馆业务培训班，培训基层图书室管理人员。21世纪的图书馆，面临信息网络技术高速发展与社会公众文化信息多元化需求的双重考验，图书馆工作的从业人员能否及时补充和更新各种专业知识和技能，已经成为图书馆事业在新的形势和环境下能否继续生存和发展的战略性问题。党的十七届六中全会通过的《中共中央关于深化文化体制改革，推动社会主义文化大发展、大繁荣若干重大问题的决定》指出，“推动社会主义文化大发展大繁荣，队伍是基础，人才是关键”，其中，“基层文化人才队伍是文化改革发展的基础力量。要制订实施基层文化人才队伍建设规划，完善机构编制、学习培训、待遇保障等方面的政策措施，吸引优秀文化人才服务基层”。而加强包括图书馆从业人员在内的基层文化队伍培训工作，是贯彻落实“人才兴文”战略，推动文化大发展大繁荣的必然要求。在即将实施的文化部“全国基层文化队伍培训项目”，以及“覆盖全国的基层文化队伍培训网络”中，市、县图书馆因其特有的优势——贴近基层实际工作、了解基层工作人员的实际需求、拥有丰富的为实践证明行之有效的培训经验，以及广泛、深厚的基层人脉关系等，必将发挥其应有作用，占有其他部门难以取代的重要位置。

4. 业务辅导是基层图书馆参考服务工作中具有特殊意义的重要

① 莱州市图书馆. 大力加强基层业务辅导工作　促进乡村图书馆事业健康发展. 山东图书馆季刊，1992(3)

组成

公共图书馆传统参考辅导工作主要包含两部分内容。第一部分内容是所谓“用户教育”，侧重于提高公众信息素养，拓宽图书馆辐射范围，增强图书馆与用户之间的联动，推动良性循环，累积社会效益，并借以融入社会、奉献社会。在基层图书馆，这方面的工作，已经融入到前述基层图书馆参考服务中“阅读导引”、“公共信息服务”、“咨询服务”等各个方面。第二部分内容就是面向基层服务点的业务辅导，它成为基层图书馆融入乡镇（街道）、村（社区）公共文化服务体系建设、彰显实力、贡献力量的主要渠道与主要支点。与前者不同的是，基层图书馆业务辅导的主要对象是基层服务站点及其工作人员，在这里，为基层百姓提供基本文化信息服务的服务者成为“被服务者”，也就是说，基层图书馆的业务辅导，就其实质而言，它是一种“服务中的服务”。惟其如此，参考辅导“授人以鱼，不如授人以渔”的基本功效方能体现得更加淋漓尽致。

二、基层图书馆业务辅导的原则

1. 公益性原则

基层图书馆参考服务的本质属性是公益性的，不以获取经济利益为提供服务的前提，作为其重要组成，基层图书馆的业务辅导也必须遵从公益性的基本原则。与直接面对社会公众的公益性服务不同，业务辅导的公益性是通过为基层服务站点及其工作人员提供服务而间接实现的，即所谓“服务中的服务”。其核心目的都在于提高服务效益，以最低量的成本，博取最大的社会效益。

2. 政策性原则

业务辅导工作的政策性，主要体现在党和国家方针、政策、任务的贯彻执行上，这是基层图书馆业务辅导工作的一条基本原则。建国以来，党和国家多次明确社会主义图书馆事业的方针、任务，制定了一系列规范图书馆事业发展的政策。这些方针、政策要求，辅导人员要正确领会，准确把握，而且应贯穿于全部业务辅导工作的始终，以确保图书馆既要始终坚持为社会主义服务、为人民服务的办馆方向，又要在不同时期或特定的历史阶段，努力服从服务于党和国家的中心工作。

3. 目标性原则

一直以来，基层图书馆业务辅导工作的首要任务，就是协助有关领导部门制定本地区图书馆事业的发展规划，有计划地发展各种类型的图书馆，形成政府行政管理部门对图书馆实行宏观上的目标管理。同时又要指导基层服务站点制订中长期规划和近期目标。这些目标的制订既要体现科学规范的要求，又要结合本地区实际状况，努力形成在服务手段、服务功能和服务形式上的自身特色。在实际的业务辅导工作中，辅导人员不仅要帮助有关方面制订规划目标，还要帮助完善相关的目标管理制度，切忌在宏观管理和重要业务环节上辅导的盲目性、随意性。

4. 针对性原则

基层图书馆业务辅导工作的服务对象是广大的基层服务站点及其工作人员，不同的对象有不同的需求重点，越是基层，其地域性与个体性差异越明显。因此，搞好业务辅导工作的首要前提就是要充分了解被辅导对象的真实需要，切实帮助其解决实际问题。在具体业务辅导过程中，必须坚持实事求是，从实际出发，因地制宜，因人制宜，根据不同的辅导对象及不同的实际情况，采取不同的辅导方法，传授不同的辅导内容，以确保辅导工作不流于形式，有的放矢，富于实效。

5. 科学性原则

图书馆业务辅导工作是一项专业性很强的业务工作。只有根据图书馆事业发展的规划目标和图书馆工作的自身规律，运用科学的方法，才能使图书馆业务辅导工作得以健康有效地开展。基层图书馆业务辅导的科学性主要体现在两个方面，其一是辅导内容的科学性。图书馆学、情报学的基本原理是图书馆开展业务辅导工作的科学理论基础，是各级图书馆实施科学管理的基本规范原则。其二是辅导方式的科学性。应该通过对本地区图书馆事业的调查研究建立业务辅导档案，分析研究，制订切实可行的科学的业务辅导计划。

6. 实践性原则

富于实践性是基层图书馆辅导工作的最鲜明特征。基层图书馆与基层服务站点及其工作人员保持着最为密切的鱼水关联，离开基层工作实践，辅导便也失去了其生存和发展的土壤。一方面，基层图书馆业务辅导的内容应多侧重于图书馆实际工作中所涉及的业务流程、业务规范，以及一线工作人员"应知应会"的基本知识、基本技能；另一方面，在具体的辅导方式上也应灵活多样，切合辅导对象的实际接收能力和接受习惯。且无论是辅导的内容还是辅导的方式，都不应故步自封，一成不变，而应与时俱进，随着社会的演进以及基层实际状况的变化而随时予以调整。

第三节 基层图书馆业务辅导的主要内容

新近由文化部社会文化司组编的全国基层文化队伍培训教材《公共图书馆业务培训指导纲要》，旨在为各地开展基层文化队伍培训设计培训框架和培训重点，以"学得快、用得上、有实效"为出发点，以全面提高基层公共文化工作者的职业素养和业务能力为目标，对公共图书馆的理论、政策、方法、机制作了较为全面的梳理总结和介绍分析。该《指导纲要》分为公共图书馆基本原理、公共图书馆管理实务、公共图书馆资源建设与服务、公共图书馆信息技术应用、公共图书馆未成年人服务、公共图书馆宣传推广与阅读促进等 6 个部分，其基本内容是在"志愿者行动"培训教材的基础上形成的，"经过了遍及全国 25 个省市自治区，累积面对 3000 多位基层公共图书馆馆长和业务骨干讲授的实际历练"，具有"面向实践、统筹兼顾"的特点，[①]因而对新时期公共图书馆业务辅导工作具有重要的指导意义。但"志愿者行动"的主要培训对象是基层图书馆馆长，而基层图书馆业务辅导的主要对象则是基层服务站点及其普通工作人员，培训对象不同，培训的内容也

---

① 李国新. 公共图书馆业务培训指导纲要 · 后记. 北京师范大学出版社，2012

会相应所有变化,因此,在“研读领会其中(纲要)蕴涵的公共文化服务体系建设相关领域的重点知识”的同时,有必要“结合本地实际编写培训讲义或培训教材”。①

有鉴于此,基于基层图书馆业务辅导公益性、政策性、目标性、针对性、科学性、实践性原则,结合《公共图书馆业务培训指导纲要》的整体要求,基层图书馆业务辅导的内容主要可以分为以下7个方面:

1. 开展对于本地图书馆事业发展状况的基础调研

注重调研,是公共图书馆业务辅导工作几十年来坚持不懈的优良传统与重要内容。尤其是县级基层图书馆,业务辅导对象分散复杂、需求各异,且不同时期又有不同的需求重点,于是深入细致的基础调研便成为开展业务辅导工作的先导。调研应主要侧重于4个方面:其一是区域内图书馆(室)基础设施的建设、发展状况,包括机构数量、馆舍规模,经费保障状况,文献收藏与利用状况,用户服务与用户需求状况等;其二是基层图书馆(室)工作人员的基本状况,包括人员构成(专兼职)状况、人员素质(基本学历、专业知识技能)状况;其三是当前基层普遍存在的主要问题和主要矛盾;其四是区域系统内的先进典型及先进经验等。

2. 协助地方主管部门制订地区图书馆事业的发展规划及业务规范条例

在深入调查研究的基础上,当好政府和有关领导部门的参谋,及时提供和分析本地图书馆事业发展的新情况、新动态,协助制订本地区图书馆事业发展规划,制订各级各类图书馆业务工作规范、条例或考核定级标准,同时根据当地实际,向领导机关反映图书馆面临的困难和亟须解决的问题,及时总结事业发展中的经验和教训,提出改进图书馆工作的合理化建议,供领导决策时参考等,这些都是公共图书馆业务辅导工作几十年来薪火相传的重要任务,在构建公共文化服务体系的新时期,这项基本任务仍有其存在的必要性。

---

① 杨志今. 公共图书馆业务培训指导纲要. 序言. 北京师范大学出版社,2012

由于各级公共图书馆大多拥有区域内独一无二的专业优势与龙头地位，并与本地各基层图书馆（室）在业务方面保持着长期的密切往来，各级地方政府在制订本区域图书馆发展政策、规划以及行业标准、规范、条例时，通常会征询其意见或径由其代为拟定，这样的成例在不同时期、不同地区、不同层级的公共图书馆都普遍存在。

3. 方针政策、法律法规的教育与宣传

向各级各类图书馆及时宣传、贯彻有关图书馆的方针、政策、法律法规，是业务辅导工作中事关图书馆事业发展的原则性、方向性的重要工作。尤其是在目前公共文化服务体系的构建过程中，各种新事物、新情况不断涌现，与之相关的各种文件以及法律法规也纷纷出台，能否及时、准确地将这些政策性文献的核心精神传达给基层图书馆工作者，以保持事业发展方向上的一致性，进而融入时代潮流，贡献社会，是当前基层图书馆业务辅导者的首要任务。

重点辅导文献：

《国民经济和社会发展十二五规划纲要》(2011－03－16)

《文化部财政部关于推进全国美术馆公共图书馆文化馆（站）免费开放工作的意见》(2011－01－16)

《文化部财政部关于开展国家公共文化服务体系示范区（项目）创建工作的通知》(2010－12－31)

《文化部关于开展全国基层文化队伍培训工作的意见》(2010－09－01)

《中共中央办公厅 国务院办公厅关于加强公共文化服务体系建设的若干意见》(2007－08－21)

《中共中央办公厅、国务院办公厅关于进一步加强农村文化建设的意见》(2005－11－07)

4. 职业道德、职业理念的教育与宣传

秉承职业精神、遵守职业道德是所有图书馆人从业的基本前提。对于基层图书馆（室）从业人员进行深入细致的图书馆职业道德、职业理念的教育与宣传，是基层图书馆业务辅导的一项基本内容。所谓职业道德，是指与人们的职业活动紧密联系的符合职业特点要求的道德准则、道德情操与道德品质的总和，它既是对本职人员在职业活动中行为的要求，同时又是职业对社会所负的道德责任与义务。每一种职业都担负着一种特定的职业责任和职业义务，而职业责任和义务不同，从而形成各自特定的职业道德的具体规范。而职业理念则是指由职业人员形成和共有的观念和价值体系，是一种职业意识形态。图书馆员职业产生于图书馆的开放与服务。也正是因为图书馆的开放与服务，才使其深深根置于社会之中，从藏书楼蜕变为真正意义上的图书馆，因此服务精神成为图书馆员的首要职业精神。而开放服务的对象是用户，于是用户需求也就成为图书馆发展最终的决定力量，于是也便有了"用户永远是正确的"这样的图书馆理念的出现。

图书馆对全社会普遍开放，承担实现和保障公民基本文化权利、缩小社会信息鸿沟的使命，这是世界图书馆人在过去100多年的图书馆实践活动中所逐步形成的基本共识。而2008年中国图书馆学会正式发布《图书馆服务宣言》，则明确地向社会公众表达了中国图书馆人对于这一现代图书馆理念的认同与遵从。

重点辅导文献：

中国图书馆学会《图书馆服务宣言》(2008)

《中国图书馆员职业道德准则(试行)》(2002)

联合国教科文组织/国际图联《公共图书馆宣言》(1994)

《公共图书馆服务发展指南》(林祖藻译．上海科学技术出版社2002年版)

5．基本业务规范、条例的培训

没有规矩，不成方圆。无论是图书馆对外读者服务，还是内部工作流程的管理，都需要遵从一个统一的规范或标准，这既是现代图书馆协作联合、建立统一服务平台的需要，也是保障读者基本文化需求的必然要求，因此，结合地区实际状况和工作需要，对已有的各项行业规范、条例等进行深入剖析和辅导，并予以贯彻和落实，是保障地区图书馆事业发展科学化、规范化和标准化的必要手段，也是基层图书馆业务辅导工作的常备内容。

2012 年 5 月 1 日，由国家质量监管检验检疫总局、国家标准化管理委员会批准发布的《公共图书馆服务规范》开始正式实施，这是我国第一个规范公共文化的国家级服务标准，也是我国图书馆规范体系中首个服务标准。该《规范》适用于县(市)级以上公共图书馆，而街道、乡镇级公共图书馆以及社区、乡村和社会力量办的各类公共图书馆基层服务点也可参照执行。该《规范》共分前言和 8 个方面，包括范围、规范性引用文件、术语和定义、总则、服务资源、服务效能、服务宣传、服务监督与反馈等，对公共图书馆服务的各个方面进行了全面而具体的规定。《规范》的批准发布与实施，填补了当前我国图书馆规范体系中服务类标准规范的空白，为检验公共图书馆服务效能与管理提供了技术依据，将在推动我国公共图书馆事业健康、有序发展，加快建设覆盖全社会的公共文化服务体系，有效保障社会公众的基本文化权益方面发挥积极作用。

重点辅导文献：

《公共图书馆服务规范》(2012 年 5 月 1 日实施)

《公共图书馆建设标准》(2008 年 11 月 1 日实施)

《公共电子阅览室管理规范(试行)》(2010 年 11 月 4 日)

《乡镇综合文化站管理办法》(2009 年 10 月 1 日实施)

《农家书屋工程建设管理暂行办法》(2008 年 7 月 21 日)

6. 基本技术标准的培训

图书馆工作规范化、标准化，是现代图书馆的一项重要的基础工作，是科学管理的重要组成部分，是实现图书馆现代化的必要条件。图书馆标准体系包括管理标准和技术标准两大部分，前述《公共图书馆服务规范》应该属于管理标准的范畴。而图书馆技术标准则又分为传统文献技术标准和数字技术标准两类，主要包括：①书目数据库标准。1996 年我国颁布实施了《中国机读目录格式》，CNMARC 具有数据格式标准化、项目齐全、检索点齐备、格式通用、易交换等特点，是中国机读目录的标准交换格式，也是各馆进行中文图书计算机编目的依据,为我国文献工作的规范化和标准化铺平了道路。②文献著录标准。我国自80年代以来,依据《国际标准书目著录》(ISBD)的原则,参照《英美编目条例》第二版(AACR2)制定了《文献著录总则》(GB3792.1—83)等一系列中文著录标准,从而在著录级次、标识符号、著录项目选择及代码的使用方面实现了统一。1996年10月,又正式出版了《中国文献编目规则》,对原有标准进行了修订、完善。文献著录的标准化为信息的沟通和交流夯实了基础。③文献标引标准。文献标引包括分类标引和主题标引。文献分类标引工作是图书馆科学组织藏书、管理藏书的基础工作。目前,我国大多数图书馆采用《中国图书馆分类法》作为分类的标准。文献主题标引则是建设书目数据库的基础工作,质量的高低则直接影响检索效率。我国图书馆主要使用的主题标引词表有《汉语主题词表》和《中国分类主题词表》两种。

重点辅导文献:

《中国图书馆分类法》(第5版)

《中国分类主题词表》(第2版)

《中国文献编目条例》(第2版,北京图书馆出版社2005年版)

《新版中国机读目录格式使用手册》

7. 基本业务知识、技能培训

对图书馆在职人员的培训一直是基层图书馆业务辅导工作的重要内容,它实际上是图书馆学教育的延伸,是提高图书馆工作者专业理论水平和业务技能的重要途径。改革开放以来,图书馆业务辅导部门在对在职人员的培训和继续教育方面做了大量的工作,积累了丰富的经验,取得了丰硕的成果。现在许多基层图书馆的管理者及业务骨干,都是通过培训这一途径,不断丰富其专业水准,提高其管理技能,进而成为地方图书馆事业的栋梁之才。在具体的培训过程中,要根据培训对象的专业背景、文化程度以及接受能力,因材施教,分层培训:对图情专业毕业的人员,侧重于新知识、新理论、新技能的补充与提高,进一步增强其专业素质;对非图情专业毕业的大专以上人员,要进行图书馆学基本理论及图书馆工作技能与方法的培训,使其具备一定的图书情报学知识和实际操作能力；对没有受过高等教育的人员，则应通过培训使其掌握图书馆的一般知识与技能，具备独立上岗的基本素质。学以致用，增强培训效果。

重点辅导文献：

《图书馆学概论》（修订2版，吴慰慈，董焱编著，国家图书馆出版社2008年版）

《基层图书馆公益讲座》（王惠君主编，国家图书馆出版社2011年版）

《基层图书馆信息资源建设与服务》（屈义华主编，国家图书馆出版社2011年版）

《基层图书馆自动化网络化建设》（甘琳编著，国家图书馆出版社2010年版）

《基层图书馆的农村服务工作》（王效良著，国家图书馆出版社2010年版）

第四节　基层图书馆业务辅导的主要方式

针对不同的问题和不同的培训对象采取相应的培训辅导方式，对于基层图书馆业务辅导工作来说是十分重要的。我国各级公共图书馆经过多年的业务辅导实践积累，形成许多行之有效的工作模式和工作方法，成为基层图书馆业务辅导工作的宝贵财富。

基层图书馆业务辅导的方式主要有以下8种：

1. 重点辅导

重点辅导，就是根据实际调研情况，选择若干基层单位作为重点辅导对象，深入现场，较长时间地参与其具体工作，了解情况，总结经验，及时推广。这种辅导方法的特点是重点明确、易于培养典型，以点带面，收到事半功倍的效果。基层图书馆（室）数量多，分布范围广，县级图书馆辅导人员有限，不可能在短时间内对每个馆（室）都进行深入的辅导，若建立若干个示范基层图书馆（室），使他们成为其他基层图书馆(室)学习时的参照标准,则不仅可以减轻辅导人员的工作量,提高辅导效率,还可以将这些示范图书馆(室)的建馆经验和服务效果进行典型宣传,推动基层图书馆(室)的建设。建立示范图书馆(室),可以选择那些条件好、有代表性的图书馆(室)。乡镇图书馆可选择经济发展较快、领导重视的乡镇的图书馆,村图书室可选择“小康村”建立的图书室,学校图书馆(室)可选择位于县城的重点中小学或乡镇中心校。对这些示范图书馆(室)要进行重点辅导,保证其业务建设达到有关标准。也可以选择一些基础条件较差,存在的问题较为普遍的基层单位,经过重点扶持,使尽快改善面貌,提高服务水平。这样抓两头、带中间,使后进变先进,让先进更先进。在重点辅导过程中,对于典型经验,应抱着一是一,二是二的态度,实事求是,老老实实地对待。不能浮夸,更不能揠苗助长。

2. 巡回辅导

巡回辅导,是基层图书馆业务辅导人员有计划、有步骤地深入基层,分期分批地对各基层单位依次进行业务辅导。巡回辅导的特点是有计划、有规律,辅导范围大,便于及时发现和解决基层实际工作中所遇到的各种现实问题,巩固和强化基层人员的基础知识和基本技能,针对性、时效性强,往往能收到立竿见影的效果。

以往很多基层图书馆的业务辅导工作并不是按计划进行的,有的是因为主管部门的行政命令,有的是为应付评估任务的完成,带有很大的随意性。在新形势下,基层图书馆应该把巡回辅导作为其业务辅导工作的常规方式,以完善基层业务辅导工作的制度化建设。

进行巡回辅导,首先要重点对区域内乡镇图书馆、村图书室和中小学图书馆(室)进行调查研究,摸清底数,掌握情况;而后,再根据实际情况,制定具体辅导计划,确定工作目标,严格实行基层业务辅导工作目标责任制。

基层图书馆(室)建设的好坏,与当地政府部门领导对图书馆的重视程度有密切关系。县级图书馆是公益性事业单位,没有行政职能,其辅导业务的开展离不开相关职能部门的支持与协调。在对乡镇图书馆、村图书室进行辅导时,要与乡镇分管文化的领导取得联系;在对中小学图书馆(室)进行辅导时,要与县教育主管部门以及学校领导取得联系。在辅导工作中发现的问题,应及时向有关领导汇报,通过领导督促,协助解决。业务辅导工作不仅仅是单纯的业务辅导,还应通过辅导工作的开展,争取有关领导支持,调动各方面积极力量,促进基层图书馆(室)建设,为图书馆事业的发展作出贡献。

3. 经验交流

经验交流是辅导工作的基本方法之一,它是通过召开会议或组织现场参观交流来得以实现的。可以通过"请进来"、"走出去"的方式进行,即请优秀的、成功的图书馆管理人员介绍经验,或组织大家去现场参观学习,学习先进经验,结合实际情况,推进图书馆各项工作的开展。这种辅导方式的特点是身临其境、真实可感,馆与馆之间、不同馆的馆员之间可以直接交流,互通情况,互相启迪,具有很强的直观性和互动性,更易于充分调动各方的积极性。在推广经验的过程中,业务辅导人员应注意其政策性和科学性,努力挖掘、梳理这些新经验、新典型中的合理内核,并予以理论化、系统化,以便于在更大的范围予以推广。

为此,基层辅导人员要耳聪目明,善于吸收学习新知识、新技术,把握新政策、新形势,发现新情况、新问题。不但能够经常学习各方面的先进经验,而且要能够听取各方面的不同意见。学人之长,补己之短。

4. 专题研讨

专题业务研讨是组织基层图书馆(室),围绕一定时期的图书馆工作重点或某一带有普遍性的业务问题,进行深层次的探讨和研究。其特点是针对性强,易于相互切磋、相互启发,可以对业务工作中的某一具体问题展开集中、深入、充分的研讨,统一认识,达成共识。

我国的图书馆事业正处于日新月异、快速发展时期,在图书馆实际工作中,各种新问题、新情况层出不穷,而有关规范、标准的制定和出台相对滞后,在这种情况下,及时开展具有针对性的专题研讨,成为统一认识、统一方向、统一标准的一种有效手段。

5. 业务培训

业务培训既是业务辅导工作的主要内容，也是业务辅导工作的主要方式，是继续教育和终身教育的一种特有方式。依据需要什么培训什么的原则，业务培训应特别注意辅导内容的针对性，即符合基层图书馆(室)的实际需要，有的放矢。同时，还要注意学科知识的系统性，即依据图书馆学的基本内容进行由浅入深的培训与辅导。业务培训的方式可以是多样的，如举办短期培训班、专题讲座、参观学习、经验交流活动等。

举办短期培训班是业务培训的常用方式。培训班既可以在县图书馆举办，也可以在有条件的示范图书馆(室)举办。针对乡镇图书馆、村图书室的培训班除讲解图书管理的基本知识外，还应重点讲解如何开发二、三次文献，主动为农民提供技术、信息服务。对于不能按时集中参加培训的基层图书馆(室)的管理员，可以采取随到随学的方式进行辅导。对于边远的村图书室管理员，可在就近的乡镇图书馆进行辅导，并委托乡镇图书馆管理员检查村图书室的建设情况。辅导人员也可利用本馆组织的“送书下乡”活动或参加县里组织的“三下乡”活动的机会，对基层服务人员进行面对面的直接辅导。

6. 书面辅导

业务辅导人员要养成勤于动笔的好习惯，注意留心身边发生的事物，将听到看到的及时记录下来，通过分析和总结，提炼成典型事例，以“工作简报”、“调查报告”、“总结材料”等形式，分发给本地区、本系统各馆学习、参考。同时，也可以将业务辅导的主要知识点，如党和政府对图书馆工作提出的方针政策、任务，有关主管部门对图书馆工作的指示、要求，国内外图书馆工作的发展概况，图书馆学研究的动态、图书馆各学科基础知识和工作的基本业务知识、管理办法、规章制度等编印成定期或不定期刊物，及时分发给基层，以便沟通情况、交流经验、巩固学习成果。

7. 解答咨询

基层图书馆应指定专人，专门负责解答来自基层馆室的各种业务问题。解答咨询的方式视咨询者的状况而定，可以采取电话、信函方式，也可以利用电子邮件或QQ等即时联络方式。负责解答咨询的人员除了应具备较高的专业素养、沟通能力及丰富的实际辅导工作经验，同时还要有较高的政策水平和较强的职业责任感。

8. 远程培训

利用党员干部远程教育系统、共享工程系统、区域数字图书馆联盟系统等多种现代化通信技术及互联网络对基层馆室及工作人员进行图书馆业务远程教育培训，是基层图书馆业务辅导工作适应信息时代技术发展及用户需求特点而采取的一种新的辅导方式。

而与上述业务辅导的具体方式方法相比较，业务辅导人员的基本素质与工作态度也是十分重要的。如果业务辅导人员不具备过硬的业务素质和积极的工作态度，辅导方式再好，也很难获得预期的效果。对此，基层图书馆在辅导实践中总结出许多值得借鉴和推广、传承的宝贵经验。比如基层图书馆业务辅导人员应具备“三种能力”，即“组织能力、活动能力、独立工作能力”；为了达成这3种能力，则需做到“五勤”，即“眼勤、嘴勤、腿勤、脑勤、手勤”。而在具体的业务辅导工作过程中，辅导人员要端正工作态度，努力做到“十戒”：一戒走马观花，二戒夸夸其谈，三戒平分秋色，四戒千篇一律，五戒越俎代庖，六戒光说不练，七戒揠苗助长，八戒求全责备，九戒夜郎自大，十戒脱离群众。①

这些经验来自一线业务辅导工作实践，十分贴近基层的实际状况与需求，因而具有很强的感染力与亲和力。

---

① 王才. 辅导干部工作方法十戒. 图书馆工作与研究，1983(3)

第六章　基层图书馆参考服务基本储备

第一节　基本制度

制度规范是组织管理过程中借以约束全体组织成员行为，确定办事方法，规定工作程序的各种规章、条例、守则、规程、程序、标准以及办法等的总称。

基层图书馆参考服务的基本原则是公益性与公平性原则、便利性与多样性原则、基准性与效益型原则（参见第一章第3节），而建立健全基层图书馆参考服务相关制度规范，则是贯彻其基本原则，进而明确其服务内容、规范其服务方式的基本保障。

坦率地说，现有基层图书馆参考服务工作的不尽如人意，在相当程度上与缺乏明确的制度规范有着直接的关联。而推动基层图书馆参考服务工作有效、有序进展的基本前提，就是进行科学的、系统的制度规范建设，主要体现在岗位职责、行为规范、服务规则、绩效评估等4个方面。

一、参考服务的岗位职责

基层图书馆参考服务的岗位职责，是其整体管理制度规范的一个重要组成。完整的图书馆参考服务岗位职责应包括岗位名称、岗位编制、任职基本条件和具体的岗位职责等4项基本内容，如上海图书馆1999年推出“参考馆员制度”，确定了学历、资历、外语、计算机应用能力等基础条件、岗位实践评定、岗位实际工作能力考查等三方面的任职考核标准，同时明确规定了参考馆员的7项岗位职责：

①热情指点读者各种查询方法（包括检索工具书、网上查询技术等），无偿指导读者寻找所需的信息资料，认真填写咨询服务单；

②注意浏览新进书刊，定期写出新书刊重点内容或综述性介绍，熟练掌握所在阅览室检索工具书，增强“信息导航”能力；

③能够对所在阅览室的文献合理配置、布局，书刊的增删等提出科学合理的建议；

④在提供咨询服务的同时，向读者学习各种知识和技能；

⑤帮助辅导所在阅览室其他工作人员提高业务能力；

⑥了解国内外图书馆事业和学科发展动向，结合岗位工作经验，每年至少撰写一篇论文；

⑦年终向读者服务中心提交书面的总结，包括参考咨询服务的状况、经验或体会等。①

而在未能推行参考馆员制度以及缺乏全国性图书馆参考服务统一规范标准的现实情况下，基层图书馆参考服务的岗位职责，通常表现为一种对其参考服务工作部门在职责范围方面的内部要约。

如：深圳罗湖区图书馆信息部的岗位（工作）职责为：

①负责管理好本部门的文献、设备及日常咨询工作；

②承担全馆的信息服务和参考咨询工作，为读者在生产、科研和学习中提出的有关问题进行咨询和解答，并利用图书、期刊资料和检索工具为读者查找所需资料，进行课题服务，努力为读者提供优质的信息检索服务和文献信息咨询服务；

③编制书目、文摘、索引等二次文献，对馆藏文献进行开发，协助有关部室开展资源的利用及读者教育工作；

④负责本馆工作通讯《罗图天地》的信息采集、编辑、排版及发行工作；

⑤根据本馆规划和资源特色，建立特色数据库，积极为地方经济建设服务。②

如：上海浦东新区图书馆信息咨询部的岗位（工作）职责为：

①为新区政府领导提供内参及定题服务，如加工编制《文化工作

---

① 邹乔敏.上海图书馆参考馆员制度的建立与思考.图书馆杂志，2001（10）

② http://www.szlhlib.com.cn/web/index.do

信息》《今日舆情》《信息编译》等；

②完成各类检索课题，如《浦东南汇合并媒体报道汇编》《南汇并入浦东媒体相关报道》《国内外大都市文化设施及人口密度相关资料》《甲型 H1N1 流感相关资料》等；

③浦东新区图书馆网站维护与数据更新及网上服务；

④文献信息开发与利用（媒体浦东信息数据库建设）。①

而对于大多数的既没有设置专门的参考服务部门也没有安排专门的参考馆员的基层图书馆来说，其参考服务的工作职责多以一种"分置"的方式予以实现，即将其参考服务功能置于历史文献阅览室、专题文献阅览室、参考文献（工具书）阅览室等相关阅览室中分别予以体现。而在这种情况下，尤其应该充分利用现有条件，注重突出两个"结合"的原则：

（1）个体馆员提供与全馆整体机能相结合

目前我国公共图书馆参考服务机构设置大体有 3 种模式，即集中型、并列型和分散型。集中型是一种传统的服务模式，即所有参考服务业务统一由专设的参考咨询部来承担；并列型即参考咨询工作主要由传统的参考咨询部和新设的信息网络部分别承担，如广东省中山图书馆、深圳图书馆等；分散型即没有设立专门的参考服务部门，所有参考服务工作分散在各个涉及读者服务工作有关部门或阅览室中开展，如读者服务部、文献专题部、地方文献阅览室、政府公共信息阅览室、参考工具书阅览室、电子阅览室等，有关参考服务的岗位职责也就自然地分解到各个相关部门，成为在各个部门工作的所有馆员的岗位（工作）职责的一个组成部分。大多数的基层图书馆都是采用的这种模式。

这种模式的缺点是，因为没有专门的参考服务机构以及专门的参考服务人员，参考服务力量分散在各个服务部门，因而难以完成较深层次的参考性咨询任务。而其优点是，由于其参考服务功能是通过全

① http://www.pdlib.com/pdtsg_website/HTML/defaultsite/portal/index/index.htm

馆各个部门所有馆员的共同努力及通力合作而最终实现的，易于彰显公共图书馆的开放性、公益性特征及普遍均等服务原则，易于充分调动所有馆员的工作热情及潜能。于是，根据本馆的具体条件，制定明晰有效的制度规范，将馆员个体服务与全馆整体机能有机结合，促动参考服务有序、有效进行，将成为参考服务制度建设的关键环节。

(2)本馆咨询与合作参考咨询相结合

合作参考咨询，是基层图书馆参考服务工作增强实力、提高效能的有效手段。

合作参考咨询有两层含义，其一是合作参考咨询系统。随着图书馆联盟和文献信息资源共建共享的发展，参考咨询也逐渐走向合作，出现了一些合作参考咨询服务团体或图书馆联合体，实现跨部门、跨系统、跨地区甚至跨国的参考咨询服务，通过问题分配的协调，可有效地实现信息资源、人力资源和服务资源等的最优化共享和利用(参见第四章第6节)。

合作参考咨询的另一层含义，则是联合社会力量，外聘专家，"坐堂服务"。基层图书馆应该制定相关制度和措施，以保障其凭借地域性优势及公益服务品牌力量，广泛吸引本地各系统、各专业、各学科的专家、学者，积极参与到以广大社会公众为服务对象的公益性参考服务工作当中来，引进外脑，扩大其参考咨询服务的辐射力和影响力。在这方面，广东佛山市图书馆的"法律咨询室"、深圳南山区南山图书馆的"专题咨询室"等，都做过有益的尝试。

二、参考服务的行为规范

参考服务行为规范的内容主要包括参考馆员的仪容仪表、行为举止、工作态度等，制定参考馆员行为规范的目的在于通过规范馆员行为，赢得用户的尊重与信赖，进而起到宣扬图书馆文化，扩大其社会影响力的作用。尤其基层图书馆，是公共文化服务体系的最为直接的服务窗口，最为接近社会公众，馆员的言行举止关乎图书馆乃至公共文化服务体系的整体形象，因而有必要制定切实可行的制度和标准，引导和规范基层馆员在参考服务过程中的仪容仪表、行为举止以及工作态度。目前,国内图书馆关于参考服务的行为规范尚不多见,而国外在这方面要健全、成熟得多,值得我们借鉴。其中最具影响力的,当属美国图书馆协会参考咨询和成人服务部(RSAD)在1996年制订的《参考咨询和信息服务人员行为指南》。该指南将参考馆员直接可视的行为特征划分为5个方面:亲和能力、兴趣、聆听/询问、检索和跟踪服务,并明确规定并详细说明了五大指标下的参考咨询服务行为规范:

1.0 亲和能力

为了获得理想的咨询效果,用户首先要确认一位合适的参考咨询馆员,而且在整个咨询过程中始终乐于接受馆员的帮助。参考馆员的亲和能力为整个馆员—用户之间的交流打下基础。就连馆员最初的一言一行对交互过程的深度和水平都有影响。因此,馆员的行为应该表现出对用户的欢迎和接纳,并尽量使他(她)感到放松。参考馆员的作用正是在这个交流过程中使原本可能紧张、惶恐、不安的情形改变为用户舒适轻松的状态。为了能做到这一点,参考馆员应该:

1.1 随时准备着迎接用户的咨询。工作时间不得忙于读闲书、打毛衣、与同事闲聊或其他与用户咨询不相关的事

1.2 树立起主动与用户接触的习惯

1.3 通过微笑或身体语言表示注重用户的来访

1.4 主动在开始的咨询交谈中礼貌性问候用户或与用户近距离交谈

1.5 对其他等候服务的用户予以确认

1.6 最大限度重视用户的需求

1.7 在咨询处经常走动,只要有可能,主动向用户提供帮助

2.0 兴趣

成功的参考馆员一定要具有对参考咨询服务高度的兴趣和热情。并非每一次的咨询工作都具有挑战性和吸引力,面对日常琐碎的工作,馆员应该对每位用户的信息需求产生兴趣,主动提供最有效的帮助。如果馆员对用户的咨询问题表现出浓厚的兴趣能促使用户产生

高度的自我满足感。要做到这点,馆员需要:

2.1 当说话和聆听时,面对用户

2.2 在交流过程中始终保持与用户的接触

2.3 根据用户语言或非语言反应,与用户保持一个让他(她)舒适的物理距离

2.4 对用户的需求,通过言语或身体语言予以确认,如点头或问几个问题

2.5 在整个参考过程中,表现出镇定、沉着

2.6 全神贯注于用户

3.0 聆听/询问

参考服务中的面谈是参考服务工作的核心,对整个服务起着至关重要的作用。馆员应有效确认用户需求,以使用户感到愉快的方式达到这一效果。娴熟的聆听/询问技巧对互动过程十分必要。作为一个好的交流者,馆员应:

3.1 根据交流过程的性质,选择合适的嗓音和说话的方式

3.2 在交流过程中,始终保持接纳、诚恳和鼓励的姿态

3.3 在作出回答之前,允许用户以自己的语言充分陈述他(她)的信息需求

3.4 重新组合用户的问题或要求,并得到用户的理解和确认

3.5 使用无固定答案模式的提问技巧以鼓励用户延伸问题的广度或陈述附加信息。例如

- 请再告诉我一些关于你这个主题的信息。
- 你还能给我一些什么样的额外信息?
- 你需要多少信息量?

3.6 使用已经有结论的或明确的提问方式精简检索提问,如:

- 你已发现什么?
- 你需要什么种类的信息(书、文章或其他)
- 你需要最新的还是回溯性信息?

3.7 寻找并区别易混淆术语,避免使用晦涩生僻的词语

3.8 馆员使用的专业术语要为用户所能理解

3.9 保持客观性,不要随意插入自己的主观判断

4.0 检索

检索过程是行为特征和准确性交织的咨询工作中的一部分。没有一个有效的检索,那么满足需求的信息几乎不可能找到。获得较高的检准率要仰赖于馆员的行为,作为一个有效的检索者,馆员应:

4.1 构建一个有竞争力的完整的检索策略

4.2 将一个提问分为特定的几个方面

4.3 确认其他对提问产生限制的限定词,如数据、语言、完整性等

4.4 选择最切合的检索词

4.5 首先在最受限制的范围内检索

4.6 在初次检索中改正拼写或其他可能性事实错误

4.7 确认最切合用户提问的信息源

4.8 当用户不能独立确认自己问题的信息源时,向咨询专家、数据库或其他馆员寻求帮助

4.9 与用户共同讨论检索策略

4.10 鼓励用户阐述自己的见解

4.11 向用户解释检索程序

4.12 在用户分配的时间范围内完成检索

4.13 陪伴用户左右(至少在检索过程最初阶段)

4.14 若用户显示出兴趣,馆员应负责解释信息源的使用

4.15 当检中率低时,与用户共同缩小或扩大检索主题范围

4.16 在初步结果获得后,如果还需要额外信息,向用户询问

4.17 负责向用户介绍更合适的图书馆、参考馆员或其他信息源

5.0 跟踪服务

当情报用户离开图书馆后,参考服务工作并未就此结束。参考馆员应肩负起两方面的职责:一方面,判断用户对检索结果是否满意;另一方面,向用户负责推介其他信息源,即使这些信息源在本地图书馆无法获得。为了做到成功跟踪服务,馆员应该:

5.1 向用户询问是否已经完整地解答了咨询问题

5.2 鼓励用户随时重返图书馆参考服务部门寻求帮助

5.3 在用户对信息源有所了解后，馆员再次来到用户身边解答、指导

5.4 当遇到跨学科问题时，主动向其他馆员或专家请教

5.5 即使用户已离开图书馆，馆员应在合适的时机，主动安排与用户共同探讨课题

5.6 通过联合其他机构、团体或图书馆和与问题相关行业部门竭力向用户提供最优质的信息服务，保证信息量的需求和信息源的供给。

5.7 向用户推介其他图书馆或信息机构时，在信息服务手段上通过提前电话预约和交流提供方向和建议，向用户提供尽可能多的信息。

5.8 当用户对咨询的结果不满意时，馆员负责向用户推介其他有可能符合用户要求的信息源或学术团体、科研机构。①

三、参考服务的服务规则

图书馆参考服务规则主要由服务内容、服务承诺、用户须知等几个部分构成。

服务内容是服务规则中用以揭示其所提供服务的主要内容及范围的部分，通常是以罗列的方式予以展示。比较典型的例子是日本国立国会图书馆对其参考咨询工作范围的厘定：

可咨询范围：

- 馆藏书的调查（本馆是否收藏）；
- 藏书机构的调查（当本馆无收藏时查询有无收藏的馆，只限日本国内）；
- 著录事项的调查（文献的书名、著者名、出版年、出版地等）；

① 俞菲.《美国参考咨询和信息服务人员行为指南》简介. 图书馆杂志，2000(1):61－63

● 文献的介绍（调查某个主题时作参考的文献的介绍）；

● 介绍相应的单位（能回答所提问的单位）。

不属参考咨询的范围：

● 对将来的预测等问题，征询图书馆员的推理、推断、价值判断；

● 推荐好书、中介图书的买卖；

● 古籍、美术品的鉴定及市场价格的调查；

● 文献的解读、注释、翻译；

● 题目的解答、报道、毕业论文、智力竞赛题等；

● 涉及个人隐私的调查；

● 私人问题、家庭问题及法律、医学等问题的商量；

● 制作包罗万象的文献目录；

● 代行调查研究；

● 无法正常检索的记事和照片。①

相较于上述“可咨询范围”部分的条款，国内许多图书馆所实际提供的参考咨询范围要宽泛许多。但其中“不属参考咨询的范围”部分的条款，则经常被国内各级图书馆所引用，在某种程度上成为了图书馆参考咨询划定其提供范围的重要范本。

服务承诺是服务规则中用以公示服务方对其所提供服务的基本承诺与基本保障，意在规范服务方的义务与责任，申明被服务方（用户）的基本权益。

如“全国图书馆参考咨询联盟”在其“服务指南”中明确承诺：

“‘全国图书馆参考咨询联盟’实行资源共享和免费服务政策。你在本网络将可得到全国图书馆为你提供的网上参考咨询和文献远程传递服务。对读者提出的问题，我们努力做到有问必答。实时在线咨询：每天 8:00—21:00。其他时间咨询：在 24 小时内答复。”②

如宁波市图书馆实时咨询服务的承诺为：

“1. 在线咨询：8:00—17:00，一般问题即时作答，较深入的问题，

① http://www.ndl.go.jp/jp/service/index.html

② http://www.ucdrs.net/admin/union/service.jsp

我们将在5个工作日内给予答复。2. 离线咨询：如离线状态请读者登录‘网上联合知识导航站 http://zsdh. library. sh. cn:8080/userIndex. jsp’提交问题。我们将在2个工作日内给予回复，对于较深入的问题，我们将在5个工作日内给予答复。”①

用户须知则是服务方与被服务方的一种基本要约，意在申明用户在接受相关服务时所应承担的义务与责任。

如重庆市少年儿童图书馆参考咨询“服务规则”规定：

(1) 读者查阅保存本文献时，需持借书证，并填写查阅申请表，办理阅览手续后方可查阅。

(2) 保存本文献仅供馆内阅览，恕不外借。如需复印，请在工作人员处办理登记手续后自行复印。

(3) 请爱护图书，不得折页、涂画、污损或私自带出室外。违者按本馆《书刊资料丢失损坏管理办法》执行。

(4) 读者若需专题咨询服务，填写咨询申请表，描述咨询需求。参考咨询馆员根据完成咨询课题所需投入的人力、资金，与读者洽谈服务金额，双方签署服务协议。简单的咨询服务免费。②

服务规则既是对服务对象(用户)权益的保障，也是对图书馆员的鞭策与激励。因此，这些与用户相关的制度、规则等都应通过适当的途径和方式予以公示，如通过网站、展板、小册子、宣传单、宣传视频的形式向用户充分展示。另外，图书馆也可以考虑定期或不定期地通过服务宣传周的形式向用户集中展示和宣传。

四、参考服务的绩效评估

参考服务的绩效评估是参考服务制度建设的重要环节。是指运用定性、定量等方法对参考服务满足读者需求的程度加以评价，对相关要素(如服务过程和服务结果，包括客观因素和主观感受)进行具体

① http://www. nblib. net. cn/index. php? option = com _ content&view = article&id = 242&Itemid = 162

② http://www. cqst. org. cn/article. asp? id = 652

测度与评估，以达到切实有效改进参考服务质量、提高服务效率的目的。

参考服务绩效评估的首要工作是确定参考咨询的评价指标。而参考咨询服务能否满足用户需求，满足的程度如何，都是图书馆员通过自身拥有的各种知识、检索技术和参考信息源等为用户提供服务的过程实现的。因此，要对图书馆参考咨询进行正确评价，必须把影响这一结果的人员、资源、技能和设备情况等作为评价内容及指标。具体可分为：参考咨询服务环境、参考咨询员、服务管理、服务绩效等。

自20世纪中叶以来，国外图书馆及相关组织编制、出台了许多用以考量、评估其参考服务质量与效益的标准与规范，如1969年英国的《公共图书馆参考服务标准》、2003年ALA下属参考与用户服务协会（RUSA）颁布的《参考与用户服务馆员专业能力要求》、2003年IFLA参考咨询分会公布的《IFLA数字参考咨询指南》等。

进入21世纪，我国图书馆界也开始了关于参考服务绩效评估方面的探讨与研究，如2003年，王野、刘慧娟从图书馆参考咨询发展趋势及新的服务环境的角度出发，探讨了公共图书馆参考咨询服务的类型、模式及评价体系构建的原则，以及图书馆参考咨询评价指标：①

---

① 王野，刘慧娟.关于建立公共图书馆参考咨询评价体系的思考.图书馆学研究，2003(8):55-62

参考咨询评价内容及标准

项目	内容	指标	评价要素
参考咨询服务环境	参考信息源	收藏完备性	数量、类型、费用、使用频率
		布局合理性	使用便利、物尽其用
	技术支撑	设备、设施	工作范围内必备物品;运用并发挥先进的计算机设备,设置并完善计算机检索系统及现代化通信设备
		服务手段	全面实用的导读指引系统;网络参考咨询系统
参考咨询员	人力配置	配置合理性	在一线专业技术人员中所占的比例;整体的学历结构、专业结构
	队伍素质	工作能力	了解馆藏及其分布情况;熟悉检索工具;政策水平;综合分析能力;语言表述能力;公关能力;外语水平;计算机使用能力等
服务管理	服务体制	业务机构	专业化
		业务人员	专职化、专家化
	业务管理	日常管理	工作流程、记录、统计、评估规范化
		管理机制	产业化管理、引入市场营销理念;建立激励机制
服务绩效	工作量	咨询数量	接待的读者人数、咨询件数、提供的信息条数
	读者认可程度	读者满意率	检索快捷与否、解答正确与否、服务态度如何等
	服务效率	服务有效性	读者成果、社会反响、经济效益等

目前公共图书馆用以评估参考咨询工作业绩的唯一全国性标准,是文化部组织的四年一次的公共图书馆评估中的有关细则。在2003

年公布的第三次省、地、县公共图书馆评估标准细则中，对图书馆参考咨询工作的评估在读者服务工作项目下，主要从检索咨询服务和信息服务两个方面提出若干标准，其中：(1)检索咨询服务包括年检索课题数量(项)和年解答咨询数量(万条)（要求提供解答读者咨询的原始记录，包括咨询的时间、内容、方式和承接部门）。(2)信息服务，包括：①为领导机关决策提供信息服务；②为科研与经济建设提供信息服务；③为其他事业发展提供信息服务（以上3项均要求提供服务的执行情况报告和用户反馈意见或相关宣传报道）；④年编制二、三次文献（含机读数据）；⑤图书馆网站利用情况（按主页的点击数计算）。而在2009年颁布的第四评估标准细则中“检索咨询服务”一项被取消，而将仅“信息服务”中的③“为其他事业发展提供信息服务”改为“为社会大众提供信息服务”。对于参考服务工作业绩的评估有进一步弱化的趋势。这也从一定程度上反映了参考服务工作在整个公共图书馆工作体系中的式微状态。

第二节　基本素养

在图书馆参考服务诸要素中，馆员是其核心要素。读者需求再旺盛，馆藏资源再丰富，制度规范再缜密，设施工具再先进，没有与之相符的图书馆员，参考服务也就无从展开。一个惯常的例子是，大凡参考服务工作出色的图书馆，必定拥有若干出色的参考馆员。

拥有怎样的基本素质才能成为一名合格乃至出色的参考馆员呢？

美国图书馆协会（ALA）下属参考与用户服务协会（RUSA）于2003年1月颁布了一份指引性文献——《参考与用户服务馆员专业能力要求》，将参考馆员应具备的专业能力分为获取、知识基础、营销宣传、合作、评估评价五大项：

(1)获取能力

获取能力的重点是理解用户的信息需求和信息行为，发展技能，以有效地满足这些信息需求。包括：①响应——针对用户需求，迅速响应，提供服务；②服务的组织与设计——有效地设计和组织参考与用户服务，以满足主要社区的需要；③批判性思维与分析——仔细分析信息源和服务，提供优质服务。

（2）知识基础

参考馆员必备的知识结构包括：①与主要用户的中心知识范围有关的信息资源的结构；②关于联机目录、检索系统、数据库、Web站点、印刷和电子格式的期刊、专著、视听记录等基本信息工具的知识；③主要用户的信息查找方式与行为；④当面和以其他途径与用户沟通的交流原则；⑤技术对信息结构的影响；⑥版权与知识产权法；⑦信息素质能力标准。

（3）营销宣传能力

营销计划是战略规划的一个方面，它是一种促销机制，能以定量的方式对目的、目标和策略进行测评。营销宣传能力要解决的是由谁提供参考服务、提供什么样的服务、服务效果如何等问题。包括：①服务对象与服务产品调查——通过研究决定提供何种类型的参考服务及其服务对象；②宣传与馆外主动服务——所服务的用户有效地宣传参考与信息服务的性质；③服务评估——对参考与用户服务的营销效果进行持续系统的评估。

（4）合作能力

由于信息膨胀，获取信息的途径增多，为确保用户及时以最适合的格式获得所需的信息服务，图书馆员必须与同事、专业组织、代理机构和其他团体合作。包括：①与用户的关系——将用户视为信息查找过程的合作者和伙伴；②与同事的关系——与同事密切合作，为用户提供优质服务；③与本行业的关系——建立业内合作关系，以增强对用户的服务；④与图书馆及本行业之外的关系——建立和维护与图书馆及本行业之外的伙伴关系，以加强用户服务。

（5）资源和服务评价与评估

从用户需要的角度对资源进行不断的评估，这对于保证信息服务的活力与相关性至关重要；对信息服务传递方式进行评估与评价也同样重要，其目标都是使用户按其需要的方式和格式获得图书馆提供的资源。包括：①用户需求——有效地利用工具与技巧对用户及其信息需求进行调查；②信息服务——对用户信息服务效果进行评估；③信息资源——按照客观标准和图书馆用户需求满足程度，对各种格式的资源进行评估评价；④服务传递——根据用户能力与服务技术要求之间的匹配程度对新增和现有服务进行评估；⑤信息界面——作为对工具的价值进行整体评估的一部分，对资源的格式、获取和展示进行评估；⑥信息服务提供者——有效地选用测评员工绩效的评估技巧。①

美国的参考馆员专业能力要求是建立在其成熟的图书馆从业人员职业资格准入制度基础上的。其图书馆从业人员，必须经过相关培训，获得图书馆职业资格证书后，才可从事图书馆工作。

与之相比，我国在图书馆从业人员的选择与录用方面先天不足，缺乏科学严谨的制度与标准，现有参考服务人员尤其是基层图书馆参考服务人员的专业能力及基本素养，大都是通过在职进修、岗位培训等继续教育手段逐步加以提升和完善。主要包括 3 个方面：职业素养、知识素养、信息素养。

一、职业素养

不同的职业有其不同的职业特点与运作模式，对其从业人员也有其不同的职业素养要求。图书馆参考服务的职业素养要求主要取决于两个方面：一是图书馆的基本属性。图书馆参考咨询服务的特征是建诸图书馆基本属性之上的。就其实质而言，参考咨询属于读者服务工作范畴，是传统的流通借阅服务的深化与延伸。而参考咨询服务特征则根源于作为社会服务性机构的图书馆的基本属性，是图书馆知识信息服务特征的集中体现。二是咨询服务行业的职业素养要求。图书馆参考咨询服务虽以其服务性、智力性、客观性、社会性、多样性特征有别于社会其他咨询行业（参见第一章第二节），但作为咨询服务行

---

① 曾建平编译. 美国图书馆协会《参考与用户服务馆员专业能力要求》介绍. 图书馆杂志，2003(12)：50，54－56

业的一个分支，又必然带有其共有属性及职业诉求。

1. 政策素养

基层图书馆是公共文化服务体系的重要组成，参考服务则是其履行公共文化服务职责、保障公众基本文化权益的重要手段，为此，参考服务工作人员必须具有较高的政策理论素养，以及强烈的社会责任感。必须充分掌握党和国家关乎国计民生的政策方针，熟悉相关的法律法规、政策条文，随时关注社会政治、经济、文化等各个方面的发展动态。同时，还要通过各种渠道深入了解本地社会公众的文化诉求，及时宣传、贯彻党和国家的各项方针政策，在政策指向与社会需求之间搭建有效的沟通桥梁。

2. 职业道德

参考服务工作人员要具有科学的世界观和人生观，正确的价值取向，坚定的政治立场，高尚的职业道德；要牢固树立“读者第一，服务至上”的服务理念，始终把为用户提高优质高效的信息服务放在第一位，全心全意为用户服务。同时，还要遵从咨询服务工作的职业道德规范：遵守国内外的知识产权法，做到凡是违背知识产权法的行为要坚决拒绝，依法处理、加工和传递文献信息；充分尊重读者的各项权利，特别是读者的隐私权，在观念上、在技术上都必须努力为读者保密；能够礼貌、艺术地拒绝读者的不合理或不合法的要求，营造和谐氛围，不激化矛盾。

3. 沟通能力

良好的沟通能力是咨询服务工作者的必备素质。从某种程度上说，整个咨询服务过程就是被咨询者与咨询者之间从初识到共识的一个由浅入深的交流沟通过程。就图书馆实际工作而言，这种沟通行为的产生主要基于下述原因：读者对于图书馆收藏缺乏深度的了解；读者对专门术语缺乏了解；读者常常提出一些不相关、不完整的问题；读者本身对问题有误解；读者记忆错误，需要馆员引导、回想；读者不掌握检索工具书的排检方法。通过交流沟通，用户对自己所咨询的问题在表述中能有一个更为清晰的揭示，同时，也使咨询人员因此而增加对问题的理解,然后共同列出咨询问题的最佳表达式,从中选出确切的关键信息用以查找答案。

良好沟通能力的养成,需要经过长期的工作实践和多方面的培养、训练。咨询服务人员要树立崇高的敬业精神和全心全意为用户服务的思想,急用户之所急,想用户之所想,这是搞好交流沟通的首要条件。同时,咨询服务人员还应具有精深的业务知识和广博的文化素养,掌握和运用行为科学的理论和方法,加强对用户的阅读需求、阅读动机、阅读行为和阅读效果的调查与研究,并在实际工作中,不断提高自身的观察能力、判断能力、反应能力和表达能力。

4. 经验传承

图书馆是社会服务机构,具有极强的实践性,参考服务工作中的有效方式、成功经验,都是依靠不断的实际工作的积累而日渐丰富起来的。在某种程度上,图书馆咨询服务与传统中医相类,其威信度和感召力,都是通过长期的“望闻问切”累积而成,年岁越长,经验越丰富,便越为世人所尊重、信服,所谓“家有一老,如有一宝”。在具体的图书馆实际工作中,一名经验丰富的参考服务人员,总会赢得一批批“回头客”的光顾,并由此而为图书馆赢得社会的尊重与认可。因此,重传承、重积累,是参考服务职业素养的一个重要组成部分。

二、知识素养

一名合格的图书馆参考服务人员应具备合理的知识结构及深厚的知识素养,主要体现在基础知识素养、专业知识素养、咨询理论素养及语言知识素养等4个方面。

1. 基础知识素养

现代参考咨询工作的特点需要参考服务人员具有广博而厚实的学科知识和较强的检索能力、分析综合能力、社交能力、组织协调能力、调研能力、文字表达能力等。这就要求参考服务人员首先对各学科的基本状况要有一个大致的了解,对其基础知识、重要著作、代表人物及重要科研成果要预为收集和研究,并随时跟进、更新,这样才可以从容地面对来自不同用户的各式各样的咨询问题。

参考服务人员应该了解的基础知识包括人文社会科学、自然科学以及工程技术知识等诸方面。对于那些近年来随着科学技术迅速发展而涌现出的现代交叉科学，参考服务人员则应随时予以关注，包括边缘科学，如数理经济学、运筹学、文化社会学等；综合科学，如环境科学、决策科学、领导科学等；横断科学，如系统科学、控制论、信息论等；比较科学，如比较哲学、比较社会学等；元科学，如科学学、哲学学等。

2. 专业知识素养

中国的图书馆学是一门发展中的实用型学科，既与传统的文献学、目录学、图书学相依相伴，又与现代意义的档案、情报、信息管理、阅读等相关学科彼此交融，密不可分。因此，图书馆参考服务人员必须具备扎实的图书馆学、情报学、文献学等方面的基础知识和基本技能，对于文献信息资源建设、文献信息管理、文献信息研究以及文献信息服务等方面基础理论和操作方式都要熟练掌握。

与图书馆学专业相关的学科知识包括两个层面。第一个层面是与图书馆学有着直接关联的相关学科，包括同族关系的情报学、文献学、目录学、档案学等，交叉关系的教育学、社会学等，应用关系的心理学、管理学、经济学、信息科学等；第二个层面是与图书馆学有着间接关系的相关学科，如哲学、数学，以及信息论、控制论、系统论等系统科学。作为一个图书馆参考服务工作者，这些学科知识都应有所涉猎。

3. 咨询理论素养

我国的信息咨询业起步于20世纪70年代末，80年代处于稳步成长阶段。进入90年代以后，随着我国市场经济体制的逐步完善，社会化、专业化的信息咨询机构逐步发展起来，信息咨询业真正成为我国的一个新兴产业。而与之相应，对于咨询学的探讨与研究也日渐深入。咨询学是由情报学、经济学、管理科学、社会心理学、计算机科学、系统科学、运筹学等多种学科相互交叉渗透、逐渐融合而形成的一门关于咨询现象和咨询过程的一般规律的新兴学科。它的研究目的主要是总结、归纳并提炼咨询实践经验和知识，建立一个咨询学本身的理论体系，从而有效地传播咨询学知识，强化人们的咨询意识，充分开发和利用人类咨询资源，更好地发挥现代咨询的功能，为用户服务。图书馆参考服务是信息咨询服务的一个组成部分，图书馆参考服务人员有必要深入了解咨询学理论知识并运用其相关理论指导实践，更好地开展咨询服务工作。

4. 语言知识素养

语言知识素养包括语言表达能力和文字表达能力两个方面。参考服务人员要有比较出色的语言表达能力和技巧，为用户服务时，要尽可能用标准、流利的普通话进行交流。在接纳咨询问题时，要用礼貌、亲切、鼓励的语言鼓励读者自由轻松、详细明确地表达出自己的信息需求。在答复读者咨询时，要根据自己的查检结果，如实、客观地告诉读者，不宜轻率地对咨询问题答案作出主观判断，语言表达要准确、具体、易懂、具有条理性，切忌用模糊语言回答读者。参考服务人员也必须具备过硬的文字表达能力，要求做到用词准确，文字精练，条理清楚，能够熟练地驾驭咨询报告、培训材料以及书目、文摘、索引、综述等二、三次文献的撰写。

除了基本的语言文字表达能力外，参考服务人员还应具备一定的外语水平，特别是英语。随着网络化的进一步扩大并与国际接轨，网上的信息资源90%是英文，要从网上获得信息资源，熟练地掌握外语知识就显得特别重要。而对于基层图书馆古籍、地方文献工作岗位的参考服务人员来说，则还应具备较为深厚的古汉语功底，以保证其能够顺畅、准确地检索相关历史文献。

三、信息素养

进入信息时代，信息素养成为衡量人们综合素质的重要标准。对于专门从事信息咨询服务工作的图书馆参考服务人员来说，信息素养是其必备的核心素养之一。参考服务人员应不断拓宽知识面，完善知识结构，提高信息素养，以适应新世纪图书馆事业发展的需要。

信息素养概念最早是由美国信息产业协会主席保罗·泽可斯基

于1974年提出的，他认为“所有经过训练把信息资源运用于工作中的人，称为具有信息素养的人。这些人能利用大量的信息工具及主要信息源使问题得到解答的技术和技能，就叫信息素养”。

1989年美国图书馆协会下属的“信息素养总统委员会”把信息素养定义为“要成为一个有信息素养的人，他必须能够确定何时需要信息，并已具有检索、评价和有效使用所需信息的能力”。

信息素养是一种对信息社会的适应能力，涉及信息意识、信息知识、信息能力、信息道德。信息素养也是一种综合能力，涉及各方面的知识，是一个特殊的、涵盖面很宽的能力，它包含人文的、技术的、经济的、法律的诸多因素，和许多学科有着紧密的联系。

1. 信息意识

信息意识是指信息主体（人）对信息的认识过程，对外界信息环境变化的能动反映。具体到图书馆参考服务人员身上，则表现为信息系统的主人意识、信息传播与利用意识、信息开放与共享意识。参考服务人员只有具备强烈的信息意识，才会积极主动地拓展信息渠道，挖掘信息资源，使图书馆这一丰富信息宝藏得到充分的开发与利用。信息意识是参考服务人员信息素养结构的关键要素，具备强烈的信息意识是丰富信息知识、提高信息能力、完善信息道德的前提条件。而信息意识的核心要素则是创新意识。参考服务的工作模式不是一成不变的，用户需求也千差万别，需要以理性的创造性的思维，面对用户复杂多变的问题，创造性地开展咨询服务工作。

2. 信息知识

信息知识指人们在处理，利用信息过程中所必须拥有的知识。图书馆参考服务人员的信息知识主要包括对信息学的基本知识的了解，对信息源以及信息工具方面的知识的掌握，如信息获取、信息整理、信息传播、信息存储知识，必要的计算机和网络知识，精深的专业知识和丰富的学科知识，熟练的外语应用知识，以及懂得知识产权、版权和合法使用带有版权的资料等知识。信息知识是人们获取信息、利用信息的资本，参考服务人员只有具备信息知识，才能够在信息过滤、分析、加工、序化工作中为读者和用户提供方便快捷的服务，因此，信息知识是提高参考馆员信息素质的物质保障。①

3. 信息能力

信息能力是整个信息素养的核心，主要是指信息获取、信息判断识别和信息组织加工能力。图书馆参考服务人员要具有敏锐的信息意识，采用正确的检索策略，运用各种检索技术，从庞杂、无序、纷乱的信息源中获取与咨询课题相关的信息，并能对获取的信息，进行去伪存真、去粗取精的处理，筛选、甄别出有效信息。

在信息社会中，信息素养主要表现为以下 8 个方面的能力：

- 运用信息工具——能熟练使用各种信息工具，特别是网络传播工具；
- 获取信息——能根据既定的需求与目标有效地收集各种资料与信息，能熟练地运用阅读、访问、讨论、参观、实验、检索等获取信息的方法；
- 处理信息——能对收集到的信息进行归纳、分类、存储记忆、鉴别、遴选、分析综合、抽象概括和表达等；
- 生成信息——在信息收集的基础上，能准确地概述、综合、履行和表达所需要的信息；
- 创造信息——在多种收集信息的交互作用的基础上，迸发创造性思维的火花，产生新信息的生长点，从而创造新信息，达到收集信息的终极目的；
- 发挥信息的效益——善于运用接受的信息解决问题，让信息发挥最大的社会和经济效益；
- 信息协作——使信息和信息工具作为跨越时空的、“零距离”的交往和合作中介，使之成为延伸自己的高效手段，同外界建立多种和谐的合作关系；
- 信息免疫——浩瀚的信息资源往往良莠不齐，需要有正确的人

---

① 陈红涛. 论参考馆员的信息素质建设. 江西图书馆学刊，2004(4)：62－63

生观、价值观、甄别能力以及自控、自律和自我调节能力，能自觉抵御和消除垃圾信息及有害信息的干扰和侵蚀，并且完善合乎时代的信息伦理素养。①

4. 信息道德

信息道德是指人们在整个信息活动中应遵循的道德规范，对于图书馆参考服务人员来说，它包括两个方面：一是要遵从咨询服务的职业道德规范，不能向读者和用户传递污秽信息，不侵犯他人合法权益，尊重他人知识产权，自觉地抵制不良信息的侵袭和信息腐蚀等；二是要遵从公共图书馆公益服务的职业理念，把自己所知道的、所了解的全部知识最大限度用于咨询服务中，与用户分享。在把自己所了解的或者通过检索等其他方式查询到的信息通过网络或其他方式提供给用户的过程中，怎样把自身所知道的信息最大限度地提供给用户，道德素养起到了非常重要的作用。

第三节　基本参考源

参考信息源是参考服务诸要素中的基础要素。图书馆参考信息源的储备状况如何，直接决定了其参考服务工作的深度和广度。参考信息源种类越丰富，数量越多，越利于参考咨询人员解答复杂多变的咨询问题，最大限度地满足用户的多样化信息需求。对于基层图书馆来说，尤其如此。基层图书馆馆藏资源有限，服务人员素质偏低，而用户需求却多种多样，并呈放射性增长状态。于是，建立适合本地公众文化信息需求的相对完备的参考信息源，是提高基层图书馆参考服务水准的先决条件。

传统图书馆参考咨询服务的信息源主要是馆藏文献的各种书目、索引、文摘及百科全书、字典、词典、年鉴、手册、机构名录等工具书，是以纸质为载体形态的印刷型文献。网络环境下图书馆参考咨询的信

---

① 钟志贤. 学与教的新坐标：信息素养. 中国教育报，2001－03－01

息源主要指以数字化为主要特征的电子型、网络型等多种载体文献，具有种类浩繁复杂、内容更新迅速，检索性能优良、查检灵活方便，传递速度快捷、不受时空限制，以及强大的开放性、交互性等功能特点。数字参考信息源的引入使图书馆参考咨询服务获得了强有力的资源支撑，参考服务所凭借的物质基础因此而呈现出多元化状态，并进而促动参考咨询服务自身也会随之发生质的变化。就我国基层图书馆目前状况而言，两种参考信息源同样重要，并会在相当长的时间内保持着兼收并蓄的状态。

一、参考信息源的特点

1. 高密度的知识性

就文献内容而言，参考信息源所蕴含的知识密度远高于普通文献信息资源，原因在于参考信息源是在普通文献信息资源的基础上，经过筛选、整合、提炼后浓缩而成的密集型文献信息资源，能够为人们提供更为丰富、多样的知识信息。传统参考信息源中的印刷型书目、索引、文摘等系统地汇集了大量相关文献的知识信息，字典、辞书系统地汇集了有关语言文字方面的知识信息，年鉴、百科全书系统地汇集了各个行业、各个学科知识领域的知识信息。而在数字参考信息源方面，随着计算机存储技术、通信技术和网络技术的快速发展与广泛应用，各种建诸传统纸质工具书基础上的电子工具书及数据库纷纷问世，成为存储密度更高、信息容量更大的更为完善的知识信息库。

2. 高精度的资料性

就文献类型而言，参考信息源是反映、揭示和检索一般信息源（原始文献信息资源）的工具和手段，是经过筛选和条理化了的二、三次文献信息源，因而其所涉及资料的指向性和精确度要远高于普通文献信息资源，便于人们按图索骥，准确及时地检索到自己所需要的资料。参考信息源无论传统抑或数字，其编制（制作）大都广采博收、论述精练、出处详明，尤其是各种事实数据库、数值数据库等动态参考源，更新速度快，时效性强，能够准确、及时、客观地反馈出各种事物的事态变化及运行轨迹，是人们认识自然、了解社会、把握事物发展规律的有效方式。

3. 高效率的检索性

就文献结构而言，科学的编排形式、便捷的检索方式是参考信息源的共有特征，目的是为了能够将其所蕴含的丰富的知识信息迅速地提供给读者，因此要求自身结构严密完整，形成网络，以覆盖有关的知识领域和文献信息范围，做到以简驭繁、纲举目张。传统形式工具书的排检，或按部首，或依笔画，或用号码，或以音韵，或分类别、分主题序列，或以年、月、日为次，或据地域分辨，一目了然，一索即得，而且大多配备辅助索引，为读者提供多种检索途径。而电子工具书能够提供多检索点、多途径检索，高效便捷特点尤为突出。

4. 高频率的查考性

就文献功能而言，参考信息源主要供人们临事查考、释疑解难之用，较之普通文献信息的供人们系统阅读、增长知识，其查考持续时间短、频次高的特点尤其鲜明。其书目索引用于查考某一书刊论文资料，字词典用于查考某个字词，百科全书用于查考某学科、某术语的知识，各举所长，物尽其用。而电子工具书则以计算机或互联网络为媒介，具有强大的交互性功能，且可以按关联程度排列检索结果，尤其便于勘定、比对，其查考、检索功能更为强大。[①]

二、参考信息源的类型

（一）传统参考信息源

传统参考信息源按其性质和作用可以分为检索性工具书和参考性工具书两大类。

1. 检索性工具书

检索性工具书的主要功能是为人们的检索需要提供文献出处和内容线索。它包括目录、题录、文摘和索引 4 种。由于是在原始文献

---

① 詹德优主编. 信息咨询理论与方法. 武汉大学出版社，2010：74 – 76

的基础上加工而成，是原始文献的记录，故也称文献检索工具，或称二次文献。

（1）目录

目录是记录具体出版单位、收藏单位及其他外表特征的工具。它以一个完整的出版或收藏单位为著录单元，一般著录文献的名称、著者、文献出处等。主要分为书籍目录和报刊目录两种。

①书籍目录。是专门揭示和报导图书出版和收藏状况的目录。它又分综合性和专门性两种。综合性目录的文献涉及各个门类，有国家目录、联合目录和馆藏目录三种。如《全国总书目》《中国地方志联合目录》《北京图书馆馆藏革命历史文献简目》等。专门性目录是为专门揭示某一类文献、某一特定学科或某一研究课题所需要的文献而编制的目录。如《八十年来史学书目》《经济学著作要目》《外国文学著作目录和提要》等。

②报刊目录。是专门揭示和报导报刊出版与收藏状况的目录。它有期刊和报纸、综合和专门、联合和馆藏、历史和现行之分。如《中国报刊名录》《全国中文期刊联合目录》《中文核心期刊要目总览》《北京图书馆馆藏报纸目录》等。

（2）题录

题录是以单篇文献为基本著录单位来描述文献外表特征（如文献题名、著者姓名、文献出处等），无内容摘要，是快速报道文献信息的一类检索工具。它与目录的主要区别是著录的对象不同。目录著录的对象是单位出版物，题录的著录对象是单篇文献。

（3）文摘

文摘是将大量分散的文献，择其要者，以简练的形式辑成摘要，并按一定的方法组织排列起来的检索工具。按照文摘的编写人，可分为著者文摘和非著者文摘。著者文摘是指按原文著者编写的文摘；而非著者文摘是指由专门的熟悉本专业的文摘人员编写而成。就其摘要的详略程度，可分为指示性文摘和报导性文摘两种。指示性文摘以最简短的语言写明文献题目、内容范围、研究目的和出处，实际上是题目的补充说明；报导性文摘以揭示原文论述的主题实质为宗旨，基本上反映了原文内容，讨论的范围和目的，采取的研究手段和方法，所得的结果或结论，同时也包括有关数据、公式。

(4)索引

索引是根据一定的需要，把特定范围内的某些重要文献中的有关款目或知识单元，如书名、刊名、人名、地名、语词等，按照一定的方法编排，并指明出处，为用户提供文献线索的一种检索工具。索引的类型多种多样，在检索工具中，常用的索引类型有分类索引、主题索引、关键词索引、著者索引等。而按所检索的文献类型，索引可以分为书籍索引、报刊索引和书刊索引3种。

①书籍索引。书籍索引有汇集一书的专书索引(或为该书的附录)和汇集多部书的群书索引。这种索引是为充分利用图书中所包括的内容而编的，常常附刊于书籍之后。如《马克思恩格斯全集名目索引》《二十五史人名索引》等。

②报刊索引。报刊索引分报纸索引(或一报、或群报)、期刊索引(或一刊、或群刊)和报刊索引(或综合或专门)。如《人民日报索引》《全国报刊索引》《外国语言研究论文索引》等。

③书刊索引。主要指图书与报刊混编而成。这些索引一般为特定的专题而编，故称专题索引(或称资料索引)。如《建国以来全国图书馆学情报学书刊简目》《图书馆学情报学档案学论著目录》等。

2. 参考性工具书

参考性工具书的主要功能是为检索者提供某方面的基本知识或数据、事实，起到解答疑难、辅助阅读并可直接为检索的课题提供某些具体而实用的基本资料或资料线索的作用。按照内容可以分为语言性工具书和资料性工具书两大类。

(1)语言性工具书类

主要包括字典、详解语文词典(或称普通词语词典)和特种语文词典三大类。按语种又可分为单语词典和双语(多语)词典。

①字典

字典是解释字的形体、读音、意义及其用法的工具书。它又可分为普通字典和特种字典两种。普通字典有古代和现代两方面字典，如《说文解字》《康熙字典》《古汉语常用字字典》《新华字典》《汉语大字典》等。特种字典有正音、正字（形）、字源、构词、通假、联绵等字典，如《汉字正字小字汇》《同源字典》《常用构词字典》《英语正音词典》和《俄语正字法词典》等。

②详解语文词典

详解语文词典亦称普通词语词典。它是解释语词意义及其用法的工具书，主要收录普通词语，其中包括古代和现代汉语词典和各语种中的普通语文词典。如《四角号码新词典》《现代汉语词典》《辞通》《辞源》《牛津英语词典》《日汉大词典》等。

③特种语文词典亦称"专门语文词典"。这类词典收录以普通词语中某一或某些类别的词语，按照特定的用途或只就形、音、义三方面的某一方面进行解释或提供资料，或按词的形态、读音、意义和构词的特点来分类。其中有虚词（字）、同义词、反义词、外来语、成语、谚语、方言、歇后语等词典，如《汉语成语小词典》《汉语外来语词典》《牛津英语谚语词典》《英语缩略语词典》《新编日语外来语词典》等。

（2）资料性工具书

可以分为专科辞典、百科全书、类书、政书、年鉴、手册、表谱、图录等。

①专科词典

专科词典专门收录各学科或某一学科或其中某一方面的名词术语，包括人名、地名、物名、机构、著作、制度、事件等专门用语。专科词典按语种可分单语专科词典和双语（多语）专科词典。有涉及多门学科的辞典和只涉及一门学科的单科辞典。如《简明社会科学辞典》《英汉现代科技词汇》《汉俄科技大词典》《哲学大辞典》《外国名作家大词典》《应用语言学词典》《世界地名词典》《汉英、英汉经贸大词典》《汉日科技大词典》等。

②百科全书

百科全书是按辞典形式编排的大型工具书。它汇集各种或某一学科范围内的名词术语、知识性词目，分列条目，加以详细地、系统地、全面地叙述，每条之后都附有书目、插图或统计表等，以便于读者参考。百科全书知识广博、资料精确、释文严谨、文字简明、体例严密，不仅可供查检疑难问题，还可供人们系统地学习某方面的知识。百科全书分为综合性的和专门性的两种。综合性的百科全书涉及一系列学科，如《中国大百科全书》《大不列颠百科全书》等；专门性的百科全书也称专业性百科全书，一般只涉及一门学科，如《中国医学百科全书》、苏联的《简明文学百科全书》等。

③类书、政书

类书和政书是我国古代编纂的资料性工具书。古代类书从古籍中辑录有关史实典故、名物制度、诗赋文章的原始文献，按类（少数按韵）汇编而成，是可备检和引用的一种资料性工具书。如《艺文类聚》《太平御览》《永乐大典》《古今图书集成》《元和姓纂》《册府元龟》《佩文韵府》等。政书是专门汇集我国历代或某个朝代的政治、经济、军事和文化制度等方面的文献，分门别类地加以编排而成，成为典章制度方面的资料性工具书。如《通典》《通志》《文献通考》等。政书与类书有明显的区别：政书是根据原始文献进行加工改编而成的系统著述；而类书则是辑录各书的原始文献，不加改动，按类编排成书。

④年鉴

年鉴的编纂始于欧洲，它包括年刊、年报等，是汇集一年重要文献和统计资料，按年度连续出版的一种事实性资料工具书。它所反映的内容一般以年鉴刊名所题年代的上一年度为主，酌收一些当年资料。年鉴可分为综合性年鉴和专门性年鉴两种。综合性年鉴是汇集世界或某一国家全面情况和全部学科的年鉴，如《世界知识年鉴》《中国百科年鉴》等。专门性年鉴是汇集世界或某一国家某一方面情况和某一学科的年鉴，如《中国统计年鉴》《中国经济年鉴》《中国哲学年鉴》等。

⑤手册

手册是汇集某一特定知识领域的文献，以备经常查考的一种工具书。按照涉及领域的多寡，分为综合性手册和专科性手册。综合性手册有《新知识手册》《国际知识手册》等。专科性手册有《各国政府机构手册》《汉俄英文对照外国地名手册》《英语姓名译名手册》《俄汉译名手册》等。

⑥表谱

表谱包括年表、历表和专门性表谱三种。

年表是按年代次序并列举史实的一种表格，是专供查考历史年代和历史大事用的工具书。如《中国历史纪年表》《中国历史年代简表》《中外历史年表》《中华人民共和国大事记》等。

历表是用表格的形式汇编不同历法的年、月、日，专供相互换算的工具书。如《中西回史日历》《两千年中西历对照表》《中国近代史历表》等。

专门性表谱是汇编有关人物、职官、地理沿革等，用表格形式排列并附有简单文字的一种工具书。如《中国历史人物生平年表》《历代职官表》《中华人民共和国行政区划简表》等。

⑦图录

图录是一种用图形或图像来提供知识或事实材料的工具书，包括地图、历史图谱、文物和人物图录。地图按照内容可以分为普通地图、专门地图两种。历史图录、文物图录和人物图录是从图形揭示历史文物和事物形象的工具书。它汇集了各种重大文化遗址、历史文献、古代器物、重大历史事件的图像，为研究历史提供形象资料。我国古代图录大都失传。现代编纂的图录有《古代世界史参考图集》《中国近代史参考图片集》《新中国出土文物》等。①

（二）数字参考信息源

数字参考信息源按照不同的划分方式可划分出不同类型：按文件格式可将其分为纯文本文字信息源、语音图像信息源和多媒体信息源，按学科领域可将其分为社会科学信息源、人文科学信息源、自然科

① 陈维璋. 工具书的特点、作用及其类型. 山东师大学报（社会科学版），1995（4）：103－107

学信息源和技术科学信息源,按内容范围可将其分为学术信息源、教育信息源、政府信息源、娱乐信息源和生活信息源,按使用费用可将其分为免费信息源和收费信息源,按发布形式可将其分为书目信息源、电子报刊信息源、文本文档信息源和非正式信息源,按时效性可将其分为网上出版物信息源、动态信息源、联网书目数据库信息源和国际联机数据库信息源。

1. 在线数据库信息源

在线数据库信息源是互联网信息资源中最为庞大的一部分,也是目前最多数量、最有价值和最主要的网络参考信息源。在线数据库作为网络参考信息源的主要部分,其种类有文字型数据库、数值型数据库、图像型数据库、事实型数据库、多媒体数据库和软件数据库等。在线数据库具有收录内容广泛,数据量大,一次文献多,实用性和针对性强,查询方便迅速,检索途径多,更新报道及时等特点。主要包括国内各种网络中的数据库、各类信息资源系统中的数据库和国外著名的联机检索数据库,以及各图书馆联网的大量光盘数据库等。目前,使用率较高的重要在线数据库,有维普信息资源系统中的数据库、万方数据资源系统中的数据库、CALIS 中的系统数据库、中国期刊网中的全文数据库、科学数据中心的科学数据库、中国经济信息网中的数据库、中国资讯行(香港)中的数据库、美国 DIALOG 系统中的数据库、美国联机计算机图书馆中心(OCLC)的数据库。

2. 书目信息源

书目信息是利用互联网对传统的馆藏文献资源和正在或已经出版的最新文献信息进行宣传报道和资源共享而产生的一种重要的网络参考信息源,是传统文献信息服务在互联网上的延伸。书目信息源主要包括馆藏目录、新书书目、索引和文摘等几种类型。

(1)馆藏目录

国内外的许多图书馆在互联网上提供了基于网络的联机公共检索目录(OPAC)的查询,成为网络参考信息源的一个重要组成部分。馆藏目录可分为反映某一个馆收藏文献信息情况的图书馆目录和反映多馆收藏文献信息情况的联合目录。图书馆目录是图书馆上网后首先提供的一种最基本的信息服务内容,绝大多数图书馆都在其主页上设有类似反映本馆文献信息收藏情况的馆藏目录及其查询的栏目,以供上网用户查检。例如,中国国家图书馆主页上设有“书刊目录检索”,中国科学院文献情报中心主页上设有“馆藏目录”,清华大学图书馆主页上设有“本馆馆藏目录查询”,北京大学图书馆主页上设有“馆藏目录”,武汉大学图书馆主页上设有“馆藏书目检索”等。

(2)在版书目

在版书目反映当前或最近出版的图书情况,各上网出版社大多在其网页上提供“在版书目”、“最新书目”或“可供书目”信息,国图书网(http://WWW.bookschina.com/)全面并分类提供在版、可售图书情况,一些科技、文化机构也会提供这样的信息,如北京科协主办的首都科技网上的“北京科普之窗”中的“最新书目”(http://www.bjkp.gov.cn/kpdw/zxsm/zxsm.htm)。而设于国家图书馆的全国图书馆联合编目中心提供的“中文图书编目数据库”则可提供最新出版和我国建国以来的所有中文图书的回溯性综合在版书目信息。

(3)索引和文摘

目前,互联网上可供用户查检的较重要的索引和文摘及其数据库主要有:CALIS的中文现刊目次库、维普信息资源系统中的中文科技期刊数据库引文版、中国科学院文献情报中心提供的中国科学引文数据库、上海图书馆提供的全国报刊索引数据库、中国人民大学复印报刊资料中的数据库、万方数据资源系统中的中国学位论文数据库、中国科学技术信息研究所提供的中国学术会议论文数据库、《科学引文索引》(SCI)、《社会科学引文索引》(SSCI)、《艺术与人文科学引文索引》(AHCI)、美国《化学文摘》(CA)、美国《生物学文摘》(BA)、美国《工程索引》(Ei)、英国《科学文摘》(INSPEC)、美国《剑桥科学文摘》(CSA)等。

3. 报刊信息源

报纸和期刊是两种定期出版发行的重要的传播媒体,具有数量多、时效性强、内容丰富、形式多样和出版周期短等特点。而报刊信息源具有报道及时全面，内容齐全新颖，查检迅速准确，实用性和针对性强等特点。互联网上有代表性和比较重要的报刊信息源有：全国期刊联合目录，报刊杂志大全，中文学术期刊目录，中国科学院文献情报中心提供的全国中西日俄期刊联合目录，光明日报网中的中国网上报刊大全，北京大学图书馆提供的中文核心期刊要目总览和国外人文社会科学核心期刊总览，统计源期刊目录，中国期刊展示网，中国报刊网，中文报刊杂志，中国大学学报，香港大学图书馆中文期刊，美国《乌利希国际期刊指南》等。

4. 网络工具书信息源

网络工具书顾名思义是指在网上使用的工具书，它们大多数是传统印刷型的检索工具书和参考工具书，经过数字化的转换而进入互联网，成为网络参考信息源的一个重要组成部分。网络工具书信息源的特点是具有更强的检索功能，可进行专深或简短条目的检索，满足多用户同时检索的需要，内容更新快，文本、图像、声音和动画并用，无时间和地点的限制等。网络工具书信息源与传统参考信息源一样分为检索性工具书和参考性工具书，前者包括书目、索引、文摘，后者包括辞典、百科全书、年鉴、手册、指南、名录、图表等。

常用网络工具书有：

(1)辞典。如《古今汉语网上字典》《文学描写词典》《生物词典》《中草药大辞典》《传记词典》《浙江古今人物大辞典》《高技术辞典》《美国传统英语词典》《牛津英语词典》《剑桥英语词典》《韦氏大词典》等。

(2)百科全书。如《中国大百科全书》《海洋百科全书》《北京百科全书》《国家百科全书》《世界百科全书》《世界图书百科全书》《不列颠百科全书》《法律百科全书》《东方百科全书》《剑桥名人百科全书》《美国百科全书》《英国历史百科全书》等。

(3)年鉴。如《世界年鉴》《咨询年鉴》《南海年鉴》《广东科技年鉴》《计算机年鉴》《儿童年鉴》《国际统计年鉴》《美国统计年鉴》《洛杉矶年鉴》《非洲、美洲年鉴》《歌德年鉴》等。

(4)手册与指南。如《国际经济统计手册》《管理手册》《留学手册》《上网完全手册》《中国经典居家装饰装修完全手册》《政府机构指南》《彼得森研究生指南》《世界事实大典》等。

(5)地图。如“各国地图大全”(http://www.streetmap.com)、“城市交通旅游电子地图”(http://www.afmap.com.cn)、“中国地图”(http://www.chinatau.com/map/a.htm)和“中华地图网”(http://www.hua2.com/index.html)。

5.数字图书馆信息源

数字图书馆是运用多种现代信息技术及其设备,对各种文献信息资源进行搜集、选择和规范化处理,使之以数字化的方式和多媒体的形式存储,建立分布式的馆藏信息资源库和虚拟馆藏信息资源库,并通过互联网向分布于世界各地所有的联网用户提供高速信息服务的数字化和网络化的信息系统。数字图书馆具有信息资源数字化、信息传递网络化、信息利用共享化、信息服务多元化、信息用户广域化、信息存取自由化、信息提供知识化、操作处理计算机化和信息实体虚拟化的特点。数字图书馆可分为资源型数字图书馆、独立型数字图书馆和联合型数字图书馆3种类型。

(1)资源型数字图书馆

主要有超星数字图书馆、书生之家数字图书馆、方正Apabi数字图书馆、维普信息资源系统(维普资讯)、方正数据资源系统(方正数据)、CNKI数字图书馆、数字方舟数字图书馆、科利华数字图书馆等。

(2)独立型数字图书馆

主要有中国数字图书馆、中国科学院国家科学数字图书馆、清华大学建筑数字图书馆、广东数字图书馆、辽宁数字图书馆、北京大学数字图书馆等。

(3)联合型数字图书馆

主要有中国高等教育文献保障系统(CALIS)、中国试验型数字式图书馆、中国数字图书馆工程、中国高等学校数字图书馆联盟、河北省高等学校数字图书馆联盟等。

6. 搜索引擎信息源

搜索引擎是用户快速查检互联网上信息资源的一种最常用和最重要的检索工具,也可称其为“网络信息资源的总索引”。目前,互联网上有各种搜索引擎1000多个,90%的网络用户要通过搜索引擎来获取所需的信息。搜索引擎信息源按不同的方式可划分出不同的类型:按检索功能可将其分为独立搜索引擎、多元搜索引擎和网络搜索软件,按专业范围可将其分为综合性搜索引擎和专业性搜索引擎,按检索途径可将其分为关键词检索型搜索引擎、分类检索型搜索引擎和综合检索型搜索引擎,按语种可将其分为中文搜索引擎和外文搜索引擎等。目前,互联网上比较常用和著名的中文搜索引擎有百度、搜狐、雅虎中国、网易、新浪搜索、天网、搜王、天极、搜索客、北极星等,外文搜索引擎有 Google(支持多种语言)、Yahoo!(多地区版本)、AltaVista、Excite、WebCrawler、Infoseek、Lycos、HotBot、DejaNews 等。①

---

① 梁平. 网络参考信息源特点与类型研究. 现代情报,2005(8):48-50,52